整体教学策略系列 ▶ ▶ ▶

合作学习教学策略

刘玉静　高　艳 ▶ 编　著

北京师范大学出版集团
BEIJING NORMAL UNIVERSITY PUBLISHING GROUP
北京师范大学出版社

图书在版编目(CIP) 数据

合作学习教学策略／刘玉静，高艳编著.—北京：北京师范大学出版社，2011.8 (2020.7重印)
(中小学教师教学策略书系)
ISBN 978-7-303-12922-5

Ⅰ.①合… Ⅱ.①刘…②高… Ⅲ.①中小学－教学研究 Ⅳ.① G632.0

中国版本图书馆CIP数据核字 (2011) 第090018 号

营 销 中 心 电 话　010-58802181　58805532
北师大出版社高等教育分社网　http://gaojiao.bnup.com
电 子 信 箱　gaojiao@bnupg.com

出版发行：北京师范大学出版社 www.bnup.com
北京市西城区新街口外大街12-3号
邮政编码：100088
印　　刷：天津中印联印务有限公司
经　　销：全国新华书店
开　　本：730 mm × 980 mm　1/16
印　　张：13.5
字　　数：235 千字
版　　次：2011年8月第1版
印　　次：2020年7月第6次印刷
定　　价：25.00 元

策划编辑：石　雷　李　志　责任编辑：李　志
美术编辑：毛　佳　　　　　　装帧设计：艾博堂文化
责任校对：李　菡　　　　　　责任印制：马　洁

总 序

当前社会上都在热议钱学森提出的问题，为什么我们的学校总是培养不出杰出人才？这确实是我们大家都很着急的问题。没有杰出人才，就不能迈入人力资源强国，就不可能有重大的发明创造，就无法在国际上竞争。

要回答这个问题并不太容易。因为这不光是教育问题，而是整个的社会问题。教育不是独立存在的，它受社会政治制度、经济体制和发展水平、文化传统和民族心理等方面的影响。但是，不是说与教育没有关系，教育确实担负着重要的责任。主要表现在教育观念的陈旧，教学模式的僵化，教学方法的落后，教育评价的片面。

传统教育以传授知识为主，通过知识来培养学生的德行。这不能怪历史上哪位教育家，因为他们的教学观念受到时代的限制。今天时代不同了，自从工业革命以后，特别是第二次世界大战以后，科学技术迅猛发展，知识成几何式的增长。再用传统的传授知识的方法已经不能满足学生渴求知识的愿望，也不适应社会发展的需要。教育已经不限于传授现存的知识，还要不断创造新的知识。当然，基础教育不一定能创造新的知识，但它要为创造新知识做准备，要培养学生的创造意识和创造能力，这样才能培养出杰出人才。

所以，转变教育观念，改革培养模式和改善教学方法是当务之急。

教育既是一门科学，又是一门艺术。教育是科学，因为人类的成长有规律，人类的认知有规律。现代脑科学正在揭示这些规律，虽然我们现在还没有完全掌握。既然有规律，我们就要遵循这些规律来选择教学方法。教学是有方法的，教学研究，包括脑科学的研究都是为了寻求一种方法。所以夸美纽斯说要寻找一种教学的方法是对的，不过他当时寻找的方法不一定适用于今天。

教育又是艺术，艺术在于创新。教学方法不是凝固不变的，而是要应学科不同而不同，应情境变化而变化，因教学的对象——学生的差异而千变万化。所以叶圣陶先生说："教学有法，教无定法"。教育是艺术，艺术是需要感情的投入的，所以教学不仅要用一定的方法，还要有教师情感的渲染，需要教师的教学机智。

教学既然如此复杂，就不是简单地选择几种方法就能奏效的。这就需要研究教学策略，设计教学方案。

在国外，关于教学策略的研究始于 20 世纪 70 年代。在我国，"教学策略"一词是 20 世纪 90 年代随着现代教育技术的发展而产生的概念。主要与"教学模式"和"教学设计"并提，有时作为学习策略来解释。我认为教学策略更应该是上位的，策略是指对教学模式和教学方法的谋划、选择和设计。它既不是教学模式和方法本身，也不是一种指导原则，而是有思想观念统帅着的教学模式和方法。它要为实现教学目标，根据学生的学习状态和环境条件，按照一定的教学原则制订完整的实施方案，它指导着教师的教学行为和学生的学习行为。

根据这样的理解，对教学策略的研究应该从理论和实践两个层面同时展开。在理论层面，要探讨教学策略的性质、功能和结构，厘清教学策略与教学模式、教学原则、教学方法的关系；在实践层面，既要关注教学设计中的教学策略的设定，也要关心教学实施中教学策略所发挥的作用，并处理好教学策略的预设和生成的关系。

我很高兴地看到北京师范大学出版社广泛地动员我国教育研究和实践领域的专家，编撰了这套《中小学教师教学策略书系》。这套书系系统地整理和分析了教育发展历史进程中尤其是近 50 年来有关教学策略的教育思想、研究成果和实践经验，它有助于建立我国中小学教学策略的理论体系，探索我国中小学教学策略的实践经验，为我国中小学教师提高教学质量提供科学、实用的教学策略支持。

2010 年 1 月 19 日

前　言

　　美国著名教育家福茨（Fouts）在新近修订的《教育改革研究》（第四版）一书中重申："合作学习如果不是当代最大的教育改革的话，那么它至少也是最大的之一。"在我国，从 20 世纪 80 年代末始有研究以来，合作学习的理念愈来愈深入人心，加之我国基础教育改革对合作学习教学策略的倡导，合作学习越来越被赋予实际意义和更高期望，逐渐形成研究及实践的热潮。与国外合作学习的研究相比，我国的合作学习研究起步较晚，偏重理论研究，实践层面的研究较为薄弱，特别是对合作学习具体教学策略的研究还比较欠缺。本书的出版，似可以填补这一空白，是一次将合作学习理论与教学实践结合的有益尝试。

　　统观书稿，有以下两个比较突出的特点：

　　一是体现了理论与实践的统一。本书虽然侧重合作学习教学策略的探讨，但同时也注意兼顾了每种教学策略的理论阐述与深入分析。特别是在第一章和第二章，还就合作学习的基本理论及相关研究情况作了较为详细的论述，为下面各个章节具体教学策略的分析与探讨作了理论上的铺垫。本书对每一种合作学习教学策略的介绍与分析，都包括基本要义、教学流程、简要评价、教学实例四个部分，简单明了，便于把握，有理论，有案例，具有很强的指导性和操作性。

　　二是体现了国、内外教学策略的融合。国外对于合作学习教学策略的研究行之有年，成果丰硕，本书编写充分吸收了当前国外最有影响的合作学习策略研究成果，以使广大学习者们对国外合作学习的主流教学策略有一个比较客观的了解。同时，本书作者也注意编入了我国关于合作学习的一些典型教学策略。这些教学策略大都是 20 世纪末以来，我国合作学习研究者在借鉴国外合作学习理论和相关理论基础上，在我国教学实践中不断探索和升华而成的，具有较强本土特色和适用性，值得学习与借鉴。本书将国内合作学习策略与国外合作学习策略作为一个整体展现在读者面前，有助于读者从宏观和微观两个维度上把握和理解合作学习教学策略的真义。

本书主编刘玉静博士与高艳教授，是国内较早从事合作学习研究的学者，从事合作学习研究十余年来，发表过诸多有影响的专著与论文。参编本书的其他作者也都是从事合作学习研究数年，具有一定研究成果的青年才俊。可以说，这本书是集体智慧的结晶。

当然，由于对某些问题研究的不够充分，本书有些观点还有待于继续探讨。真诚欢迎专家学者、同行及读者批评指正。

王坦

2011 年 3 月 28 日

目　录

第一章 合作学习概述

第一节 什么是合作学习

合作学习（cooperative learning）是目前世界上许多国家都普遍采用的一种富有创意和实效的教学理论与策略体系。由于它在改善课堂内的社会心理气氛、大面积提高学生的学业成绩、促进学生形成良好的非认知心理品质等方面实效显著，被人们誉为是"近十几年来最重要和最成功的教学改革"。[1]美国当代著名教育评论家埃利斯和福茨（Ellis，A. K. &Fouts，J. F.）在其新著《教育改革研究》一书中断言："合作学习如果不是当代最大的教育改革的话，那么它至少也是其中最大的之一。"[2]

迄今为止，合作学习已有着几十年开发与研究的历史，合作学习的实践也已遍及世界许多国家和地区。但对于什么是合作学习这一基本问题，由于合作学习在不同国家的实践有一定差异，如美国的合作学习法就与流行于欧洲的合作学习法大不相同，再加之目前这个领域里的代表人物较多等原因，因而目前学术界尚没有一个关于合作学习概念的统一认识，在表述上也就千姿百态，特色各异。

一、合作学习的种类

从目前国内外关于合作学习的研究文献来看，合作学习实际上是一个泛

---

① Vermette，p. Four Fatal Flaws：Avoiding the Common Mistakes of Novice Users of Co-operative Learning . The High School journal，1994(3)：225-260.

② Ellis，A. K. &Fouts，J. F. Research on Educational Innovations. (Larchmont，NY：Eye on Education，Inc. 1997). 165.

称，是一个复合性、多层面的概念。之所以这样说，一方面是因为目前世界上冠以"合作"（cooperative）的教育教学改革可谓量大类杂，异彩纷呈。仅美国现在流行的合作学习或教学的理论与策略就不下几百种，颇有令人眼花缭乱之感。类似这样的改革不仅在欧洲等西方国家十分盛行，就连我国近些年来也涌现出了不少以"合作"冠首的改革，其实践涉及二十多个省份。难怪美国著名社会心理学家、合作学习的主要倡导者斯莱文（Slavin，R. E.）教授将这种现象称为"教育中的合作革命"，是一种"合作热"。[①] 从这一角度来看，合作学习是对上述这些合作性教学改革实践的总称；另一方面，从现有的冠以"合作"字首的教育教学改革方案来看，虽然它们大都以教学中的人际合作性互动（cooperative interaction）为基本特征，但它们却并不处于同一个理论层面上，活动取向也不尽相同。从国外合作学习的理论与实践来看，目前的合作学习活动其主要取向大致可以归结为四种：即师生互动、生生互动、师师互动和全员互动，由此我们可以将合作学习活动划分为四个不同领域和种类。

（一）以师生互动为特征的合作学习

这一类型的合作学习可以苏联的著名教育流派"合作的教育学"为代表。所谓"合作的教育学"是指相对于传统权力主义教育的一种人道主义的教育主张，它是苏联"教育科学院城堡"以外的实验教师在长达20余年的教育科学实验中探索的结果。其主要代表人物有 II. 阿莫那什维利、B. 沙塔洛夫、M. 谢季宁和 H. 伊万诺夫等。他们在《合作的教育学》一文中指出："需要有一种新的教育学，这种教育学与从前的教育学不同，它的特点在于特别注意诱导儿童学习，特别是注重教师和儿童的共同劳动。它可以称之为合作的教育学。"[②]

合作的教育学认为，要使儿童学得好，关键在于要使儿童乐意学，使他们感到成功、进步和发展的快乐，也就是要使他们从学习的内部获得学习的推动力。而这一点的实现，必须在师生关系上来一个根本的转变。教师与学生的关系有两种方式，一种是行政命令和专横跋扈的方式；另一种是互相尊重与相互合作的方式，非此即彼，更无他途。合作的教育学是从人道主义出发，从社会主义思想体系出发，以师生之间的互相尊重、互相合作为基础，

---

① 盛群力. 对美国中小学兴起的"合作热"的拙释. 教育评论，1990(3)：68.
② 吴文侃. 当代国外教学论流派. 福州：福建教育出版社，1991：120-121.

由此体现了合作的教育学的社会本质。为了体现师生之间的互相尊重与互相合作，其教学方法完全排除了强制手段的运用，实验教师认为，这是合作的教育学的核心。他们指出："我们应该千方百计地从人道主义的原则出发，没有强制地对待学生。我们之所以必须根绝种种强制的手段，这是因为我们不是吓唬儿童的稻草人，强制手段与我们格格不入。只有那些具有排斥、吓唬儿童的嗜好的教师才需要它们。"[1]在教学过程中，合作的教育学强调实行"三不主义"，即无论所教班级多差，从来不给学生打坏分数，从来不向家长告学生的状，从来不在课堂上指责学生。实验教师们发现，这样教不仅是可行的，而且教师的教与学生的学，都要比以前轻松得多。合作的教育学认为："师生合作是学校人际中最基本的方面。"[2]因此，合作的教育学在阐述教育教学问题时的出发点主要是师生关系。当然，合作的教育学作为一种系统的理论，它在强调师生合作的同时，也提倡在学生之间、学校与家庭之间建立一种亲密的合作关系。但从整个理论与实践的取向上来看，合作的教育学主要关注的是教育过程中的师生合作问题。因此，我们将它归之于师生合作学习的范畴。

　　另外，我国上海等地的教育学者 20 世纪 80 年代末 90 年代初在借鉴当时苏联"合作的教育学"的基础上，也提出了"师生合作教学"的思想，[3] 并进行了"合作教育实验"，[4] 这些理论与实践主要是从师生合作的角度出发的，都可归于师生合作学习的范畴。

（二）以生生互动为特征的合作学习

　　这一类型的合作学习以当代欧美各国的一系列合作学习方法与策略为代表。目前，世界各国所研究的合作学习主要就是指这种以生生互动为特征的合作学习。

　　以生生互动为特征的合作学习是 20 世纪 70 年代兴起于美国，并在 70 年代中期至 80 年代中期取得实质性进展的一种颇具创意的教学理论与策略体系。目前，它已广泛运用于美国、加拿大、以色列、德国、英国、澳大利

----

① C. H. 雷兀科瓦，B. Q. 沙塔洛夫，II. A. 阿莫那什维利等. 合作的教育学——关于实验教育教师会晤的报告. 朱佩荣译. 全球教育展望，1987(2)：3.

② 吴文侃. 当代国外教学论流派. 福州：福建教育出版社，1991：122.

③ 吴立岗，夏惠贤. 教学原理、模式和活动. 南宁：广西教育出版社，1997：501.

④ 杜殿坤. 创立中国式合作教育理论的良好开端—评上海市重庆北路小学的合作教育实验. 小学教学，1991(9).

亚、荷兰、日本、尼日利亚等国的大中小学教学。合作学习从教学过程的集体性出发，针对传统教学忽视同伴相互作用的弊端，着眼于学生与学生之间的互动的普遍性，将合作性的团体结构纳入了课堂教学之中，构建了以生生互动为基本特色的课堂教学结构，通过组织开展学生小组合作性活动来达成课堂教学的目标，并促进学生的个性与群性的协同发展。

合作学习是一种以生生互动为主要取向的教学理论与策略体系。这一点我们可以从合作学习一些典型定义中的表述中得到体认。

1. 斯莱文的定义

合作学习的主要代表人物之一，美国约翰斯·霍普金斯大学的斯莱文教授认为："合作学习是指使学生在小组中从事学习活动，并依据他们整个小组的成绩获取奖励或认可的课堂教学技术。"[①]

2. 约翰逊兄弟的定义

美国明尼苏达大学合作学习中心（Cooperative Learning Centre）的约翰逊兄弟（Johnson，D. W. & Johnson，R. T.）认为："合作学习就是在教学上运用小组，使学生共同活动以最大程度地促进他们自己以及他人的学习。"[②]

3. 沙伦的定义

著名教育心理学家、合作学习的重要代表人物、以色列特拉维夫大学的沙伦（Sharan，S.）博士对合作学习进行了这样的界定："合作学习是组织和促进课堂教学的一系列方法的总称。学生之间在学习过程中的合作则是所有这些方法的基本特征。在课堂上，同伴之间的合作是通过组织学生在小组活动中实现的，小组通常由3～5人组成。小组充当社会组织单位，学生们在这里通过同伴之间的相互作用和交流展开学习，同样也通过个人研究进行学习。"[③]

4. 嘎斯基的定义

美国肯塔基大学教授、"合作掌握学习"（cooperative mastery learning）理论的主要代表人物嘎斯基（Guskey，T. R.）对合作学习作了比较具体的阐述："从本质上讲，合作学习是一种教学形式，它要求学生在一些由2～6人组成

---

① Slavin，R. E. Cooperative learning. Review of EducationalResearch，1980（1）：315-342.

② Johnson，D. W.，Johnson，R. T. & Holubec，E. J. Circles of learning：Cooperation in the classroom(Edina，MN：Interaction Book，1993). 5.

③ 沙伦，S. 合作学习论. 王坦，高艳译. 山东教育科研，1996(5)：59.

的异质小组(heterogeneous group)中一起从事学习活动，共同完成教师分配的学习任务。在每个小组中，学生们通常从事于各种需要合作和互助的学习活动。"①

5. 戴维森的定义

尼尔·戴维森(Davision，N.)是美国当代合作教育研究的著名专家，从1990年7月起担任国际教育合作研究会(IASCE)的主席。

他认为合作学习的定义应当有七个要点：

(1)小组共同完成、讨论、解决(如果可能)难题；

(2)小组成员面对面的交流；

(3)在每组中的合作、互助的气氛；

(4)个人责任感(每个人承担自己的任务)；

(5)混合编组；

(6)直接教授合作技巧；

(7)有组织地相互依赖。②

6. 赖特和梅瓦里克的定义

英国著名教育学者赖特(Light，P. H.)和以色列著名教育学者，合作学习的另一位重要代表人物梅瓦里克(Mevarech，Z. R.)女士根据斯莱文的定义，提出了他们对于合作学习的定义："合作学习是指学生为达到一个共同的目标在小组中共同学习的学习环境。"③

7. 文泽的定义

加拿大著名教育心理学家文泽(Winzer，M.)认为："合作学习是由教师将学生随机地或有计划地分配到异质团队或小组中，完成所布置的任务的一种教学方法。"④

8. 王红宇的定义

我国教育学者王红宇认为："所谓合作学习，就是指课堂教学以小组学

① 嘎斯基，T. R. 合作掌握学习的策略. 王坦译. 山东教育科研，1993(5).

② Davidson，N. (Ed.) Cooperative Learning in Mathematics：A Handbook for Teachers. (Menlo Park，CA：Addison-Wesley，1990).

③ Light，P. H. & Mevarech，Z. R. Cooperative learning with Computers：an introduction. Learning and Instruction，1992(3)：155-199.

④ Winzer，M. Educational psychology in the Canadian classroom (Scarborough，ON：Allyn and Bacon，1995). 679.

习为主要组织形式，根据一定的合作性程序和方法促使学生在异质小组中共同学习，从而利用合作性人际交往促成学生认知、情感的教学策略体系。"①

9. 王坦的定义

王坦在 20 世纪 90 年代初开始即从事对合作学习的理论与实践的研究，1999 年获得国家教委公派留学资格并赴北美对合作学习与教学进行了专门研究。王坦认为："合作学习是一种旨在促进学生在异质小组中互助合作，达成共同的学习目标，并以小组的总体成绩为奖励依据的教学策略体系。"②

10. 林生傅的定义

我国台湾学者林生傅先生在论及合作学习理论时，直接将合作学习称之为合作教学（cooperative instruction），他指出："合作教学乃是一种创新的教学设计，目的在使学习活动成为共同的活动，其成败关系团体的荣辱。"③需要指出的是，这里所讲的合作教学，其含义与合作学习是相通的。

在当代欧美国家，也有一些学者将合作学习称为"合作教学"。如美国教育学者舒尔茨和卡奔特（Schulz，J. B. & Carpenter，C. D.）曾为合作教学作了这样的界定："合作教学是指学生一起工作达成共同目标的学习情境的结构。"④但他们讨论的合作教学则局限于美国的合作学习理论与策略。在他们看来，合作学习与合作教学是一回事。再如，加拿大里贾纳大学学者郎麦克贝斯和赫伯特（Lang，H. R.，McBeath，A. & Herbert，J.）认为："合作教学就是强调合作学习的教学，它提供给学生共同活动的优势，使学生在就合作性的任务进行学习的互动过程中获得彼此支持。"⑤不难看出，西方学者并不是刻意将合作学习与合作教学区分开来，在许多场合下，他们是将两者视为一体，同等对待的。

需要指出的是，笔者也认为合作学习与合作教学并无大的区别，只是称谓不同罢了，因为它们都是以教学过程为载体来实现合作性的人际互动和达成教学目标的。

---

① 王红宇. 合作学习的理论与实践[硕士毕业论文]. 上海：华东师范大学，1993：2.
② 王坦. 合作学习：一种值得借鉴的教学理论. 普教研究，1994(1)：63.
③ 林生傅. 新教学理论与策略. 台北：五南图书出版有限公司，1989：178-186.
④ Schulz，J. B. & Carpenter，C. D. Mainstreaming exceptional students：A guide for classroom teacher，(Boston：Allyn and Bacon. 1995). 406.
⑤ Lang，H. R.，McBeath，A. & Hebert，J. Teaching. Strategies and methods for student-centered instruction.，(Toronto：Harcourt Brace，1995). 346.

从上述所列定义可以看出，国内外教育学者对于合作学习的表述虽然不尽一致，但他们所揭示的许多共性的东西对于我们认识合作学习的内涵及其活动取向具有十分重要的意义。从上述定义中我们不难看出，合作学习主要是以生生互动合作为教学活动取向的，当然，合作学习也涉及师生之间甚至师师之间的合作，但这不是合作学习的主流活动取向。

自 20 世纪 90 年代以来，我国浙江、河南等地引进了美国的合作学习法，并进行了初步的尝试与研究，收到了比较明显的效果。这些研究都把生生互动视为实验成功的最主要原因，[①] 因而我们也可将这些探索归于生生合作学习的范畴。

（三）以师师互动为特征的合作学习

这一类型的合作学习可以兴起于美国 20 世纪 80 年代末的合作授课（Co-operative Teaching）理论与实践为代表。这种教学理论是针对当前专业教师之间缺乏交流，彼此各自为战的状况而提出的，提倡两名或多名教师同时在课堂上进行协作，共同授课。合作授课理论的代表人物鲍文斯和胡卡德（Bauwens，J. & Hourcade，J.）指出："一个教育者整日守在一间教室里的模式已逐渐不能适应 21 世纪的学校。在世界各国的学校中，专业合作开始成为一种新的教育范式，而合作授课则是这一运动的先导。"[②]合作授课要求两名或多名教师同时到场，共同承担授课责任，共同处理课堂事务，其最显著的特点是教师在课内直接相互帮助与相互支持。

另外，美国著名教育学家，肯塔基大学教授嘎斯基博士也大力提倡教师之间的协同工作。他指出："这种共同活动，不仅可以减轻教师每个人的工作量，而且还能提高工作结果的质量。教师们会成为彼此观念上的神奇源泉。"[③]斯莱文教授曾经从合作学习的角度提出过一种更加大胆的设想，他在《教育中的合作革命》一文中呼吁："应该把合作学习的基本原则纳入整个学校系统的运行轨道中。其中包括学生与学生、教师与教师、教师与学生、教师与学校行政人员，学校与家庭和社区，一般教育与特殊教育的全面合作。——合作革命的前景十分诱人，学校将会成为更人道、更愉快的工作与

---

① 陈燕. 合作学习课堂教学中的应用研究［硕士毕业论文］. 杭州：杭州大学，1997：4.

② Bauwens，J. & Hourcade，J. J. Cooperative teaching：Rebuilding the schoolhouse for all students，（Austin Texas：Pro-Ed. 1995）. 7.

③ Hazelip，K. Outcome Interview：Tom Guskey. Outcomes，1993(1).

学习的场所。"[1]

在我国,20世纪90年代中期,一些学者从课堂互动分析的角度入手,提出了师师互动是教学系统中不可或缺的人力资源的观念,认为"与学生一样,教师之间在知识结构、智慧水平、思维方式、认知风格等方面也存在着重大差异,即使是教授同一课题的教师在教学内容处理、教学方法选择、教学整体设计等方面的差异也是明显的。这种差异是一种宝贵的教学资源。通过教师与教师之间就所教授内容的互动,教师们之间可以相互启发、相互补充,实现在思维、科研智慧上碰撞,从而产生新的思想,使原有的观念更加完善和科学,产生'1+1>2'的效果"。[2] 呼吁教育过程中要重视教师与教师之间的相互作用,并将之纳入教学系统的前导性因素来进行统合考虑,提倡教师进行教学前的合作设计、合作备课和课后的合作评议等,这些观念对于开发和利用课堂内的人力资源都具有十分重要的意义。

(四)以全员互动为特征的合作学习

这一类型的合作学习兴起于20世纪90年代初,我国学者提出的"合作教学论"即为典型代表。有关合作教学的基本理念是在合作教学研究与实验的过程中形成的。[3]

合作教学论是我国合作学习的研究者们在借鉴国内外有关合作教育和合作学习研究成果的基础上,从理论与实践的结合上探索提出的一种创新的教学理论与策略体系。

与上述四类合作学习的形式相比,全员合作学习的特点在于其全员参与和互动,它是前三种合作学习活动的综合与统一。如果说苏联的"合作的教育学"所涉及的主要是师生之间的互动合作、美国等国的合作学习所涉及的主要是生生之间的互动合作、美国新近倡导的合作授课所涉及的主要是师师之间的互动合作的话,那么,我国的合作教学所涉及的则是教学各动态因素之间的多维立体互动合作。具体言之,苏联的合作的教育学主要强调的是师生合作,它主要是一种纵面上的人际互动合作;美加等国的合作学习与合作授课理论分别强调的是生生之间和师师之间的互动合作,两者都是横面上的人际互动合作;合作教学论则认为,整个教学系统中的动态因素都是教学活

---

① 盛群力. 小组互助合作学习革新评述(下). 外国教育资料,1992(3):26.
② 王坦,高艳. 合作教学的互动观及其启示. 教育评论,1996(3):28.
③ 王维. 合作教学与实验在山东开题. 中国教育报(教育科学版),1993-12-9.

动不可或缺的人力资源，因而强调所有动态因素之间的共同互动合作，即师生互动合作、生生互动合作、师师互动合作，由此在课堂信息交流网络上体现出纵横交错的多维立体特征。应当讲，合作教学论代表了当代合作学习发展的最高水平和发展方向，是一种理想、高效和最高层次上的合作学习形式。

二、合作学习的基本含义

综观世界各国的合作学习研究与实践，我们认为，合作学习是以学习小组为基本组织形式，系统利用教学动态因素之间的互动来促进学习，以团体成绩为评价标准，共同达成教学目标的活动。具体言之，合作学习的内涵涉及以下几个层面的内容。

首先，合作学习是以学习小组为基本形式的一种教学活动。虽然它不排斥班级教学，但它的根本特色在于小组活动的科学组织和展开。在小组活动中，合作学习通常采用异质小组，力求小组成员在性别、成绩、能力、背景等方面具有一定的差异，使之具有一定的互补性。当然，合作学习有时也采用同质小组来组织活动。

其次，合作学习是以教学动态因素的互动合作为动力资源的一种教学活动。教学因素有静态和动态之分。其中动态因素主要是指教师（或教师群体）和学生（或学生群体）。合作学习要求所有的教学动态因素都应当保持互动，特别是合作性互动（cooperative interaction），由此推进教学过程。强调动态因素之间的合作性互动是合作学习所具有的重要特征之一。

再次，合作学习是一种目标导向的教学活动。所有的合作学习活动都是围绕着达成特定的共同目标（common goals）而展开的。教学目标的设计、确定和管理是合作学习所强调的一些非常重要的教学环节。

最后，合作学习是以团体成绩为奖励依据的一种教学活动。合作学习通常不以个人的成绩作为评价的依据，而是以各个小组在达成目标过程中的总体成绩作为评价和奖励的标准。这种机制可以把个人之间的竞争转化为小组之间的竞争，从而促使小组内部的合作，使学生在各自的小组中尽其所能，得到最大程度的发展。

总之，合作学习是以现代心理学、教学社会学、认知心理学、现代教育教学技术学等为理论基础，以开发和利用课堂中人的关系为重点，以目标设计为先导，以全员互动合作为基本动力，以班级授课为前导结构，以小组活动为基本教学形式，以团队成绩为评价标准，以标准参照评价为基本手段，以全面提高学生的学业成绩和改善班级内的社会心理气氛、形成学生良好的心理品质和社会技能为根本目标，以短时、高效、低耗、愉快为基本品质的一系列教学活动的统一。

三、合作学习与合作教育

合作教育(cooperative education)是一个有着特定含义的概念。在我国，不少教育工作者经常将"合作教育""合作教学""合作学习"以及"合作的教育学"等概念混同起来。

在欧美教育实践中，合作教育是一种产学合作的制度，是由社会与学校共同培养人才的一种方式。加拿大教育部曾于1988年在一份文件草案中将合作教育描述为"——将学业学习和课堂理论与实际工作经验统合在一起而构成的教育、商业、工业和劳动力之间的伙伴关系"。[①]

一般认为，合作教育制度20世纪初首创于美国中部的辛辛那提大学(University of Cincinnati)，之后在欧美国家广泛流行，经过近百年的发展和完善，现已成为许多国家高等教育制度中的一个十分重要的组成部分。

在美国，政府对合作教育一向采取积极支持的态度，在过去的三十年中，联邦政府共投资2.75亿美元支持合作教育的发展。美国前总统克林顿曾在一篇关于高等教育的讲话中，对合作教育倍加赞扬，并表示采取积极态度支持合作教育的发展。另外，美国合作教育领域内的学术研究和交流也相当活跃。全美合作教育协会定期召开会议，并出版专业刊物。20世纪50年代以后，美国的合作教育在世界许多地方都产生了广泛的影响，在英国、德国、澳大利亚、日本、新加坡等许多国家中，合作教育都显示出了良好的发展势头。目前，有关合作教育的世界性组织已经成立，这个组织每两年召开一次会议。[②]

由此可见，欧美等国的合作教育不同于我们本书所研究的合作学习，应当说，它们属于不同的研究领域，处于不同的研究层面，不可同日而语。但在我国，由于我们对欧美等国的合作教育缺乏了解，因而出现了将合作教育与合作教学等混为一谈的情况。从严格意义上讲，这种做法是不妥的，值得我们在从事合作学习的研究时加以关注和区分，特别要注意区别对待欧美等国的合作教育与我国的合作教育。因为在我国，合作教育与合作学习在某种意义上是相通的。

---

① Nichols, E. (1990). Cooperative Education: Coming of Age. 2.
② 傅维利，李英华. 合作教育及其在当代美国的发展. 比较教育研究，1996(1)：27.

第二节　合作学习的基本
要素

目前，实践中运用着的合作学习方法和策略种量繁多，千姿百态，仅影响较大的就有"学习小组成绩分工法""小组—游戏—竞赛法""切块拼接法""共学式""小组调查法""合作阅读小组法""合作掌握学习法"和"综合教学法"等。至于各种方法与策略在实践中的变式恐怕就难以计数了。如合作学习的另一位代表人物，"结构法"（structure approaches）创立者卡甘（Kagan，S.）指出，仅"切块拼接法"目前就已有六七种变式，且越来越多的方法还在源源不断地被创造出来。① 另外，卡甘在 1990 年就描述了结构法的 50 多种变式。② 由此可见合作学习方法的发展之快和数量之多。这种状况的出现使得人们从整体上有效把握合作学习方法的难度变得越来越大。

在教学实践中，应从何入手来有效地组织合作学习，是每一个合作学习的实践者都必须首先做出回答的问题，对这个问题的理解和把握程度如何，直接决定着合作学习的质量与效益。因为合作学习并非仅仅是让学生们围坐在课桌旁，边做作业边说话；合作学习也不是将一份作业单交给某一个小组，由一个人承担全部作业，其他成员各行其是，最后大家都签上名字上交了事。真正的合作学习不仅要求学生们在身体上接近别的学生，而且还要求他们共同进行讨论，彼此帮助，相互依赖等，这些对于合作学习来说都是十分重要的。要使合作学习真正具有合作性，就必须使小组活动具有某些特定的品质，以区别其他的教学活动，这也就是我们要讨论的合作学习的基本要素问题。

虽然每一种合作学习方法的表现形式及其侧重点都彼此不同，但对于任

---

① Kagan，S.（1989/1990）. The structural approach to cooperative learning. Educational Leadership，47（4）：12-15.

② Glatthorm，A. A. with assistance of Charles，R. Coble. Learning Twice：An Introduction to the Methods of Teaching. (1993). 343.

何一种形式的合作学习来说，有一些基本的因素是共有的。合作学习的研究者们曾对这个问题进行过十分深入的研究。综合观之，关于合作学习基本要素的研究与认识主要有以下几种。

一、三因素理论[①]

斯莱文认为，大多数的合作学习模式都具有三个核心因素，它们是小组目标、个体责任和成功的均等机会。

（一）小组目标

小组目标（group goals）是合作学习的内在动机，它有助于形成一种精神并鼓励学生们彼此帮助。斯莱文认为，典型的课堂教学通常是通过三种目标结构中的一种来演进的。

在竞争性的课堂上，个人朝向目标的努力会伤害其他学生的利益。在这种情况下，教师通常是按照正态曲线来评定学生的成绩的，而且学生彼此竞争也就是为了取得一个好的等次。一个学生的成功就意味着其他学生的失败。

在个人主义的课堂上，每个学生的努力对于他人来讲没有任何意义，因为他们是独立学习，与他人无关。

在合作性的课堂上，个人的努力有助于其他学生的目标达成。这类似于足球比赛，个人努力非常重要，但衡量标准则是全队的表现。

（二）个体责任

虽然我们强调小组目标的意义，但在合作学习模式中，个人学习仍然是十分重要的。个体责任（individual accountability）要求每个合作学习小组的成员都要保证他们对所教概念和技能的掌握。这实际上就是要求每个学生都能达成小组目标，掌握教学内容，不使一个学生落伍。

（三）成功的均等机会

小组目标构建了小组的凝聚力；个体责任保证了每个小组成员都能学会学习内容。成功的均等机会（equal opportunity for success）是合作学习的第三个要素，它可以激发学生的学习动机。这一因素在背景知识和技能水平方面存在差异的异质班级中显得特别重要。成功的均等机会意味着所有的学生，不管其能力或背景如何，他们的努力都可以得到认可。

---

① Eggen, P. D. & Kauchak, D. P. Strategies for teachers : teaching content and thinking skills. (Boston & London : Allyn & Bacon, 1996). 279-281.

二、四因素理论[①]

加拿大著名合作学习研究专家库埃豪(Coelho，E.)提出了一个与斯莱文的三因素理论略有不同的四因素理论，并在北美的合作学习理论界有一定影响。她认为，成功的课堂合作取决于四个关键因素：小组形成与管理(group formation and management)、任务设计(task dasign)、社会因素(social component)和探索性谈话(exploratory talk)。下面我们对上述四个因素作一简要说明。

(一)小组形成与管理

库埃豪认为，在小组形成上，异质小组的运用最为有效。她建议小组形成时要注意四个标准：一是学业成绩的水平；二是在教学语言方面的水平；三是种族和伦理背景；四是性别、年龄、人格类型和学习风格。另外，她认为4人小组最为灵活，因为可以随时调整为配对形式进行活动。最后，库埃豪概括了小组运作的一些常规并对之作了说明。

(二)任务设计

任务设计的方式在很大程度上决定着学生们是否能有效地进行合作性的活动。因此，在任务设计时，库埃豪要求注意使学习任务体现出相互依赖的特性并落实个体责任。

(三)社会因素

合作学习的一个非常重要的特征就是强调对合作的习得。学生们共同学习和探索学科知识的过程可以习得和练习合作的技能。教师在学生习得合作技能的过程中起着十分重要的作用。库埃豪认为，合作技能、功能语言和评价是合作学习所涉及的最重要的三个因素。

(四)探索性谈话

学习者是通过语言来理解观念的。小组中的谈话是学习的重要工具，因为它给学生提供机会来进行探讨、澄清、详述和内化观念。库埃豪提出了小型非判断性论坛(small non-judgmental forum)的倡议，提倡学生们出声地进行思考，进行无拘无束的交流。

[①]　Coelho，E. Learning together in the multicultural classroom. (Ontario：Pip pin Publishing Corporation. 1996). 35-51.

三、五因素理论[①]

虽然世界各国的合作学习研究者大都有着自己对合作学习基本要素的认识，但从目前的研究文献看，大家比较公认的理论当推美国明尼苏达大学合作学习中心约翰逊兄弟提出的五因素理论。现予以简要介绍。

约翰逊等人认为，合作学习的关键因素有 5 个，它们是：积极互赖（positive interdependence）、面对面的促进性互动（face-to-face promotive interaction）、个体责任（individual accountability）、人际和小组技能（interpersonal and small group skills）和小组自评（group processing）。将这些要素系统地组合在小组学习的情境中，有助于保证合作学习的努力，并能使合作学习的有序实施取得长期的成功。

（一）积极互赖

约翰逊等人认为，构成合作学习的第一个也是最重要的因素就是积极互赖。没有互赖，就没有合作。在合作学习的情境中，学生们有两个责任：一是学会所布置的材料；二是确保所有的小组成员都学会所布置的材料。这两项责任的技术术语就称为积极互赖。

在足球比赛中，四分卫（在进攻时指挥球队的队员）的传球与接球队员的接球是积极地相互依赖的。此时，一个人的成功必须以他人的成功为依据。一个球员不可能离开其他队员的帮助而取得成功。他们"荣辱与共""休戚相关"。法国剧作家、小说家大仲马（Dumas, A.）曾说过一句名言："大家为一人，一人为大家。"我国也有句名言："人人为我，我为人人。"以这些名言来概括积极互赖是较为直接和恰当的。

在合作学习的情境中，积极互赖指的就是学生们要认识到他们不仅要为自己的学习负责，而且还要为其所在小组的其他同伴的学习负责。用约翰逊等人的话来讲："积极互赖存在于当学生们认识到他们是以这样一种方式与小组组员联系在一起的时候，即除非他们的组员取得成功，否则他们自己就不能获得成功（反之亦然），他们必须将自己的努力同其他组员的努力协调起来以完成某个任务。"[②]因此，小组目标和任务都得按照这样的理念来设计，

---

① Johnson，D. W. &Johnson，R. T. （2001）. Cooperative Learning. http：//www. clcrc. com/ pages/ cl. html.

② Johnson，D. W.，Johnson，R. T. &Smith，K. A. Cooperative learning：Increasing college faculty instructional productivity. （ASHE-ERIC Reports on Higher Education. 1991a）. 16.

以使他们相信他们之间的关系是"沉浮与共""同生死共患难"。

要使学生获得积极互赖，简单地将他们分组，告诉他们在一起活动不一定完全奏效。在一个小组中，有许多方式可用于积极互赖的构建。

1. 积极的目标互赖

为了使学生们理解他们之间是一种休戚相关的关系，并且关注彼此的学习状况，教师必须确立一个明确的小组目标，如"学会布置的材料并确保所有小组成员也学会这些材料"。小组目标通常就是一堂课的一个组成部分。

2. 积极的奖励互赖

当小组达成了它的目标时，所有的成员都能得到同样的奖励。例如，当所有的小组成员在一次测验中的分数都在80分以上，那么，每一个学生可以得到1分的奖励。再如，如果全组项目完成的令人满意，那么，每个小组成员可以获得额外的休息时间或一枚五星等奖励。积极的奖励互赖打破了小组由好学生包揽一切或小组成员各自为阵的格局，可以推动小组成员相互帮助、共同进步。奖励的选择和运用主要取决于一种奖励是否对学生具有鼓励作用以及教师对待奖励所持的观点和态度。研究认为，对小组努力和成功的常规奖励和庆祝活动能够提高合作的质量。

3. 积极的角色互赖

为了完成某一任务，每个小组成员都承担着互补且有内在关联的角色，以使小组责任具体化。在小组活动中，不同成员可以分别承担以下角色：

总结人：负责重述小组的主要结论和答案；

记录员：负责记录小组讨论的决议和编写小组报告；

检查者：负责保证小组成员都能清楚说出小组得出的答案或结论；

精确性裁判：负责纠正别人在解释或总结中的任何错误；

联络员：负责小组与教师及其他小组进行联络和协调；

观察员：负责关注小组的活动情况，为改善或提高小组活动效率提供建议。

上述这些角色对于高质量的合作学习来讲十分重要。

4. 积极的资料互赖

使每个小组成员只占有完成小组任务所需的资料的一部分，而不是全部，由此可以达到积极的资料互赖。在小组成员分工的基础上，最后小组成员进行合作。也就是说，要完成小组任务，达成小组目标，小组成员还必须将个人占有的资料合并在一起，还原为一份完整的资料。通过有限制地发放小组活动所需要的资料，可以促进学生之间的合作关系。

（二）面对面的促进性互动

积极互赖产生促进性的互动。促进性的互动是指学生们相互鼓励和彼此支持为取得良好成绩、完成任务、得到结论等而付出的努力。尽管积极互赖对教育结果具有一定影响，但由社会能力、心理调适和积极的内在关系所推动的个体间的积极互动则是起决定性作用的因素。合作课堂中的积极互动通常表现为：个体彼此提供足够和有效的帮助；交流所需的信息和资料，以更有效地处理和加工信息；提供反馈信息以便更好地进行继起的作业；对彼此得出的结论和推理进行质疑，以提高决策的质量和对所研究问题的理解；支持为取得双方目标所付出的努力；影响小组成员为达成小组目标所做的努力；能以信任和值得信任的方式进行活动；有为双方的共同利益而努力的动机；保持一种适度的焦虑和心理压力，等等。

合作学习要求学生进行面对面的互动，由此促进彼此学业成绩的提升。从本质上讲，积极互赖本身并没有什么神奇的魔力，是由于积极互赖所激发的学生之间的互动和言语交流，才使得教育的结果发生某种变化。在合作学习课堂上，教师应当最大程度地给学生提供机会，让学生们相互帮助、相互支持、相互鼓励，并对彼此为学习而做出的努力给予赞扬。

约翰逊等人认为，课堂上面对面的促进性互动可以产生许多教育效果。第一，一些重要的认知活动和人际动力只有在学生们彼此解释他们是如何得出问题的结论时才会产生。这些活动包括，对如何解决问题的口头解释，讨论所学概念的性质，将自己的知识教给小组的其他成员以及阐明现有知识是如何与已有知识相关联的，等等。第二，面对面的促进性互动能产生多种社会影响与规范。通过互动，学生之间的相互帮助出现了，学生们对同伴承担一定的责任，从而影响彼此的推理与结论等。第三，其他小组成员语言与非语言的反应可以对学生彼此的学习表现提供重要的反馈。第四，为同伴敦促缺乏学习动机的学生进行学习提供了机会。第五，在相互作用的过程中，学生们彼此获得了解并建立一定的人际关系。

为使面对面和积极性互动富有成效，专家们建议，小组的规模不宜太大，有关小组规模与合作学习效果的研究证明："3～4人的小组较大组更为有效。"①

(三)个体责任

在美国马萨诸塞州的早期定居者流传着这样一句话:"不劳者不得食",意指每个人都得承担分内的劳作。合作学习的第三个基本要素是个体责任(又称个人责任)。个体责任是指每个学生都必须承担一定的学习任务,并同时掌握所分配的任务。个体责任通常是通过对每个学生表现的评估来体现的,评估的结果反馈给个人和小组,由此可以使每个学生对小组的成功负有不可推脱的责任。通过反馈评估情况,我们还可以知道,在完成作业的过程中,谁需要进一步的帮助、支持和鼓励,并认识到不劳而获的"搭车"行为是不恰当的。要做到这一点有很多途径可以尝试,约翰逊等人的建议如下:

1. 小组规模要小。小组的规模越小,个体的责任就越大;

2. 测验每个学生;

3. 随机抽取一名学生让他或她向老师(或全班)汇报所在小组作业的情况;

4. 观察每个小组,并记录每个小组成员对小组作业的贡献频率;

5. 向每个小组委派一名检察员,让其他小组成员解释他们小组答案的推理和潜在原理;

6. 让学生将其所学教给其他某个成员。②

合作学习小组的目的就是使每一个人在可能的范围内成为强者。而个体责任则是使所有的小组成员通过合作性学习取得进步的关键。通过合作学习课堂的学习,小组成员就能为将来完成类似的作业打下良好的基础。苏联著名心理学家维果茨基(Vygotsky,1978)说得好:"孩子们今天在一起能做到的事情,将来他们自己也能做得到。"

(四)人际和小组技能

合作学习较之竞争性的学习和个体化的学习而言,它有着更大的复杂性。这主要是因为学生们必须同时进行两种活动,一种是作业活动(学习学科内容);另一种是小组活动(使小组有效地发挥其功能)。社交技能并不会

---

① Marzano, R. J., Pickering, D. J. & Pollock, J. E. Classroom instruction that works: Research-based strategies for increasing student achievement. (Alexandria, VA: Association for Supervision and Curriculum Development, 2001). 88.

② Johnson, R. T. & Johnson, D. W. (2001). An Overview of Cooperative Learning. http://www. clcrc. com/papes/overviewpaper. html.

在课堂上自然而然地出现，它需要教师有目的地和认真地予以教授，就像传授学术技能一样。换言之，在合作学习中，教师仅把一些对社会技能一无所知的学生安置在一个学习小组中，并告诉他们进行合作，这是不能确保其有效性的。对于社交技巧，我们并非生而知之，也自然不会在我们需要时随机产生。教师必须教会学生一些社交技能，以进行高质量的合作。小组动力的整个领域都是建立在这样的一个假定上，即社交技能是一个小组有效性的关键所在。

一般来讲，学生的社交技能水平越高，教师对学生运用社交技巧的奖励以及对社交技能教学给予的关注越大，那么学生从合作学习中获得的学业成绩就会越高。为了协调各种努力以达成共同的目标，学生必须：(1)学会彼此认可和相互信任；(2)进行准确的交流；(3)彼此接纳和支持；(4)建设性地解决问题。

总之，要使所有的学生都能进行有效的沟通，学会共同活动的有效方式，建立并维持小组成员之间的相互信任，有效地解决组内的冲突，必须以良好的社交技能作为中介。美国大实业家洛克菲勒曾经说过："与太阳底下所有的能力相比，我将更多关注的是与人交往的能力。"由此可见社交技能的重要意义。

(五)小组自评

合作学习的第五个要素是小组自评。小组自评也称小组加工，小组反省等。有效的小组活动受制因素很多，其中小组是否能够自我反省运行情况就是其重要因素之一。合作学习小组必须定期地评价共同活动的情况，保持小组活动的有效性。

小组自评可以描述为小组成员对小组在某一活动时期内，哪些小组组员的活动有益与无益，哪些活动可以继续或需要改进的一种省思。小组自评的目的在于提高小组在达成共同目标中的有效性。这种自评能够：(1)使学习小组成员维持良好的工作关系；(2)便利于合作技能的学习；(3)使组员对自己的参与情况有所了解；(4)保证学生在元认知水平上，同样也在认知水平上进行思维；(5)为强化小组成员的积极行为和小组的成功提供手段。

小组自评能够为小组的合作提供有益的反馈，是合作学习的一个极其重要的环节。令人担心的是在实际的合作学习实践中，由于时间紧迫等原因，不少教师轻视甚至忽视小组自评这个环节，从而影响了小组合作学习的效果。

　　小组自评成功的一些关键因素是教师要给小组留出足够的时间让其进行自评，提供一个自评的结构（如"列举出你的小组做得好的三件事和一件值得改进的事"），强调积极的反馈，使自评尽量具体而不是抽象，维持学生对自评的参与，提醒学生运用他们的合作技能来进行自评等。

　　值得指出的是，约翰逊等人所提出的五因素理论是目前合作学习研究领域最有代表性的理论，虽然这一理论近些年在表述上略有一些变动，但可以视之为一种不断的完善和改良。

　　除了这些有代表性的因素理论之外，许多合作学习研究者们对合作学习的因素也有着自己独到的见地。如史蒂文森、斯莱文和法尼什（Stevens，Slavin＆Farnish）在调查哪些因素使合作学习有效时发现："有效的合作学习法都有两个共同的特点：合作的动机和个人责任。"[①]他们还发现，单靠合作的动机还不足以提高学习成绩，只有将这两个关键因素——合作的动机和个人责任——结合在一起时，合作学习法才能产生最大的教学效果。再如，来自实践中的合作学习实验教师曼泽发现："个人责任是合作学习的一个关键特性。……动机似乎是确保个人成绩的本质要素，由此可以增强个人责任。如果小组成员都热心于使自己的小组成为优胜组，他们就会互相帮助，互相鼓励，并对别的成员的表现进行评价。如果小组中的个人有达成小组目标的动机，他们将会尽全力去完成他们所承担的责任，对小组做出贡献。"[②]

　　不难看出，合作学习的倡导者们对于合作学习基本因素的认识并不是完全一致的，表述上也有差异，他们从不同的角度提出了不同的因素理论，这对于我们进一步认识和理解合作学习的内涵是有帮助的。但是，我们还应当看到，在上述论述中，也有一些因素是各种理论都强调的。这些共同的因素就是合作学习的关键因素，值得我们予以关注。

---

　　① Stevens，R. J.，Slavin，R. E. ＆Famih，A. M. The Effects of Cooperative Learning and Direct. Instruction in Reading Comprehension on Main Idea Identification. Journal of Educational Psychology，1991(1)：8-16.

　　② Slavin，R. E. Cooperative Learning：Theory，Research，and Practice . (Allyn ＆ Bacon，1990). 30.

第三节 合作学习的基本方法

虽然社会心理学对合作的研究可以追溯到 20 世纪 20 年代，但对于合作学习在课堂中具体运用的研究则是 70 年代初才开始的。在那时，研究者们一共组成了四个独立的研究小组着手开发与研究课堂情境中的合作学习方法。其中，有三个研究小组在美国，另一个在以色列。令人高兴的是，现在世界上几乎每个国家都有研究者在从事合作学习原理的应用研究，并且有许多合作学习方法正在实践中得到充分的运用。本节拟就一些目前研究最深入、运用最广泛的基本合作学习方法作一简要的介绍。

一、学生小组学习(Student Team Learning)

学生小组学习法是约翰斯·霍普金斯大学开发与研究出来的合作学习方法。在所有实用的合作学习方法的研究中，有一半以上涉及学生小组学习法。

所有的合作学习法共享这样一个概念：学生们一起学习，既要为别人的学习负责，又要为自己的学习负责。这有点像我们所讲的"人人为我，我为人人"。除了合作活动的观念之外，学生小组学习法还强调运用小组目标(group goals)和小组成功(group success)，这种成功只有在小组所有成员都学会所教的目标时才能获得。这就是说，在学生小组学习中，学生的任务不是以一个小组的形式去做(do)某些事，而是去学会(learn)某些事。

对于学生小组学习法来说，有三个概念十分重要。它们是：小组奖励(team reward)、个人责任(individual accountability)和成功的均等机会(equal opportunities for success)。在这些方法中，如果小组达到了预定的标准，那么小组就可以得到认可或得到其他形式的小组奖励；个人责任是指小组的成功取决于所有组员个人的学习。这便把小组成员活动的焦点集中到互教互助上来了，由此可以保证小组中的每个成员对测验或其他形式的评估活动有良好的准备。成功的均等机会是指学生通过提高自己的成绩来对他们的小组做出贡献，这种学习是标准参照性的(与自己过去的学业成绩比)，而不是常模参照性的。这就保证了学习上快、中、慢的学生都能尽己所能，而且，所有组员的贡献都会受到重视。

　　关于合作学习法的研究业已表明，小组奖励和个人责任对于学生获得基本技能和知识十分重要。仅仅告诉学生在一起学习是不够的，必须有理由使他们严肃地看待他人的学习成绩。研究还表明，如果学生们是因为比过去做得好而受到奖励，并非将他们的成绩与别人的成绩相比较而受到奖励，那么学生会有更强的动机去取得成绩。因为对学生来说，通过进步而获得奖励，既不太难，又不太易。而要通过成功去得到奖励，情况就大不相同了。

　　迄今为止，已有四种学生小组学习法得到广泛的开发与深入的研究。其中有两种是适用于大多数学科和年级水平的一般合作学习法——学生小组成绩分工法（student teams-achievement divisions），简称 STAD，和小组—游戏—竞赛法（teams-games-tournament），简称 TGT。另外的两种方法是用于具体学科具体年级水平的：小组辅助个人法（team assisted individualization），简称 TAI，适用于三至六年级的数学课；合作性读写一体化法（cooperative integrated reading and composition），简称 CIRC，适用于三至五年级的写作和阅读教学。下面分别作一简要介绍。

（一）学生小组成绩分工法（STAD）[①]

　　在 STAD（Slavin，1978，1986）中，学生分成 4 人一组，要求成员在成绩水平、性别、种族等各方面具有异质性。教学程序是先由教师授课，然后学生在他们各自的小组中进行学习，使所有小组成员掌握所教内容。最后，所有学生都就所学内容参加个人测验，此时，不允许他们再互相帮助。

　　学生的测验得分用来与他们自己以往测验的平均分相比，根据他们达到或超过自己先前成绩的程度来计分（也叫提高分计分制）。然后将小组成员的个人分数相加构成小组分数，达到一定标准的小组可以获得认可或得到其他形式的奖励。整个活动的周期，从教师的讲授到小组练习，再到测验，通常要用 3～5 个课时。

　　STAD 曾在相当广泛的学科领域中得到应用，从数学到语言艺术，以至社会学科，而且被运用于从二年级直至大学的各级教育水平。它最适合于有一个正确答案、目标明确的教学，如数学计算和应用，语言用法和技巧，地

---

　　① Slavin，R. E. Cooperative Learning：Theory，Research，and Practice.（Allyn & Bacon，1990）. 3-4.

理和绘图技能以及科学事实和概念。

学生小组成绩分工制所隐含着的主要观念就是激发学生去互相鼓励和互相帮助，以掌握教师所教的知识和技能。如果学生们想使自己的小组得到小组奖励，那么他们就必须帮助他们的小组成员学会所教的材料。他们必须鼓励他们的组员尽自己的最大努力，使之认为学习是重要的、有价值的和有趣的。在教师授课以后，学生们就一起学习。他们可以成双成对地进行活动，比较问题的答案，讨论任何矛盾，在遇到障碍时互相帮助。他们可以讨论解决问题的方法，也可就正在学习的内容彼此测验。他们教他们的组员，评价他们的优点与不足，以便使他们在测验中获得成功。

尽管学生们学习时是在一起的，但他们在测验时却不准互相帮助。因此，每个学生都必须弄懂学习内容。这种个人责任激励着学生积极地进行互教活动，相互解释所学的内容，因为只有小组的所有成员都掌握了教师所教的知识和技能，才是小组获得成功的唯一途径。由于学生的分数取决于他们对自己过去成绩记录的提高程度，而不是与其他同学的成绩相比（成功的均等机会），因此所有的学生都有机会取得成功。

（二）小组—游戏—竞赛法（TGT）[①]

TGT(DeVries & Slavin，1978；Slavin，1986)是约翰斯·霍普金斯大学所创设的合作学习方法中最早的一种。它运用了与 STAD 一样的教师讲授和小组活动，不同的是它以每周一次的竞赛代替了测验。在竞赛中，学生们同来自其他小组的成员进行竞争，以便为他们自己的小组赢得分数。学生们在 3 人组成的"竞赛桌"旁进行竞赛，竞争对手是过去的学业成绩方面有相似记录的同学。这种方法有一个"不断调整"（bumping）的程序，它依据每次竞赛中学生的成绩对学生竞赛桌的安排每周进行一次调整，使竞争趋于公平。每个竞赛桌的优胜者都为其所在小组赢得 6 分，而不管是哪一个桌；这就意味着学习速度慢的学生（同其他学习速度慢的学生进行竞争）和学习速度快的学生（同其他学习速度快的学生进行竞争）都有成功的均等机会。与 STAD 相同，成绩优异的小组获得认可或其他形式的奖励。

TGT 也是一种富有成效的合作学习方法，与 STAD 相比，它又加上了

---

① Stevens，R. J.，Slavin，R. E. & Famih，A. M. The Effects of Cooperative Learning and Direct. Instruction in Reading Comprehension on Main Idea Identification. Journal of Educational Psychology，1991(1)：4-5.

游戏这个富有刺激的因素。小组成员通过学习作业单、彼此解释问题而互相帮助，为游戏作准备。但在竞争的过程中是不允许他们的组员互相帮助的，这样可以保证个体责任的落实。

(三)小组辅助个人法(TAI)①

TAI(Slavin, leavey & Madden, 1986)与 STAD 和 TGT 一样，也是运用4 人能力混合学生小组和对成绩优异者给予认可的办法来展开活动的。但STAD 和 TGT 对全班实行同一速度的教学，TAI 则把合作学习与个别化教学融合在一起。另外，STAD 和 TGT 适用于大多数学科和年级水平，而TAI 是特别设计用来教三至六年级数学的。

在 TAI 法中，学生们根据安置测验的结果进入个别化的程序，按自己的学习速度进行学习。一般来讲，小组成员都学习不同的单元。小组成员根据答案单(answer sheets)相互检查作业，在遇到问题时互相帮助。在小组成员参加最后的单元测验时，小组成员不能互相帮助，评分工作由学生班长来进行。教师每周统计所有小组成员学完的单元总数，根据最后通过测验的人数对超过标准分的小组进行认可或给予其他形式的小组奖励。

由于学生们承担了相互检查作业的责任并控制学习材料的数量，所以教师可以把课堂上的大部分时间用于给来自各个小组学习同一数学内容的学生小组授课。例如，教师可以召集学习"小数"的学生组成小组，对之讲解有关小数的知识，然后再让他们回到各自的小组中从事小数的作业。接着教师召集"分数"小组来，对之进行讲解，依此类推。

TAI 有着许多与 STAD 和 TGT 那样的动机活力。在 TAI 中，学生们必须相互鼓励，彼此帮助，因为他们希望他们的小组获得成功。由于唯一的分数是最后的测验分数，而且学生们参加最后测验时不能互相帮助，这使个体责任得到保证。在 TAI 中，学生有着成功的均等机会，因所有学生的安置都是以其先前的知识水平为依据的；对于学习慢的学生在一个周内学完三个减法单元和学习快的学生在一个周内学完除法单元来说，其难易是一样的。

与 STAD 和 TGT 不同的是，TAI 依赖于一套具体的教学材料。这些材料包括从加法到前代数的概念。虽然这种方法的设计是以三至六年级为对象的，但这种方法已被运用于二至八年级的教学，并作为初级中学的补救教学形式。TAI 的学习材料包括对上课的指导，它建议用演示、操作和范例的形

---

① R. E. 斯莱文. 合作学习的研究：国际展望. 王坦译. 山东教育科研，1994：76.

式来介绍数学概念。TAI课程强调的是对算法的迅速、牢固地掌握以及将数学观念应用于现实生活问题的解决能力。

(四)合作性读写一体化法(CIRC)①

学生小组学习法中最新的一种就是 CIRC(Madden，Slavin & Stevens，1986；Stevens，Madden，Slavin & Farnish，1987)，它主要用于小学高年级的阅读和写作教学。在 CIRC 中，像美国传统的阅读方法一样，教师运用基础读物和阅读小组，学生们被分配到由来自不同阅读小组的学生配对而成的小组中。当教师在一个阅读小组教学时，其他小组的学生则结对进行一系列的认知活动，包括相互朗读、预测故事将怎样结尾、互相对故事进行总结、写出故事的答案、练习拼写、翻译和词汇。学生们在小组中理解主要的观念并掌握其他的理解技巧。在上语言艺术课的过程中，学生们写草稿，修改和编辑别人的作业，并准备"发表"小组的成果。

在大多数的 CIRC 中，学生们的活动基本上是按这样一个程序来进行的：教师教学→小组练习→小组预测→正式测验。学生在确认他们的小组成员都做好了准备时才进行正式测验。小组奖励是根据所有小组成员在阅读和写作中的平均成绩给予认可的。因为学生都从事于适合自己阅读水平的材料的学习，他们具有成功的均等机会。学生们对小组的贡献依赖于他们的测验成绩和最后的书面作文，这样可以保证个人责任。

二、其他的合作学习方法

(一)切块拼接(Jigsaw)②

切块拼接法，又译"皆可熟"等，是阿伦逊(Aronson et al.，1978)及其同事设计的。在这一方法中，首先将学生安排在由 6 人构成的小组中，学习事先就已经分割成片断的学习材料。如一篇传记可以分为早期生活、主要成就、主要挫折、晚年生活和对历史的影响等几个部分。然后，各个小组中学习同一内容的学生组成"专家组"(expert group)，在一起共同讨论他们所学习的那部分内容，直至掌握。接着学生们分别返回各自的小组，轮流教他们的组员所学习的那部分内容。因为除了自己掌握的那部分内容外，学生们要想掌握其他的内容，唯一的途径就是认真倾听他们的小组成员的讲解，因而他们具有彼此支持的动机并表现出对彼此作业的兴趣。

后来，斯莱文博士对切块拼接法进行了改良，形成了它的修正型，称做

①② R. E. 斯莱文. 合作学习的研究：国际展望. 王坦译. 山东教育科研，1994：76.

Jigsaw Ⅱ。在这种方法中，与 TGT 和 TAI 一样，学生在 5 或 6 人小组中进行学习。代之以分配给每个学生一部分学习内容，所有的学生都得首先阅读同一篇叙事材料，如一本书的一章，一个短篇小说，或一篇传记。但每个学生都要就某个部分学至精熟成为"专家"。学习同一部分内容的学生汇集在专家组中展开讨论，然后回到各自的小组中将其所学教给他们的小组成员。然后各自参加测验，依据 STAD 的计分方法来计算小组得分，达到预定标准的小组获得认可。

（二）共学式(LT)①

共学模式是由明尼苏达大学的约翰逊兄弟（David&Roger Johnson，1987)研究开发的一种合作学习方法。它们所研究的这种方法要求学生在 4 或 5 人的异质小组中学习指定的作业单（assignment sheets）。小组共交一份作业单，依小组的成绩接受表扬和奖励。他们的方法强调学生共同学习前的小组组建活动和对小组内部组员活动情况的定期讨论。

（三）小组调查(GI)②

小组调查是由以色列特拉维夫大学的沙伦夫妇（Sharan&Sharan，1976)创设的，是一项普通课堂组织计划。学生们在小组中运用合作性探究、小组讨论和合作性设计展开学习活动。在这一方法中，学生们组成他们自己的2～6人小组。在从整个班级都学习的单元中选出一个子课题之后，各小组再将子课题分割成个人的任务，落实到每个学生身上，并开展必须的活动以准备小组报告。最后，每个小组做一下介绍或展览，以向全班交流他们的发现。

有关上述一些方法的具体实施策略，我们将在第四章讨论。

三、合作学习法的共同特征

尽管合作学习的形式千差万别，但是我们仍可以根据以下六个特征对它们进行分类。

1. 小组目标（group goals）。大多数的合作学习法都运用着某种形式的小组目标。在学生小组成绩分工法中，小组目标就是给予那些达到预定标准的

---

① Johnson，D. W.，Johnson，R. T. & Holubec，E. J. Circles of learning：Cooperation in the classroom，(Edina，MN：Interaction Book Company ，1990). 41-64.

② Sharan，Y. &Sharan，S. Group lnvestigation Expands Cooperative Learning. Educational Leadership，1989/1990(4)：17-21.

小组以认可（如证书、奖励等）；在约翰逊的方法中，经常运用的就是小组的等次。

2. 个人责任（individual accountablity）。个人责任通常可以通过两个途径来达成。一是以个人测验分数或其他评价分数的总和或平均分来作为小组分数，如学生小组学习法就是如此。另一个途径就是通过任务分工，由此使每个学生就小组任务中的一个部分承担独立的责任。

3. 成功的均等机会（equal opportunities for success）。学生小组学习法的一个特色就是运用了一种确保所有学生有着均等的机会对小组做出贡献的计分方法。这些计分方法包括运用提高分（STAD）、公平竞争（TGT）或使学习任务适合个人成绩水平（TAI&CRIC）等。

4. 小组竞争（team competition）。STAD 和 TGT 的早期研究曾把小组间的竞争作为激励学生们在组内进行合作的手段，简言之，就是组内合作，组间竞争。

5. 任务专门化（task specializition）。切块拼接法、小组调查法以及其他运用任务分工的方法，一个关键的要素就是把独立的子任务分给每个小组成员。

6. 适应个人需要（adaptation to individual needs）。大多数的合作学习法所使用的都是集体定速的教学，但有两个方法例外，那就是 TAI 和 CIRC，它们是适应学生的个人需要的教学方法。

表 1-1 总结了得到广泛研究的合作学习方法和传统小组作业法的基本特征。

表 1-1　主要合作学习法的分类

方法	小组目标	个人责任	成功的均等机会	小组竞争	任务专门化	适应个人需要
学生小组成绩分工法	是	是	是（提高分）	有时	否	否
小组游戏竞赛法	是	是	是（竞赛制）	是	否	否

续表

方法	小组目标	个人责任	成功的均等机会	小组竞争	任务专门化	适应个人需要
小组辅助个人法	是	是	是（个体化）	否	否	是
合作性读写一体化	是	是	是（通过小组）	否	否	是
共学式	是	有时	否	否	否	否
切块拼接法	否	是（任务专门化）	否	否	是	否
切块拼接法Ⅱ	是	是（任务专门化）	是（提高分）	否	是	否
小组调查	否	是（任务专门化）	否	否	是	否
传统小组作业法	否	否	否	否	否	否

〔来源〕Slavin，R.E.（1990）.Cooperative Learning：Theory，Research，and Practice，p.11.

第二章　合作学习的理论基础

综观国内外有关合作学习的研究文献，我们可以很容易地发现，合作学习之所以能成为一种深受世界上许多国家关注和欢迎的教学理论与策略绝非偶然，其中一个很重要的原因就是它有着极其坚实和科学的理论基础。因此，要想真正理解合作学习的深层内涵，把握其精神实质，还必须对它的理论基础有一个全面的了解。

第一节　几种有代表性的观点

从合作学习的大量文献来看，不同类型的合作学习理论都涉及理论基础这个问题，但由于各国合作学习的实践差别很大，再加之代表人物较多等原因，不同类型的合作学习所强调的理论基础也就各有侧重并由此形成各自的鲜明特色。下面仅就几种有代表性的理论基础论作一简要介绍。

美国约翰斯·霍普金斯大学的斯莱文博士认为，研究者们可以用很多的理论模型来解释合作学习的优越性，这些理论可以归纳为以下两个主要的类型。

（1）动机（motivational）理论；

（2）认知（cognitive）理论。主要包括发展理论（developmental theories）和认知精制理论（cognitive elaboration theories）。①

美国明尼苏达大学合作学习中心（Cooperative Learning Center）的约翰逊兄弟认为，合作学习的理论根源主要来于以下三种观点：

---

① Slavin, R. E. Cooperative Learning: Theory, Research, and Practice. (Boston, MA: Allyn and Bacon, 1990). 13-18.

(1)社会互赖观(social interdependence perspectives);

(2)认知发展观(cognitive developmental perspectives);

(3)行为学习理论观(behavioral learning theory perspectives)。[1]

以上三种观点及其关系如图 2-1 示意。

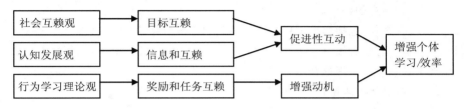

图 2-1 合作学习的理论框架

小组调查(group investigation)是合作学习的一种重要理论与策略。以色列特拉维夫大学的沙伦教授及其夫人是这种理论的创始人。在沙伦夫妇看来,小组调查法的理论基础主要涉及以下几个方面的内容。

(1)约翰·杜威(Dewey, J.)的教育哲学;

(2)库特·勒温(Lewin, K.),赫伯特·谢伦(Thelen,H.)的人类生态学;

(3)认知的建构主义心理学;

(4)学习的内在动机论。[2]

在当代美国,卡甘(Kagan, S.)也是非常著名的合作学习的代表人物,他不仅创设了一系列的教学方法,而且在推广这些教学方法方面成绩不菲。他将自己的研究机构直接取名为"卡甘合作学习"(Kagan Cooperative Learning)。卡甘认为,合作课堂的成功从理论上讲,主要是基于以下几个方面的理论。

(1)导生与练习;

(2)动机与奖励;

(3)同伴支持与低焦虑;

(4)教师角色与行为;

---

① Johnson, D. W., Johnson, R. T. & Hulubec, E. J. Circles of Learning: cooperation in the classroom. Interaction Book Company, 1993: 5-8.

② Sharan, Y. & Sharan, S. Expanding Cooperative Learning Through Group Investigation. NY: Teachers College Press, 1992: 1-19.

(5)学生角色与行为。[①]

美国著名教育学者埃根和库查克(Eggen，P. D. & Kauchak，D. P.)认为，合作学习的理论基础包括以下理论。

(1)行为主义的观点；

(2)社会观的解释；

(3)认知观(包括学生发展、认知精制和练习与反馈)。[②]

美国教育学者墨瑞(Murray，F. B.)认为，教师要求学生进行合作作业的教学是基于四个理论观点。

(1)社会学习理论：小组作业；

(2)皮亚杰的理论：冲突的解决；

(3)维果斯基的理论：合作；

(4)认知科学理论：导生。[③]

新近由新加坡 RELC(东南亚教育部长组织区域语言中心)出版的《合作学习的原理与技巧》一书，在论及合作教学的理论基础时提到了四种基本理论。

(1)杜威的哲学；

(2)行为主义心理学；

(3)社会心理学；

(4)认知心理学。[④]

我国青年学者王红宇从合作学习的心理学基础方面进行了探讨，认为合作学习的心理学基础有两个方面。

(1)集体动力学；

---

① Kagan，S. Cooperative Learning(San Juna and Capistrano，CA：Resources for Teachers，1994)，3：3.

② Eggen，P. D. & Kauchak，D. P. Steategies for Teacher：Teaching Content and Thinking Skills. Allyn and Bacon，1996：281-283.

③ Murrray，F. B. Cooperative and Collaborative Learning：An Integrative Perspective. In Jacqueline S. Thousand，Richard A. Villa & Ann I. Nevin ，Creativity and Collaborative Learning：An Practical Guide to Empowering Students and Teachers. (Paul H. Brookes Publishing Co. ，Inc. 1994). 3-11.

④ 乔治·雅各布斯等. 共同学习的原理与技巧. 林立，马容译. 北京：中央民族大学出版社，1998：39-46.

　　(2)认知心理学。①

　　我国青年学者盛群力教授将合作教学的理论依据归纳为六个方面的内容。

　　(1)动机激发论；

　　(2)需要满足论；

　　(3)教学技术论；

　　(4)集体公益论/凝聚论；

　　(5)促进发展论；

　　(6)精细加工论。②

　　另外，值得一提的是，我国台湾教育学者林全傅在讨论合作教学的原理时还特别提到了阿尔波特(Allport，1954)的接触理论(contact theory)。林全傅认为，只有接触尚不能真正有效地增进学习的效果，必须使此等接触发展为合作的关系。③

第二节　一种综合的观点

　　合作学习是一种复合活动，因而它的理论基础也自然具有复合性和多元化的特色。我们认为，合作学习作为一种遍及世界许多国家的行之有效的教育实践，其主要理论基础有以下几个方面的内容。

一、群体动力理论

　　关于群体动力(group dynamics)的研究可以追溯到20世纪初。当时作为格式塔学派创始人之一的考夫卡(Koffka，K.)曾经指出：群体是成员之间的互赖性(interdependence)可以变化的动力整体。考夫卡的同事勒温(Lewin，K.)对上述观点进行了如下阐发：第一，群体的本质就是导致群体成为一个"动

---

①　王红宇. 合作学习的理论与实践[硕士论文]. 上海：华东师范大学，1993：7-18.

②　盛群力，金伟民. 个体优化教育的探索. 北京：人民教育出版社，1996：141-146.

③　林生傅. 新教学理论与策略. 台北：五南图书出版有限公司，1989：185-186.

力整体"的成员之间的互赖(这种互赖通常由共同目标而创设),在这个动力整体中,任何成员状态的变化都会引起其他成员状态的变化。第二,成员之间紧张的内在状态能激励群体达成共同的预期目的。① 正是由于这种阐释,后人常称勒温为群体动力理论的创始人。

勒温的弟子道奇(Deutsch, M.)在 20 世纪 40 年代末提出了合作与竞争的理论,这对合作学习的发展产生了直接的影响。根据道奇的定义,在合作性的社会情境下,群体内的个体目标表现为"促进性的相互依赖"(positive independence),也就是说,个体目标与他人目标紧密相关,而且一方目标的实现有助于另一方目标的实现。而在竞争性的社会情境下,群体内个体目标则体现为"排斥性相互依赖",虽然个体目标之间联系紧密,但一方目标的实现却阻碍着另一方目标的实现,是一种消极的相互关系。勒温对此还进行了实验研究,结果表明:在合作性群体中,个体具有较强工作动机,能够相互激励,相互体谅,个体间的信息交流也比较畅通,促进合作性群体的工作效率明显高于非合作性群体。②

道奇的研究生戴卫·约翰逊,同他的兄弟荣·约翰逊一道,将道奇的理论拓展为"社会互赖理论"(social interdependence theory)。社会互赖理论假定:社会互赖的结构方式决定着个体的互动方式,依次也决定着活动结构。积极互赖(合作)产生积极互动,个体之间相互鼓励和促进彼此的学习努力。消极互赖(竞争)通常产生反向互动,个体之间相互妨碍彼此取得成功的努力。在没有互赖(个人努力)存在的情境下,会出现无互动现象,即个体之间没有相互影响,彼此独立作业。这就是约翰逊兄弟所提出的社会互赖理论的要义。③

据此,约翰逊兄弟明确地指出课堂中存在着合作、竞争与个人单干三种目标结构,并由此构成三种不同的教学情境。在合作的目标结构下,个人目标与群体目标是一致的,个人目标的实现取决于群体其他成员目标的实现,个人目标的实现与群体的合作相联系;在竞争的目标结构下,个人目标的实现与群体目标的实现是负相关,若某一成员实现了自己的目标,其他成员就

---

① Johnson, D. W., Johnson, R. T. &Hulubec, E. J. Circles of Learning:cooperation in the classroom (4ᵗʰed.). MN:Interaction Book Company,1993:5.

② ibid. 2:5.

③ Johnson, D. W., Johnson, R. T. &Hulubec, E. J. Circles of Learning:cooperation in the classroom (4ᵗʰed.). MN:Interaction Book Company,1993:5-6.

不能实现自己的目标。这样，个人目标的实现就与群体的竞争相联系；在个人单干的目标结构下，个人的利益与他人没有关系，个人目标的实现不影响他人目标的实现。在个人主义的学习情境中，学生在学习中不存在相互作用，一个学生实现了他自己的学习目标，这与他人学习目标的实现与否没有任何关联，每个人在学习中只关心自己的学习结果。一般认为，每一种目标结构都有其存在的价值。在一个理想的课堂情境中，所有的学生都应能学会如何与他人合作，为趣味和快乐而竞争，自主地进行他们自己的学习。教师要能科学地决定每一堂课要采取什么样的目标结构。如果我们把合作性的学习作为学生在校学习的唯一方式的话，那么他们将永远学不会适当的竞争，也得不到依靠自己的力量进行学习的机会。斯莱文在检讨认可和奖励学习成绩的各种方式后指出："合作与竞争，或合作与个人单干奖励结构的混合运用是对学生的学业成绩和社会关系产生积极影响的最有希望的途径。"①

　　合作学习的研究者们认为，在上述三种类型的课堂情境中，合作学习是最重要的，但现在却运用的最少。据国外专家研究所得的证据表明，现有的课堂教学中只有 7%～20% 的时间是按合作类型组织的。② 一般认为，当我们希望学生学得更多，更加热爱学校，彼此团结，更加自爱，并能学会更多的社会技能时，运用合作学习是再恰当不过的了。目前的研究业已证明，学生之间的合作应当成为现代课堂教学的主流。

　　约翰逊兄弟(1975，1978)曾对不同的分组结构与认知结果、情感结果之间的匹配及不同分组结构的主要特征进行了概括，具体结果如表 2-1、表 2-2 和表 2-3 示意。他们得出的结论是：群体合作分组结构应该成为课堂组织形式的主要特征，只有这种结构才能起到促进学生群体积极相互作用的效用，改善课堂的整体效益。

---

　　① Lindgren，H. C. & Suter，W. N. Educational Psychology in the Classroom (Boston：Allyn and Bacon：Boston. 1985). 197.

　　② Johnson，D. W. , Johnson，R. T. & Hulubec，E. J. (1990). Circles of Learning：cooperation in the classroom (3th ed.). Edina. MN：Interaction Book Company，1990：5.

表 2-1　三种认知结构与不同认知结果的匹配(1975)

认知结果	合作	竞争	单干
1. 掌握事实性信息			×
2. 事实性信息、概念原理的保持、应用和迁移	×		
3. 掌握概念和原理	×		
4. 言语能力	×		
5. 解决问题能力	×		
6. 合作技能	×		
7. 创造能力：求异思维与承担风险式思维	×		
8. 认识和善用他人的能力	×		
9. 承担角色的能力	×		
10. 从事简单的训练活动的速度和数量		×	
11. 竞争技能		×	
12. 开展个人活动技能			×
13. 简单的计算技能			×

［来源］《外国教育资料》1992 年第 2 期。

表 2-2　三种不同分组结构与不同情感结果的匹配(1975)

情感结果	合作	竞争	单干
1. 人际关系技能	×		
2. 团体技能	×		
3. 接受与理解文化、种族及个体间的差异	×		
4. 多元的、民主的价值观	×		
5. 减少偏见和成见	×		
6. 价值教育	×		
7. 对学校、学科、教学活动、教师及其他同学的积极态度	×		
8. 从学习中获得的快乐和满足感	×		
9. 保持中等程度的焦虑以促进学习	×		
10. 积极地看待自我	×		
11. 表述情绪的能力	×		

［来源］《外国教育资料》1992 年第 2 期。

表 2-3　三种分组结构的主要特征(1975，1978)

合作	竞争	单干
1. 大量的相互作用	1. 很少相互作用	
2. 有效的意见交流	2. 没有意见交流，或欺骗性、威胁性交流	
3. 得到他人的帮助指导、分享他人的成绩和来自于同伴的有利影响	3. 他人取得的成绩是自己的障碍，来自伴的不利影响	
4. 处理解决问题中的冲突	4. 处理"输—赢"冲突	
5. 高度求异思维和风险思维	5. 低水平求异思维和风险思维	
6. 同伴间高度信任	6. 同伴间低度信任	
7. 几乎全体学生都积极投入学习并承义务	7. 只有争赢希望的少数学生积极投入	
8. 得到同伴高度承认与重视	8. 很少得到同伴承认与重视	
9. 充分利用他人的聪明才智	9. 没有充分利用他人的聪明才智	
10. 有分工	10. 没有分工	
11. 减少对失败的恐惧	11. 减少对失败的恐惧	

[来源]《外国教育资料》1992 年第 2 期。

　　另外，约翰逊兄弟经过多年研究，建立了竞争与合作的理论模型。模式的结构如表 2-2 所示。模型显示，合作的目标结构会导致人际吸引，能促进相互作用，能提高心理接纳感，形成动态的、多样化的、现实的合作观等。而竞争的或个人主义的目标结构不会出现互动现象。竞争与个人主义的目标结构则会导致人际回拒，其中竞争的目标结构会阻抗相互作用，个人主义的目标结构都会导致心理回拒感，形成孤立的、静态的、单纯的同学观，有限的觉察能力，以及对未来互动的失望等。总之，约翰逊兄弟得出的结论是："同竞争的目标结构、个人主义的目标结构相比，在合作的目标结构下，学生的学习会产生更多的人际吸引。"①

　　我国教育学者认为，所谓"集体动力"，是指来自集体内部的一种"能源"。他们认为，这一问题可以从两个方面来分析。首先，具有不同智慧水

---

① 盛群力. 小组互助合作学习革新评述(上). 外国教育资料，1992(2)：3.

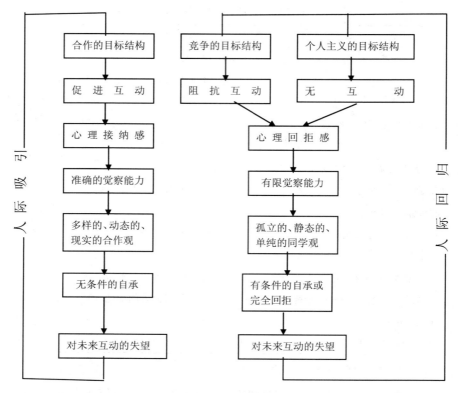

图 2-2　学生在学习竞争与合作的理论模型

［来源］《教育理论与实践》1993 年第 2 期。

平、知识结构、思维方式、认知风格的成员可以互补。在合作性的交往团体里，上述不同的学生可以相互启发、相互补充、相互实现思维、智慧上的碰撞，从而产生新的思想。学生们能深刻体会到"我一个人总不够好，我们全体更棒！"遗憾的是，不少教师常常白白浪费这样的动力资源。其次，合作的集体学习，有利于学生自尊自重情感的产生。专门研究同辈集体的心理学家史穆克对课堂同辈集体动力学做过分析。他依据学生自尊与自重的态度和学业成绩的变量关系所取得的大量数据总结指出，学生的学业成绩跟他们的自尊自重存在着正相关。而学生自尊自重情感的产生与良好的人际环境有关。学生在学习中感到有信心能胜任，并且能够得到老师和同学的肯定、称赞，就有助于尊重需要的满足。他们正确的自我评价和对人的尊重在同辈集体中产生的影响越深，则他们的学业成绩便越好。如果一个学生从同辈那里得到的是沮丧的、消极的反馈，而他每天都要花好几个小时在一个心理上受到很大威胁和十分不愉快的集体中生活，那么焦虑和不安往往会削弱他的自尊、自重和自信心，会大大减弱他为取得良好的学业成绩所做出的努力甚至放弃学习。[1]

从群体动力的角度来看，合作学习的理论核心可以用很简单的语言来表述："当所有的人聚集在一起为了一个共同的目标而工作时，靠的是相互团结的力量。相互依靠为个人提供了动力，使他们：A. 互勉，愿意做任何促进小组成功的事；B. 互助，力使小组成功；C. 互爱，因为人都喜欢别人帮助自己达到目的，而合作最能增加组员之间的接触。"[2]

二、选择理论

选择理论（Choice Theory）是美国加利福尼亚哥拉斯学院的创建者和校长哥拉斯博士于 1996 年提出的。选择理论原称控制理论（control theory）。1996 年，哥拉斯将他自 1979 年就倡导的控制理论改称为选择理论。哥拉斯指出："我过去把选择理论称为'控制理论'，是因为它告诉我们，人的行为只有我们自己才能控制。我发现'选择理论'是一个更好、更积极和更完美的名称。"[3]鉴于这种原因，我们在此可以将选择理论与控制理论视为一种理论。

哥拉斯指出："控制论是建立在这样的事实基础上的，即我们是被内在动力所推动的，是被我们的各种需要所驱使的。这些需要如同我们的胳膊和腿之连于我们的生物性结构一样，也建立于我们的生物性结构之上。我们一出生，就必须去奋斗。我们为生存，为获得一些爱、一些力、一些乐趣和自由，我们只有靠争取，别无选择。这些需要，我们经常满足到什么程度，也就是我们控制自己生活的效力能达到什么程度。"[4]哥拉斯认为："我们都被潜伏于基因中的四种心理需要所驱动，它们是：归属的需要、力量的需要、自由的需要和快乐的需要。如我们必须靠食物和住所来生存一样，我们也不能忽视这些需要。满足其中的一种或几种需要都会使人感到愉快。实际上，快乐的生物学目的就是告诉我们一种需要正在得到满足。痛苦则告诉我们目前

---

① 吴也显. 教学论新编. 北京：教育科学出版社，1991：209-210.

② 中央教育科学研究所比较教育研究室编译. 简明国际教育百科全书·教学（下册）. 北京：教育科学出版社，1990：410.

③ Glasser，W. "Choice Theory"and Students Success. The Education Digest，1997（3）：16.

④ Glasser，W. Reality Theray. （New York：Haper and Row，1965）. 9-10.

的所作所为无法满足我们非常想满足的那种需要。我们之所以痛苦，原因就是我们无法找到怎样才能满足这些需要的办法，如果这种失败的痛苦持续不断，几乎可以肯定地说，约翰（实际上是指学生）两年内就会离开学校。"①他还指出，虽然今天的学校教育过于压抑，不够愉快，但这不是问题的焦点。学生懂得在一个群体情境中不可能让他们自行其是，需要遵循规则和纪律。另外，如果有了归属感和影响力，愉快也是自然而然的事。所以问题就集中到了归属的需要和影响力的需要上面。哥拉斯曾在《现实疗法》一书中指出："人的一生需要爱与被爱。我们一生的健康与幸福全靠我们爱与被爱的能力……当我们不能满足对爱的全部需要时，我们会痛苦，并以许多心理症状做出反应，从轻度不适到焦虑和压抑，后来就会完全逃避我们周围的世界。与爱这一需要同样重要的是感到我们对己、对人都有价值的。"②哥拉斯相信，学校的失败不在学术成绩方面，而在培育温暖、建设性的人际关系方面，这些关系对于成功是绝对必要的。这种失败是由孤独造成的："那些在我们的社会里失败的人是孤独的。他们在孤独中盲目寻求同一性，但通往成功的许多道路已经关闭：只有愤怒、挫折和退缩——同一性的失败——畅通无阻。"③如果儿童和校外的人缺乏良好的、亲密的关系，他就需要在校内得到这种关系。

就归属与影响需要的问题，哥拉斯曾直接询问了 150 名学生，"什么使你感到在学校中最向往的？"回答几乎是一致的："朋友！"这是学生内心充满拥有友谊和关心的要求。哥拉斯还专门就 11～15 岁的学生问了一些问题："你感到自己在学校里显得重要吗？"也就是问学生们是否能影响别人，有自尊感。许多学生反应漠然，似乎在说："扯淡，谁愿意倾听我们的心声？"有一半的人作了回答，他们感到重要的地方，几乎都不在课堂上，而是在运动场、戏剧小组、音乐会等课外活动中。当然，也有在课堂上自己"重要"的学生，那是少数在分数竞争中出尽风头的"尖子"学生。哥拉斯进一步分析了课堂上影响别人的三种水平：第一是得有人愿意倾听他的发言。他认为，课堂上 90% 的纪律问题是由于没有机会让人倾听或别人不愿意倾听而引起的。第二是别人不仅愿意倾听，并说"你是对的"。第三是在此基础上，别人愿意

---

① Glasser，W. "Choice Theory"and Students Success. The Education Digest，1997(3)：17.

② Glasser，W. Reality Theray.（New York：Haper and Row，1965). 17.

③ ibid. p. 17.

说："你的注意比我的好，我们应该照你的去做。"因此，哥拉斯认定，影响力比归属感更为重要，这是学校困惑的焦点所在。[①]

哥拉斯博士在《课堂中的控制论》(1986)一书中指出，利用归属、影响力和乐趣能够激发学生们去挖掘自身的潜力，维持学习的兴趣。[②]

美国著名教育家约翰·杜威说过："人类本质里最深远的驱策力就是希望具有重要性。"每一个人来到世界上都有被重视、被关怀、被肯定的渴望，当你满足了他的要求后，他就会对你重视的那个方面焕发出巨大的热情，并成为你的好朋友。[③]

纽约电话公司曾就电话对话做过一项调查，看在现实生活中哪个字使用频率最高，在 500 个电话对话中，"我"这个字使用了大约 3950 次。这说明，不管你是什么人，不管你实际状况如何，在内心中都是非常重视自己的。[④]

杜威还认为，学习应该与学生的需要和兴趣相联系，教育应该包括学会和别人一起工作，学会尊重他人和理解他人，这种民主程序必不可少。[⑤]

总之，选择理论是一种需要满足理论，它认为，学校是满足学生需要的重要场所。学生到学校学习和生活，主要的需要就是自尊和归属等。按照选择理论，不爱学习的学生，绝大多数不是因为"脑子笨"（硬件问题），而是由于"不愿学"（软件问题）。只有创造条件满足学生对归属感和自尊感的需要，他们才会感到学习是有意义的，才会愿意学习，才有可能取得学业上的成功。许多学生正是因为在课堂上得不到认可、接纳和表现出对别人的影响力，才转向课外活动、校外小团体等寻求满足自己需要的机会。[⑥] 可以说，"只有愿意学，才能学得好"就是选择理论最为简洁的一种表述。

三、教学工学理论

教学工学(classroom instructional technology)理论认为，影响课堂学习质量及社会心理气氛的因素主要有三个：任务结构(task structure)、奖励结构(reward structure)和权威结构(authority structure)。斯莱文博士认为：

① 马兰. 掌握学习与合作学习的若干比较. 比较教育研究，1993(3)：2.

② Johnson, D. W., Johnson, R. T. & Hulubec, E. J. Circles of Learning：cooperation in the classroom (3[th]ed.). Edina, MN：Interaction Book Company, 1990：7.

③④ 杨穗芳. 重视别人. 读者. 1994(11)：13.

⑤ 乔治·雅各布斯等. 共同学习的原理与技巧. 林立，马荣译. 北京：中央民族大学出版社，1998：40.

⑥ 盛群力. 小组互助合作学习参考资料. 杭州大学教育系，1995 年 12 月.

"课堂教学工学可以描述为三个要素：任务结构、奖励结构和权威结构三个要素的统一体。任务结构是构成学校每天上课的各种活动的混合。"[①]

具体言之，任务结构包括：（1）教学方式方法，如讲解、提问、课堂讨论、作业练习、实验操作等；（2）教学组织形式，如全班教学、分组教学或个人自学。在分组教学中，又有同质分组和异质分组之别。合作学习在任务结构方面利用小组合作，异质性小组团体和各种不同方式的学习活动来进行学习。

奖励结构一方面是指运用何种方式来强化学习行为的结果，它涉及：（1）奖励类型，如分数、表扬或物质性鼓励；（2）奖励频数，如奖励间隔时间的长短、奖励数量的多少等；（3）奖励的可接受性，如直接奖励或间接奖励；（4）奖励的对象，如面向全班、小组或个人。另一方面，奖励结构是指人际间奖励的互赖性。斯莱文认为："人际间奖励结构是指同伴的成绩之于个体的重要性。在竞争性的奖励结构中，如按正态曲线对学生评定等次，一个学生的成功注定了别人相应地失败。"[②]密切尔斯（Michaels，J. W.）将此称为"负性（negative）的奖励互赖关系"。[③]因为在竞争性的奖励结构中，别人的成功就是自己的失败，是负性的奖励结构。反之，在合作性的奖励结构中，一个学生的成功同时会帮助别人成功，学生们之间存在着一种正性（positive）的互赖关系。

除了竞争与合作的奖励结构外，还有一种就是个别奖励结构。在这种奖励结构中，个人成败奖惩对别人不产生任何影响，学生之间是独立的奖励互赖关系。合作学习主要是利用了正性的奖励结构来激发和维持学习活动。

权威结构主要是指在课堂这一社会系统中，教师或学生控制教学活动的程度。任何社会都必须由社会控制，这样才能维持社会秩序并满足社会需要，课堂这一社会系统也是如此。在课堂中，控制可能由教师个人、学校行政人员、其他成人、学生自己、同伴团体、班长等来承担。在传统的教学体系中，通常是由教师个人以奖惩和分数来控制学生的学习及各种行为表现的。学生的努力和用功只是为了避免教师的处罚并为自己赢得某种利益，这是无法满足开放社会要求的，也无法使学生真正地尽己之性，获得最佳发

① Slavin，R. E. Cooperative Learning. Review of Educational Research. 1980(2)：315.
② Slavin，R. E. Cooperative Learning. Review of Educational Research，1980(2)：316.
③ Michaels，J. W. Classroom Reward Structure and Academic Performance. Review of Educational Research，1997(47)：87-98.

展。合作学习则不同，它要求学生利用自己的内在动机及同伴的激励来控制自己的行为，去努力进行学习，最大程度地获得学习上的成功。

从表面上看，合作学习似乎只是改变了课堂内的社会群体结构，但在实际上，课堂上的任务结构、奖励结构和权威结构也都发生了很大的变化，这是值得注意的。在以上三种课堂结构中，合作学习首先将任务结构中的教学方式方法从传统意义上师生之间的单向交流或双向交流，拓展为各教学动态因素之间的多向交流；其次，合作学习还将分组教学作为教学的基本组织形式确定下来；分组的观念一改以往能力分组中所强调的同质性，而是主张将小组成员按学业成绩、能力水平、个性特征、性别比例、家庭社会背景等因素合理搭配，形成一个微型的合作性异质学习团体。在奖励结构中，合作学习把以往表面上面向全体学生，实际上却鼓励人际竞争的奖励形式改变为面向小组全体成员的合作性奖励。在权威结构中，合作学习强调的是学生自我控制活动为主，教师指导协助为辅，用约翰逊的话来讲，就是"从旁指导"（aguide on the side）。[①]

总的看来，在合作学习的各种具体方式中，改变最为突出的主要是奖励结构。研究业已证明，奖励结构是合作学习赖以提高学业成绩的最为关键的因素。斯莱文博士曾经指出：奖励结构所具备的功能是合作学习的特色所在。[②]

四、动机理论

动机理论（motivational theory）主要研究的是学生活动的奖励或目标结构。道奇（1949）曾界定了三种目标结构：合作性结构，在这种结构中，个体指向目标的目标努力有利于他们的目标达成；竞争性结构，在这种目标结构中，个人指向目标的努力会阻碍他人的目标达成；个体性结构，在这种结构中，个体指向目标的努力对他人的目标达成没有影响。[③]

从动机主义者的观点来看，"合作性目标结构（与竞争性相反）创设了一种只有通过小组成功，小组成员才能达到个人目标的情境。因此，要达到他

---

① Johnson，D. W. &Johnson，R. T. Circles of Learning：cooperation in the classroom. 1993(4)：1.

② 李咏吟. 教学原理：最新教学理论与策略. 台北：远流出版事业股份有限公司，1986(3)：148.

③ R. E. 斯莱文. 合作学习与学业成绩（六种理论观点. 王红宇译. 外国教育资料，1993(1)：63-67

们个人的目标,小组成员必须帮助他们的成员做任何有助于小组成功的事,而且,或许更为重要的就是要鼓励同伴们去尽最大的努力"。① 动机主义者在批评传统课堂组织形式时指出,课堂中的竞争性评分和非正式奖励制度导致了与学业努力相对立的同伴规范。由于一个学生的成功会削弱其他学生成功的可能性,学生们就可能形成这样一种规范(norms),即谁得高分就是为了"出风头",或者是想成为老师的"宠儿"。"竞争性的计分标准造成一种同伴常模,这种常模不利于调动学生努力学习的动机。"②

另外,这种阻碍和限制工作的规范在工业上也是人人皆知的。如工作中的"快手"就会受到其工作同伴的讽刺和排斥。然而,当学生们为了一个共同的目标而一起活动时,在合作性奖励结构下,他们学习的努力有助于同学的成功。学生们在学习上会因此而相互鼓励,强化彼此在学业上的努力,并且能形成有利于学业成绩的规范。"很明显,合作性目标在学生中创造了正性的学业规范,正性的学业规范对于学生的学业成绩具有十分重要的影响。"③

一些研究发现,当学生们一起完成一个群体目标时,他们会表现出有利于小组达成目标的规范。在合作课堂上,一个努力尝试学习,按时到校,乐于帮助他人学习的学生,会得到同学们的赞扬和鼓励的。这与传统的课堂情境截然不同。例如,豪顿(Hulten)和迪沃里斯(DeVries),马丹(Madden)和斯莱文都发现,在合作学习课堂上的学生都会感到,他们的同学都希望他们学会。在合作学习小组中,学习成了使学生超越同伴小组的一种活动。他们还希望,合作学习小组中的学生由于在学习成绩方面获得了成功,还会改善他们在整个班级中的社会地位,而传统课堂情境中,这些学生会失去地位的。这些由于学业成功而致的社会重要性的变化十分重要。④

约翰逊等人认为,学习动机是借助于人际交往过程产生的,其本质体现了一种人际相互作用建立起的积极的彼此依赖关系。激发动机的最有效手段就是在课堂教学中建立起一种"种益共同体"的关系。这种共同体可通过共同

---

① Slavin, R. E. Cooperative Learning: Theory, Research, and Practice, (Boston, MA: Allyn and Bacon, 1990). 13.

② 乔治·雅各布斯等. 共同学习的原理与技巧. 林立,马荣译. 北京:中央民族大学出版社,1998:41.

③ Slavin, R. E. Cooperative Learning: Theory, Research, and Practice, (Boston, MA: Allyn and Bacon, 1990). 13.

④ ibid. 14.

的学习目标、学习任务分工、学习资源共享、角色分配与扮演、团体奖励和认可来建立。小组成员之间形成"休戚相关""荣辱与共""人人为我，我为人人"的关系是动机激发的一个重要标志。

五、社会凝聚力理论

与动机论有些联系的另一种观点认为，合作学习对于学习成绩的影响在很大程度上是以社会凝聚力（cohesiveness）为媒介的。这种观点认为，学生们在学习上互相帮助是因为他们相互关心并希望彼此都获得成功。这种观点与动机观的相近之处就是它强调从动机而不是从认知上解释合作学习的教学效果。

动机理论家们认为，学生们帮助小组同伴是由于他们自身的利益要求这样做。相反，社会凝聚力理论家们则认为，学生们帮助小组同伴学习是由于他们关心集体。社会凝聚力观点的一个重要标志就是突出作为合作学习准备的合作学习小组的组建活动，以及小组活动过程之中和之后的小组自加工活动或小组自评活动。社会凝聚力理论家倾向于不接受动机理论家视为根本的小组奖励和个体责任。他们认为，"如果学习任务是挑战性和有趣味的，如果学生具备充分的小组过程技能，那么学生们就会从集体工作过程本身体验到高度的奖赏性——永远不要对小组成果中的个人贡献进行评分或评价。"[①]沙伦与阿朗逊等人的研究主要就是以社会凝聚力理论为依据的。他们在其创设的合作学习方式中，学生都承担着一定的角色。在阿郎逊的"切块拼接法"中，将 4 或 5 个课题分配给小组成员，学生们分别学习一个课题的材料。他们在"专家组"中与其他小组学习同一课题的学生开会交流信息，然后再回到各自的小组中去轮流讲解所学的课题，在沙伦的"小组调查法"中，各小组承担全班学习的某一单元内的各个课题，然后在小组内再进一步讲课题分解为各项子课题。学生们共同探讨某一课题，最后将他们的研究成果向全班介绍。

"切块拼接法""小组调查法"等使学习任务专门化（task specialization）的目的，就是要在小组中创造一种互相依赖性。在约翰逊等人的合作学习方法中，这种相互依存性是通过让学生们担任"检查员""记录员""观察员"等角色来体现出来的。约翰逊等人的研究似乎对动机主义和社会凝聚力的观点都持

---

① R. E. 斯莱文. 合作学习与学业成绩：六种理论观点. 王红宇译. 外国教育资料，1993（1）：63-67.

赞成态度。他们的模式的确运用了小组奖励的小组目标，他们的理论著述强调小组建设、小组自我评议和其他一些更能体现社会凝聚力理论家的特色的方式方法，并以此来发展社会凝聚力。

总之，凝聚力理论家们认为，小组建设、小组评议及任务的专门化，不仅可以使小组的成员协调工作，而且还会使全班作为一个整体发挥整体功能。每个人不管其能力大小，都能为小组任务以及全班任务的完成做出独特的贡献。

六、发展理论

发展理论(developmental theories)的基本假定是：儿童围绕适宜的任务所进行的相互作用能促进他们对重要概念的掌握；儿童认知发展和社会性发展是通过同伴的相互作用和交往发展起来的。

苏联著名心理学家维果茨基(Vygotsky, 1978)将儿童的最近发展区界定为："由独立解决问题所决定的实际发展水平与通过成人的指导或与能力更强的伙伴合作解决问题所确定的潜在发展水平之间的距离。"[①]维果茨基指出："教学的最重要特征是教学创造着最近发展区这一事实，也就是教学引起与推动儿童一系列内部的发展过程，这些内部的发展过程现在对儿童来说只有在与周围人的相互关系以及与同伴们的共同活动的范围内才是可能的，但是由于经过了内部发展进程后才成为儿童自身的内部财富。"[②]教学创造着最近发展区不仅体现在教师的教学之中，同样也体现在与较强同伴的合作之中。通过小组内部的争论、蹉商、讨论、协调等方式，小组达成某个问题的共同意见与解决办法，这是心理发展的社会关系的渊源。在他看来，儿童间的合作活动之所以能够促进成长，是因为年龄相近的儿童可能在彼此的最近发展区内操作，表现出较单独活动时更高级的行为。维果茨基对合作活动的影响作了如下描述："功能首先是在集体中以儿童间的关系为形式形成的，然后才成为个体的心理功能——研究表明，反省源自于争辩。"[③]也就是说，人的心理是在人的活动中发展起来的，是在人与人之间的相互交往的过程中发展起来的。任何一种高级心理机能在儿童的发展中都是两次出台的。第一

---

① Vygotsky, L. S. Mind in Society: The Development of Higher Psychological Processes. (ed. and trans . M. Cole, V. John-Steiner, S. Scribner and E. Souberman, Cambridge, MA: Harvard University Press, 1978). 86.

② 维果茨基. 学龄期的教学与智力的发展. 龚浩然译. 教育研究, 1983(6): 26-29.

③ Vygotsky, L. S. Mind in Society, 1978: 47.

次是作为集体的活动、社会的活动，亦即作为心理间的机能而登台的；第二次才是作为个人活动，作为儿童思维的内部方式，作为内部心理机能而登台的。例如，言语最初是作为儿童与他周围的人之间的交往的手段而产生的，只有到了后来，它才转化为内部言语，而变成儿童自身的思维的基本方式，变成他的内在心理机能。

维果茨基对最近发展区的定义使后来的学者们从两个方面探讨同伴交往的认知功能：一是同伴互教，即由更有能力的同学充当导生的角色；二是同伴协作，即同学之间平等地进行交流，开展协作。维果茨基的学生列文那指出，导生给同伴以口头的指导有助于其内部语言的发展，用语言表述学习内容的活动促进内化机制的实现。对被教的学生而言，导生提供了类似教师的社会性榜样和指导作用，而且更容易创设有利于认知成长的"最近发展区"。在教学过程中，导生的角色是可以轮换的。同伴协作通常也体现于与同伴互教相类似的机制，这是通过同伴在共同解决问题的过程中充当独立的同时又是相互协作的角色来实现的。通常由一名学生承担观察、指导和批评的角色，而又另一名学生承担操作任务的角色，而且在不断尝试的过程中，这两种角色是相互依存的，从而双方对问题解决的全过程予以观察、分析并选择最有效的策略。问题解决策略首先以社会交往的形式出现，再逐渐内化为个体的认知技能的发挥，协同学习的过程往往可以成为一种发现的过程：儿童面对学习任务，尝试着采用各种策略以实现目标，在尝试中相互反馈，不断修正，直到达成对学习情境的新认识，从而最终解决问题。

相类似的是，瑞士著名心理学家皮亚杰（Piaget, J., 1926）认为，社会经验知识——语言、价值、规则、道德和符号系统——只能在与他人的相互作用中才能习得。皮亚杰主义传统上十分注重守恒（conservation）的研究。按照皮亚杰的理论，守恒是指"儿童到七八岁以后，在物体某些外形改变的情况下，仍能认识物体特征（如数、量、体积、重量等）的不变。如陈列两排形状和数目相同的圆珠，儿童承认两排珠数相等；然后将一排圆珠的间距增大或缩小，七八岁以前的儿童大多认为散开的一排珠数多，而七八岁以后的儿童大多认为珠子既未增减，数目自然不变"。[①] 也就是说，大多数儿童是在七八岁以后才掌握守恒原理的。

已有大量的实证研究支持这样一种观点，即同伴的相互作用能够帮助非

---

① 辞海·教育学心理学分卷. 上海：上海辞书出版社，1987：194.

守恒者(nonconservers)成为守恒者(conservers)。许多研究证明，当年龄大致相同的守恒者与非守恒者协同完成要求守恒的任务时，非守恒者会逐渐形成和保持守恒的概念。实际上，有些研究发现，如果持不同意见的非守恒者配对就守恒问题达成一致，那么，他们会获得守恒。[①] 同伴在彼此的最近发展区内操作的重要性已被库恩(Kuhn，D.，1972)的研究所证实。他发现儿童与社会榜样在认知水平上差异小差异大更有利于认知的发展。[②]

在上述研究和其他一些研究的基础上，许多皮亚杰主义者呼吁学校要增加对合作活动的运用。他们指出，学生们就学习任务所进行的相互作用本身便可以提高学生的成绩。学生们将能从中相互学习，因为在问题的讨论中，必将产生认知冲突，不充足的推论会得以暴露，最终会导致高质量的理解。

皮亚杰的观点与维果茨基的观点各有侧重，但不存在必然的矛盾，它们是相互弥补的。前者适应于具体明显认知冲突的学习情境，后者则适应于需要相互指导和支持而认知冲突不明显的学习情境。事实上，上述两种情况即便在同一学习过程中也常常并存同在。福尔曼(Forman，A.E.)等人的实验研究表明，同伴交往涉及两个不同的社会过程，第一个过程是规划和尝试阶段，以相互指导和相互鼓励为特征，同伴通常充当互为补充的问题解决者的角色；第二个过程是做出结论阶段，以论证和争辩为特征，在达成一致意见的过程中认知冲突难以避免。[③]

从发展的观点来看，合作学习对于学生学业成绩的影响主要或全部归结于合作性任务的运用。依此就学生的学业成绩来讲，学生们讨论、争辩、表述以及倾听他人意见的机会是合作学习极其重要的成分。例如，达曼在综合了皮亚杰学派、维果茨基学派和沙利文学派关于同伴协作的观点后，提出了"同伴基础上教育计划的概念原则"：

(1)通过相互反馈和辩论，同伴们彼此促进消除误解并寻找更好的方案；

(2)同伴交流的经验能够帮助儿童掌握社会过程等技能，如参与和辩论，

---

① Slavin，R. E. Cooperative Learning：Theory，Research，and Practice.（Boston，MA：Allyn and Bacon，1990）. 15

② Kuhn，D. Mechanism of Change in the Development of Cognitive Structures，Psycholigical Review，1972(77)：454-470.

③ Forman，A. E. &Cazden，B. C. Exploring Vygotskian Perspectives in Education.，in J. V. Wertsch（Ed.）. Culture，communication，and cognition：Vygotskian perspectives.（Cambridge University Press，1985）. 323-345.

以及认知过程，如验证与批判；

（3）同伴间的协作可以为发现学习提供场所并鼓励创造性思维；

（4）同伴相互作用可以向儿童呈现概括思想的过程……①

尽管发展或发现的观点在理论上或实验室研究中得到了大量的支持，以此为依据的合作学习方法却未能显示出其教学效果。但斯莱文认为，以发展理论家们所表述的认知过程，作为解释小组目标和小组任务影响学生学业成绩的中介变量，也许是十分重要的。

七、认知精制理论

认知精制理论（cognitive elaboration theories）与发展观十分不同。认知心理学的研究业已证明，如果要使信息保持在记忆中，并与记忆中已有的信息相联系，学习者必须对材料进行某种形式的认知重组或精制（Wittroch，M. C．，1978）。② 美国威斯康星大学的莱文（Levin，J. R.）在一篇关于30年来关于精制研究的总结性文章中提出了有关精制的定义性的陈述：学习中的精制是使人们更好地记住正在学习的东西而做的充实意义的添加、构建，或者生发。③ 举例来说，对一个讲座写个小结或纲要就是一个较好的学习辅助手段，这就比只记个笔记要好，因为做小结或拟纲需要学生对材料进行重要组织，找出材料的要点。

精制的最有效方式之一即是向他人解释材料。长期以来，关于同伴互教活动的研究发现，在学业成绩方面，教者与被教者均能从中受益。美国德克萨斯基督大学的唐纳德·丹赛罗（Dansereau，D. F.，1985）及其同事在一系列的研究中发现，利用结构化的"合作性文稿"进行学习的大学生，在技术性材料或程序的学习方面能比单独学习的学生学得更好。④ 在这种方法中，学生们担任回忆者与聆听者的角色。他们阅读课文的一部分，然后由回忆者对信息加以总结，而聆听者则纠正其错误，填补遗漏的材料，并帮助考虑采取何种方式使双方都能记住要点。学习下一部分时，双方再交换角色。丹赛罗

---

① Damon，W. (1984). Peer Education：The Untapped Potential. Journal of Applied Developmental Psychology，1984(5)：335.

② Wittrock，M. C. The Cognitive Movement in Instruction. Educational Psychology，1978(77)：60-66.

③ 袁军. 说精制. 外国中小学教育，1993(5)：10.

④ Slavin，R. E. Cooperative Learning：Theory，Research，and Practice. (Boston，MA：Allyn and Bacon，1990). 16.

在一系列研究中发现，回忆者和聆听者都比单独学习的学生学得更多，但回忆者学到的更多一些。这些研究既反映了同伴互教活动的效果，同时也印证了诺思里·韦伯（Webb，N.，1985）的研究结果。韦伯发现，在合作活动中，受益最大的是那些给他人做详细解释工作的学生。[1] 这项研究和丹赛罗的研究表明，倾听详细解释的学生比单独工作的学生学得多，但却没有作为解释者的学生学得更多。

关于合作学习，还有一种观点是基于这样一种观念，即合作学习增加了练习或背诵材料的机会。直接教学（direct instruction）的理论家们认为，练习的机会是决定教学效果的重要因素。因此，一些理论家从练习的角度来解释合作学习之所以有效的原因。

总之，合作学习作为一种创新的教学理论与策略，有着深厚而宽广的理论基础。值得注意的是，也正是由于合作学习理论基础的这种多元性和深刻性，才使得合作学习的策略繁多，方法多样。综合观之，合作学习的不少理论观点还存在着互补性，而不是彼此矛盾的。例如，动机理论家绝对不会认为认知理论是多余的，相反，他们会认为动机推动认知过程，从而引起学习。动机理论家会认为外部激励的中介影响必须用以发展小组成员间的凝聚力、相互关心及其社会规范，这些反过来又影响认知过程，等等。

---

[1] Slavin，R. E. Cooperative Learning：Theory，Research and Practice.（Boston，MA：Allyn and Bacon，1990）. 16.

第三章　合作学习的类型和基本理念

第一节　合作学习的
分类

　　合作学习自 20 世纪 70 年代兴起以来，发展迅速，备受关注，其理论与方法也日益增多。据有关资料显示，仅在美国，合作学习方法和策略目前就不下百种，这其中还不包括每一种理论与方法的变式。如卡甘（Kagan，S.）在 1990 年就在其结构法的理论基础上描述了 50 多种变式。由于合作学习理论与方法在数量上的持续增长，人们从整体上有效把握合作学习的难度也就变得越来越大，从而分类问题就显得十分必要。

　　综观国内外合作学习的分类研究成果，结合我们多年来的研究与实践，我们认为多种多样的合作学习理论与实践可以划为四个基本的类型：指导型、过程型、结构型和探究型。

一、指导型

　　指导型（teacher-directed models）的合作学习强调教师在运用合作学习过程中教师的指导作用和中心地位。这种类型的典型代表就是约翰斯·霍普金斯大学斯莱文博士创设的学生小组成就分工法，简称 STAD 法。

二、过程型

　　过程型（process models）是围绕小组过程的基本原则组织起来的一些方略，这种类型强调的重心即在于小组过程和社交技能的发展。这种类型最著名的就是美国明尼苏达大学约翰逊兄弟 1987 年提出的共学式（learning together），简称 LT。

三、结构型

结构型(structural models)合作学习方法最初是与卡甘的研究相关联的。卡甘设计的不是一些具体的合作学习方略，而是一些小组可以运用的基本结构(basic structures)，这些基本结构可以派生出若干合作学习的具体策略供小组学习使用。经过研究，卡甘确定了7种基本结构：

1. 课堂构建结构。这类结构包括一些旨在形成一个有凝聚力的课堂气氛的一些小组活动。

2. 小组构建结构。这类结构旨在强调小组关系的加强。

3. 交流构建者结构。这类结构旨在提高学生交流的技能。

4. 掌握结构。这类结构运用团体协作来帮助学生掌握一些基本的技能和学科内容，复习学习内容，互教互学。

5. 概念形成结构。这类结构利用诸如会见、上网等活动来帮助学生形成相关的概念。

6. 劳动分工结构。这类结构包括诸如著名的切块拼接法(Jigsaw)等，他要求每一个小组成员都接触不同的信息，或者承担一部分具体的小组任务。

7. 合作项目结构。这类结构强调小组成员就一些合作项目进行合作。

四、探究型

探究型(inquiry models)的合作学习方法强调的是对复杂问题的小组调查。这一模式的主要代表人物是以色列特拉维夫大学教育心理学教授沙伦(Sharan)及其夫人，他们所创立的合作学习方法是小组调查法(GI)。

如果我们将当今实践中运用着的合作学习方法按照上述四个类别加以归类，每一种合作学习方法大致都可以归于上述四类中的一类。当然，任何分类都是相对的，关于合作学习方法的分类模式还有很多，限于篇幅，此处不再一一陈表。研究分类的主要目的在于使我们认清不同类型合作学习法的特点，从而更好地把握和运用它们。

第二节　合作学习的基本理念

世界各国的合作学习理论与实践虽然在其具体形式上和称谓上不甚一致，如欧美国家称"合作学习"和"合作授课"，在苏联等称"合作的教育学"，在我国称"合作教学论""合作教育"等，但它们却有着许多共同的教学理念，与传统教学观有着许多质的不同，并由此形成鲜明的对照。综合观之，合作学习的基本理念主要涉及以下几个方面的内容。

一、互动观

在合作学习的诸多理念中，最令人注目的当属其互动观。由于合作学习视教学动态因素之间的互动为促进学生学习的主要途径，因而这种互动观无论在内容上还是在形式上都与传统的教学观有所不同，它不再局限于师生之间的互动，而是将教学互动推广至教师与教师、学生与学生之间的互动。国内外大量实证研究证明，合作学习的互动观是一种先进科学的互动观，是对现代教学互动理论的发展。与传统的教学互动观相比，合作学习的互动观主要突出了以下几个方面的内容。

（一）定位教学活动是一种复合活动

合作学习的互动观是建立在对现有教学互动观的反思基础上的，是对现代教学互动观的一种发展。合作学习论认为，教学过程是一个信息互动的过程。从现代教育信息论的角度来看，教学中的互动方式大致呈现为4种类型。

1. 单向型

这种类型的信息互动将教学视为教师把信息传递给学生的过程，教师是信息发出者，学生是信息接受者。

2. 双向型

这种类型的信息互动将教学视为师生之间相互作用获得信息的过程，强调双边互动，及时反馈。

3. 多向型

这种类型的信息互动将教学视为师生之间、生生之间相互作用的过程，强调多边互动，共同掌握知识。

4. 成员型

这种类型的信息互动将教学视为师生平等参与和互动的过程。强调教师作为小组中的普通一员与其他成员共同活动，不再充当唯一的信息源。[①]

合作学习认为，教学是一种人际交往，是一种信息互动，其间必然涉及上述 4 种信息互动过程和模式，缺一不可。值得注意的是，从目前世界各国的合作学习实践来看，合作学习还是把互动的中心更多地聚焦在了生生之间关系的拓展上，因为这是当前教学实践中常常被人们忽视的一个重要领域。

反观教学实践，我们目前教学所提倡和采用的互动方式主要是师生之间的双边互动，至于学生与学生之间的互动则始终未能受到重视，因而教学中少有或根本没有多向型的互动方式。甚至不少人还将学生与学生之间的互动视为非建设性的消极因素或破坏力量。造成这种状况的原因很多，其中理论误导的影响不可忽视。受传统教育的影响，我们往往把教师与学生之间的关系视为教学中唯一重要的关系，认为学生之所以能掌握知识，发展智力，主要是取决于与教师的互动。[②] 另外，由于心理学关于学生早期社会行为的研究曾一度集中在儿童与成人之间的相互作用上，因而导致心理学家得出这样的结论："儿童与成人（如父母与教师）的关系是最重要的关系……同伴关系是不重要的。"[③] 国内目前不少学者把教学仅理解为"师生双边活动的过程"的观念实际上就是上述思想的折射。合作学习认为，把教学这一复杂的现象仅仅当作教师与学生之间的双边互动的过程来认识，实在是过于简单化了。实际上，教学不仅仅是教师与学生之间的双边互动的过程，它还涉及诸如单向型互动、多向型互动、成员型互动等多种过程，是多种互动过程的有机统一体。需要指出的是，各种互动方式都有其存在的价值，都是与特定的教学目标和活动阶段相联系的。教学中并不存在一种万能的互动模式。师生双向互动也不例外。每一种互动方式都有其优点，也有其不足，只有根据教学任务和需要合理选择，恰当组合，形成动态因素互动的立体交流网络，才能获得教学互动的最佳效果。

---

① Hodge，B. Communication and Teachers.（Longman Cheshire Pty Limied，1981：4.

② 詹姆斯·H. 麦克米伦. 学生学习的社会心理学. 何立婴译. 北京：人民教育出版社，1989：142.

③ 詹姆斯·H. 麦克米伦. 学生学习的社会心理学. 何立婴译. 北京：人民教育出版社，1989：142.

(二)突出生生互动的潜在意义

合作学习之所以能在世界范围内取得成功，很大程度是取决于它对生生互动的创造性运用。在传统教学中，学生与学生之间的相互作用通常被认为是无关紧要的或是消极的因素。合作学习认为，生生互动是教学系统中尚未开发的宝贵的人力资源，是教学活动成功的不可缺少的重要因素。因此，合作学习把生生互动提到了前所未有的地位，并作为整个教学过程中一种十分重要的互动方式加以科学研究利用。在合作学习的主体活动阶段——小组活动中，学生与学生之间的互动占有主导地位。另外，在测验和反馈补救阶段，生生互动也占有相当重要的地位。合作学习之所以大胆引用生生互动这一为传统教学所视而不见、弃而不用的互动形式，是基于它对于生生互动重要性的独特而科学的认识。合作学习倡导者们认为："在课堂上，学生之间的关系比任何其他因素对学生学习的成绩、社会化和发展的影响，都更强有力。但课堂上同伴相互作用的重要性往往被忽视。……事实上，与同伴的社会相互作用是儿童身心发展和社会化赖以实现的基本关系。"[①]这种对生生互动的乐观态度与传统的教学观形成了鲜明的对照。由于合作学习引入了生生互动这一有效的互动方式，教师与学生在教学中的角色和地位自然也就发生了重大的变化。

合作学习对生生互动这一交流方式的开发与利用，充分开发和利用了教学中的人力资源，为现代教学系统注入了新的活力，把教学建立在了更加广阔的交流背景之上，这对于我们正确地认识教学的本质，减轻师生的负担，提高学生学习的参与度，增进教学效果，具有重要的指导意义。

当然，我们应当注意，合作学习虽在生生互动方面有所侧重，但并不否定其他互动方式的价值。它所提出的是一种复合互动观，即强调教学应当是各种互动活动的有机统一体。

(三)强调师师互动的前导地位

传统教学虽然也时有教师集体备课的活动或形式，但并没有将之纳入教学的流程之中加以统合。合作学习则不同，它将师师互动作为教学的前导性因素纳入教学系统，扩大了教学系统的外延，并将之视为教学过程不可或缺的一个环节，这是一种创新。合作学习认为，与学生一样，教师之间在知识

---

① 詹姆斯·H.麦克米伦.学生学习的社会心理学.何立婴译.北京：人民教育出版社，1989：142.

结构、智慧水平、思维方式、认知风格等方面也存有重大差异，即使是教授同一课题的教师，在教学内容处理、教学方法选择、教学整体设计等方面的差异也是明显的。这种差异就是一种宝贵的教学资源。通过教师与教师之间就所教授内容的互动，教师之间可以相互启发、相互补充，实现思维、智慧的碰撞，从而产生新的思想，使原有的观念更加科学和完善，有利于达成教学的目标。

二、目标观

合作学习是一种目标导向活动。由于合作学习强调动态因素之间的合作性互动，并藉此提高学生的学业成绩，培养学生良好的非认知品质，因而这种教学理论较之传统的教学理论更具情感色彩。当然，合作学习在突出达成情感领域的教学目标的同时，也非常重视其他各类教学目标的达成。正如合作学习的研究者们所讲的那样："在教学目标上，注重突出教学的情意功能，追求教学在认知、情感和技能目标上的均衡达成。"[①]

合作学习认为，学习是满足个体内部需要的过程。对于教学来讲，合作学习的假定是："只有愿意学，才能学得好。"[②]只有满足学生对归属感和影响力的需要，他们才会感到学习是有意义的，才会愿意学，才会学得好。基于这种认识，合作学习将教学建立在满足学生心理需要的基础之上，使教学活动带有浓厚的情意色彩。从合作学习的整个过程看，其情感色彩渗透于教学过程的各个环节之中。尤其是在小组合作活动中，小组成员之间可以互相交流，彼此争论，互教互学，共同提高，既充满温情和友爱，又像课外活动那样充满互助与竞赛。同学之间通过提供帮助而满足了自己影响别人的需要，同时，又通过互相关心而满足了归属的需要。在小组中，每个人都有大量的机会发表自己的观点与看法，倾听他人的意见，使学生有机会形成良好的人际技能。当学生们在一起合作融洽、工作出色时，他们学到的就会更多，学得也就更加愉快，由此可以实现认知、情感与技能教学目标的均衡达成。

另外，特别值得一提的是，合作学习在注重达成上述三类目标的同时，还十分注意人际交往的技能目标，并将之作为一种重要的教学目标予以遵循和追求。当代教学设计专家罗米索斯基在 20 世纪 80 年代初即提出："人际交互技能"同"认知技能""心理动作技能""反应技能（态度）"一样，必须在学

---

① 王坦，高艳. 合作教学理念的科学创意初探. 教育探索，1996(4)：17.
② 马兰. 掌握学习与合作学习的若干比较. 比较教育研究，1993(2)：9.

校教学中占有重要的地位。这类目标涉及培养与他人有效地交往、处理人事关系的能力等，包括咨询、管理、讨论、合作、销售等方面的技能。有关研究认为，合作学习的目标体系可分成两个部分："学术性目标（academic objectives）及合作技能目标（cooperative objectives）。在以往的教学过程中，教师通常十分重视学术性目标，而往往忽略学生合作交往技能训练与培养。而在合作学习课堂中，对学生进行合作技能的教授与训练是一个很重要的组成部分。否则学生会因为缺乏必要的合作技能而无法进行合作，从而直接影响合作学习的顺利进行甚至严重削弱教学效果，至于培养学生的合作品质，则更无从谈起。"[①]要求合作学习应注意这两类目标的均衡达成。

与传统的教学论相比，合作学习的目标观的确是一种进步。因为它不再是一种单一取向的目标观，而是一种全面而均衡的目标观。反顾我们教育理论界对教学功能和目标的认识，我们不难发现这样一个认识的轨迹：最初，人们在检讨传统教学观念时发现，传统教学只注重知识的掌握，或多或少地忽视了学生智力的发展，导致了"高分低能"现象的出现。一时间，发展学生的智力成了当务之急，各种改革措施纷至沓来，都试图改革传统教学的这种格局。这些改革措施对培养学生的智力品质无疑起到了积极的作用，收到了良好的效果。然而，这种认识仍然带有很大的局限性，它在肯定智力价值的同时，忽略或低估了非智力因素对教学的影响。结果，实践中的智力发展与学业成绩的提高都受到了不同程度的限制，难以收到最佳的教育效果。一般来讲，我们目前的中小学教学，在培养学生的智力品质与非智力品质方面存在着脱节现象，各执一端，各行其是者居多。合作学习不仅强调学生获得认知方面的发展，而且还力求使学生在学习过程中得到乐趣，融知、情、意、行于一体，兼顾认知、情感和技能多种教学目标的协同达成。

三、师生观

合作学习是从教学主要矛盾的分析入手来建立其师生观的。教学是一个多因素影响下的动态过程，其间矛盾纵横、关系复杂。如果从教学的四因素理论（即认为教学涉及教师、学生、教学内容和教学手段四个基本因素的理论）入手来透视教学系统，我们会发现，教学过程存在着六对矛盾，即教师与学生的矛盾、教师与教学内容的矛盾、教师与教学手段的矛盾、学生与教学手段的矛盾、学生与教学内容的矛盾、教学内容与教学手段的矛盾。毛泽东

---

① 陈燕. 合作学习课堂教学中的应用研究［硕士论文］. 杭州：杭州大学，1997.

曾经指出:"研究任何过程,如果是存在两个以上矛盾的话,就要全力找出它的主要矛盾,抓住了这个主要矛盾,一切问题就迎刃而解了。"①因此,找准和抓住教学的主要矛盾是科学地处理教学问题的重要前提。综观理论界对教学主要矛盾的分析与认识,较为典型的认识是将教师与学生之间的矛盾确定为教学的主要矛盾。在这种认识的指引下,教学过程主要是教师与学生的双边活动的过程,教师更多地是将精力集中到了如何处理与学生的关系上,而没有把教学的着力点确定在如何促进学生的学习过程上,"教师主导,学生主体"成了一句空泛的口号。

合作学习对教学主要矛盾的认识与此不同,它认为学生与教学内容之间的矛盾才是教学的主要矛盾。这种观点认为,教学的最根本目的并不在于形成一个什么样的师生关系,而主要是使学生掌握教学内容,并在掌握知识的同时发展能力和形成态度,使学生这个主体不断成熟和完善,实现由旧知识向新知识的转化,以旧有的认知结构去同化新知识,从而形成新的认知结构。教学中的其他矛盾正是在此基础上产生的,即为了解决学生与所学知识之间的矛盾,才产生了教师与学生、教师与教学内容等矛盾,因而它们是从属性的矛盾,是次要矛盾。当然这些从属性矛盾的解决,对有效地解决学生与所学知识之间的矛盾起着重要的作用。由此看来,教学的主要矛盾实际上属于学生认识过程的矛盾,是认识主体与其客体之间的矛盾;学生的活动是教学过程中最主要的活动。因此,合作学习提倡教师当好"导演",学生当好"演员",而不再像传统教学所强调的那样,教师为了保持所谓的权威,教师既"导"且"演",结果是"导"不明,"演"不精,事倍功半,苦不堪言;与此相应,学生在传统教学情境中只能跑跑龙套,敲敲边鼓,充当着配角或背景,甚至是旁观者。由于教师占用了课堂上的大部分时间,学生的主体地位只好靠课后铺天盖地的各种作业来体现了。由此不可避免地要形成一个恶性循环圈:教师布置作业→学生做作业→教师改作业→教师再布置作业→学生再做作业……在这一恶性循环圈中,教师只能埋头于作业堆里而不能自拔,不堪重负,根本无暇顾及教学内容的研究与设计,因而不可能当好"导演"兼"主演","导"不明,"演"不精也就在所难免。在这种教学情境中,学生的主体地位难以真正得到体现,超负荷重复性低水平的练习与作业使学生对学习逐渐失去兴趣,疲于应付,难以达成在身心的和谐发展。合作学习从学生主体

---

① 毛泽东. 毛泽东选集(合订一卷本). 北京:人民出版社,1964:297.

的认识特点出发，巧妙地运用了生生之间的互动，把"导"与"演"进行了分离与分工，把大量的课堂时间留给了学生，使他们有机会进行相互切磋，共同提高。由此以来，在传统课堂上许多原先由教师完成的工作现在就可以由学生小组来完成，教师真正成了学生学习过程的促进者，而不再作为与学生并存的主体而使二者对立起来。教师也会由此而使自身的工作负荷得到减轻，可以有时间研究教学问题，科学设计教学方案，进行教学改革，确保"导"的质量。学生由于主体性得到了体现，自然会产生求知和探究的欲望，会把学习当作乐事，最终进入学会、会学和乐学的境地。师生负担也可以由此大减，教学的良性循环也会因此而建立起来。

在合作学习中，教师要充当"管理者""促进者""咨询者""顾问"和"参与者"等多种角色，旨在促进整个教学过程的发展，使学生与新知之间的矛盾得到解决。教师不再把自己视作为工作者，而是合作者。因为如果教师把自己看做是工作者的话，那么他就不会把学生看做是人，而是工作的对象，予以机械刺激。在合作学习中，教师与学生之间原有的"权威—服从"关系逐渐变成了"指导—参与"的关系。

四、形式观

教学组织形式在漫长的历史发展过程中经历了几次重大的变化。这种变化实际上反映的是人类社会生产方式的转变，因为教学组织形式同人类社会生产组织方式有着天然的联系。在农业社会，社会生产劳动是单干的、家庭作坊式的，劳动效率低下，其特点是"少慢差费"。因而，学校教学组织形式也是以个别教学为主的。近代工业革命后，集约化、批量化、高效率的生产劳动取代了原有的小生产劳动方式，以群体教学为特征的班级授课制应大规模、高效率培养工业生产者的需要而产生，并为促进经济繁荣和社会进步做出了重大贡献。发展至今仍为学校教学中的主要教学组织形式。但值得注意的是，自20世纪以来，班级授课制的弊端也逐渐显现出来，并成为改革的目标。

班级授课制在组织教学活动时采取了全班教学、小组教学和个人自学相结合的方式，但从总体上说是以全班教学为主。全班教学有许多优点，主要是教学效率高，但它也有难以克服的弊端。一般认为，班级授课制的主要弊端有两个：一是机械呆板的整齐划一性压制了学生的个性发展；二是忽视了人际互动，丧失了教学的集体性。值得特别指出的是，现在教学中的班级授课制与创立之时的原意相去甚远。正如我国教育学者所指出的那样："夸美纽斯（Comenius，J. A.）在确立班级授课制之时便明确提出班级教学的一个优点是同学之间的相互影响具有积极的教育作用。只是在传统教学实践中，这一优势并未发挥出来，同学之间的人际影响限于教师的权威控制，学生的学习更多地体现为集体学习背景中的单独学习，同伴交往增进个体认知、情感、社会性、价值观等方面发展的功能在课堂上得不到体现。实际上，传统教学的弊端并不在于其集体性，反而恰恰是没有真正发挥出集体学习的优势，忽视了课堂上同伴交互作用所具有的教育功能。"①

合作学习采用了班级授课与小组活动相结合的教学组织方式，这主要是由于社会劳动生产方式的某些变化所使然。"当发达国家开始进入后工业社会或信息社会时，劳动组织开始趋于小型化，劳动中互相协作彼此直接交往的机会大大增加，劳动者的人际关系技能和状况将对他的劳动机会产生直接影响。很显然，当新的就业机会大部分只出现在只有20个人的小企业时，那么，这种劳动组织方式就既不是个人单干的，也不是大集体作业。与之相应的变化是，学校班级规模在发达国家也趋于小型化，但这种小型化又绝对不是回到个别辅导的单干学习这条老路上。"②由此出发，合作学习认为，教学应当兼顾教学的个体性与集体性特征，应当把个别化与人际互动有机地结合在一起。因此，在教学形式上，合作学习强调以集体授课为基础，以合作学习小组活动为主体形式，力求体现集体性与个体性的统一。

与传统教学不同，合作学习是以小组活动为基本形式的一种教学活动，但集体授课仍然在整个教学过程中占有相当重要的地位。这点我们可以从合作学习的基本流程中窥见一斑。我国的合作学习基本流程可归纳为：合作设计→目标呈现→集体讲授→小组合作活动→测验→反馈与补救。③ 由此可见，教师的授课是合作学习策略中必不可少的组成部分。当然，我们不能将合作学习中的课堂讲授与传统课堂教学中的课堂讲授等同视之，合作学习中的课堂讲授是以合作设计为基础的，讲授过程也力求简要清晰，时短量大，高效低耗，有着较强的研究性、探究性，能为继起的小组活动留有足够的空间。另外，典型意义上的合作学习中的小组活动与传统教学中的小组活动也有着重大区别。这主要表现在传统小组（如兴趣小组）往往是同质小组，而合

---

① 王红宇. 教学组织形式的未来. 黑龙江教育学院学报，1995(1)：24.

② 盛群力. 个体优化教育的探索. 北京：人民教育出版社，1996：136-137.

③ 王坦. 合作教学的基本理念. 中国教育报（教育科学版），1995-12-29.

作学习小组则主要是以异质小组为主。异质小组通常是由性别、学业成绩、能力倾向、民族等方面不同的成员构成，成员之间存在着一定的互补性。合作学习小组通常由 4 人组成，其中一名是优等生，一名是差生，两名是中等生，要求各小组总体水平基本一致，每个小组都应是全班的缩影或截面。同时，全班各合作学习小组之间又应具有同质性。组内异质、组间同质为互助合作奠定了基础，而组间同质又为保证全班各小组间展开公平竞争创造了条件。合作学习对集体授课和传统小组的上述改革是具有创意的。它既着眼于发挥集体教学的优势，又考虑到了学生个体化活动的重要价值，改革了传统教学忽视学生个性发展的弊端，到达了教学集体性与个体性的有机统一。

应当讲，小组教学代表了当今教学组织形式发展的方向。这一点我们不难从现代教育文献中得到印证。

《从现在到 2000 年教育内容发展的全球展望》一书的作者拉塞克在该书中文版导论中这样说道，最近的研究表明，技术和劳动组织变化，要求从业人员具备如下各项知识的、情感的新"技能"和新态度：小组（队）集体劳动、共同决策和集体解雇问题的能力，交往和恰当地利用已有信息的能力，能动性和创造性，等等。所有这些能力的获得和加强，都应该在学校进行。正如某些专家所阐明的那样："将来的学生很可能需要获得比现在多得多的小组集体工作的经验，其办法是合作学习和共同解决问题，这将使他们得以完成新的事业。"[1]

"小组学习，即作为一个小组展开学习，将是正在出现的教育结构的一个最重要的支持系统。"[2]

从以上文献可以看出，教学组织形式的改革基本取向是增加课堂教学动态因素的互动，特别是学生与学生之间的人际交往时间与频度。在美国、俄罗斯、以色列、日本等一些国家，近年来已愈来愈多地采用小组互动合作学习的课堂组织方式，有人甚至认为这将导致一场"合作革命"，越来越多的国家竞相采用合作学习的实践本身也证明了现代教学组织形式的这一发展趋势。

五、情境观

合作学习认为，组织学生学习的情境主要有三种：一种是竞争性的

---

① 马胜利等译. 从现在到 2000 年教育内容发展的全球展望. 北京：教育科学出版社，1992：5.

② APEID. Reorientation and Reform of Secondary Education in Asia and the Pacific Region：A Status Report，(Unesco. Imprint，Bangkok：Unesco，1989). 77.

（competitive），在这种学习情境中，学生们会意识到个人的目标与同伴的目标之间是相互排斥的，即别人的成功意味着自己的失败，反之亦然，是一种"利己损人"的学习情境；另一种是个体性（individualistic）的情境，学生们各自朝着既定的目标进行独立学习，而不必管其他人学得如何，这是一种"利己不利人也不损人"的学习情境；还有一种是合作性（cooperative）的情境，学生在既有利于自己又有利于他人的前提下进行学习，在这种情境中，学生们会意识到个人目标与小组目标之间是相互依赖的关系，只有在小组其他成员都成功的前提下，自己才能获得成功。小组成员之间是"沉浮与共"的关系，这是一种"利己利人"的学习情境。合作学习的倡导者认为，在合作、竞争和个人三种学习情境中，"合作学习是三种学习情境中最重要的一种，但却是目前运用得最少的一种学习情境。……从研究中可以清楚地看到，课堂活动的主流应当是学生的合作活动。"①同时，合作学习的倡导者还认为，在一个理想的课堂里，所有的学生都应能学会如何与他人合作，为趣味和快乐而竞争，自主地进行独立学习。合作学习并不排斥竞争与单干，在适合的时候，竞争和个体活动能够增益于合作学习。也就是说，合作学习在突出合作的主导地位的同时，并没有否认竞争与个人活动的价值，而是将之纳入教学过程中，使它们兼容互补，相得益彰，共举教学系统。

从本质上讲，我们目前的中小学教育教学带有浓厚的竞争色彩。学生都视学校是一个竞争的场所，每个人都想胜过他人。这种教育是一种竞争教育。这种教育的理念是不言自喻的，它把一个人的成功建立在其他人失败的基础之上。在这样一种学习氛围中，学生们养成的是一种被扭曲了的竞争意识和与之相应的利己行为。他们大都缺乏合作意识，更少有利他行为，缺乏与他人相处和交往的基本技能。这种状况与我们所处的需要合作意识与社会技能的信息时代甚不合拍。尤其是独生子女占相当比例的今天，这种状况就更加令人担忧。合作学习将合作、竞争和个人行为融为一体，并进行优化组合加以利用，符合教学规律和时代的需求，是对传统教学的单一竞争格局或情境的一大变革。

六、评价观

合作学习的评价观与传统教学也有很大不同。传统的教学评价强调的是

---

① Johnson，D. W.，Johnson，R. J. &·Hulubec，E. J. Circles of Learning：cooperation in the classroom. （Edina，MN：Interaction Book Co. 1990）. 5.

常模参照评价，关注个体在整体中的位置，热衷于分数排队，比较强弱胜负。这种竞争性的评价是有局限性的，它把是否"成功"作为衡量学生优劣的唯一标准，脱离了大多数学生的实际。在这种评价方式下，只有少数学生能够得到高分或好名次，能够取得分数意义上的成功，而大多数学生则注定是学习的失败者，这不利于大多数学生的发展。心理学家科尔曼（Coleman，1961）曾将青少年促成学业成功的规范与促成（体育）运动的规范作过对照。在小组协作运动中，如篮球比赛，每个人的成功都有助于小组或学校的成功，因而每个人都可以得到同伴的大力支持。与此相反，学业上成功具有独特的性质，它会减少其他人成功的机会（因为得高分的人毕竟有限），这就导致了学生反对自己的同伴在学业上的努力。竞争性的评分效果并不理想，因为大多数的学生不管他们怎样努力，几乎都没有取得高分的可能，只有少数人能得到高分。有鉴于此，合作学习把"不求人人成功，但求人人进步"作为教学所追求的一种境界，同时也将之作为教学评价的最终目标和尺度，将常模参照改为标准参照评价，把个人之间的竞争变为小组之间的竞争，把个人计分改为小组计分，把小组总体成绩作为奖励或认可的依据，形成了"组内成员合作，组间成员竞争"的新格局，使得整个评价的重心由鼓励个人竞争达标转向大家合作达标。尤其是"基础分"（base scores）和"提高分"（improvement points）的引入可以说是合作学习评价的一个非常显著的特色和创新之处。所谓基础分是指学生以往学习成绩的平均分；而提高分则是指学生测验分数超过基础分的程度。引入基础分与提高分的目的，就是尽可能地使所有的学生都有机会为所在的小组赢得最大的分值，指导学生的着力点定位在争取不断的进步与提高上，自己与自己的过去比，只要比自己过去有进步就算达到了目标。另外，为了体现评价的公平性，合作学习还注意根据学生以往的学业成绩表现和测验成绩，安排优等生与优等生一起分组测验，差生与差生一起分组测验，中等生与中等生一起分组测验，有时候测验的难度可以有所不同。各测验组的每个成员的成绩都与原属小组的总分挂钩，优等生小组的第一名与差生或中等生小组的第一名所得的分值完全相同，这种使学生在原有的基础上进行合作竞争，公平比较其贡献的做法，最终会导致全班学生无一例外地受到奖励，取得进步，并由此走向成功。合作学习以标准参照评价为基本手段，不求人人成功，但求人人进步的理念，以小组总体成绩为评价依据来决定奖励与认可的做法，有利于我们走出竞争教育的怪圈，实现教学评价的科学化。

第四章 国外合作学习策略

第一节 国外关于合作学习的研究概述

早在几千年前，犹太法典就说：为了解犹太法典，每个人都应当寻找学习伙伴；罗马的哲学家塞内加（Seneca，L. A.）非常推崇合作学习，他认为：当你教别人的时候，你就相当于又学习了一遍。此外，亚里士多德（Aristotle）、柏拉图（Plato）、奥勒留（Aurelius，M.）、托马斯·阿奎那（Thomas Aquinas，St.）等人都曾在其著作里论述过合作学习的思想。例如，亚里士多德认为营造一种合作式的宽松的学校气氛，能激发人求知的本性，有利于人潜能的发挥。① 公元 1 世纪，古罗马昆体良（Quintilianus，M. F.）学派就指出学生们可以从互教中获益，昆体良始终强调一个观点，即大家一起学习，可以互相激励，促进学习。文艺复兴时期捷克的著名大教育家约翰·阿莫斯·夸美纽斯（Comennius，J. A.）也在其著作中明确提出，学生不仅可以从教师的教学中获得知识，还可以通过别的学生获取知识。启蒙时期，法国的卢梭（Rousseau，J. J.）、英国的洛克（Locke，J.）、美国的杰弗逊（Jefferson，T.）和本杰明·富兰克林（Franklin，B.）都曾指出过合作学习的思想。

除了在个别教学中小范围实践合作学习的理念之外，18 世纪，约瑟夫·兰喀斯特（Lancaster，J.）和安德鲁·贝尔（Bell，A.）开始使用合作性学习小组，在英国进行了广泛的合作学习小组实践。1806 年，美国纽约市创建了美国第一所兰喀斯特学校，合作学习的思想也随之传入美国，并不断发展。美国 19 世纪早期的公立学校运动是非常重视合作学习的，当时的美国

---

① 滕细浪. 合作学习研究文献综述. http://www. docin. com/p-48783553. html

的教育工作者大力提倡并广泛使用合作学习，以促进当时的教育目标。在美国，合作学习最成功的倡导者当数教育家弗朗西斯·帕克（Park，F.）。在19世纪的最后三十年里，帕克将他对合作学习的狂热、理念、实践和对自由、民主和个性化的热爱全部投入到了公立学校中来，创造了一种真正意义上的合作与民主氛围。他认为学校是最适宜于实现民主并让儿童共同学习和共同生活的地方。当他担任马萨诸塞州昆西市公立学校的校长时，平均每年都有30 000多名参观者来考察他的合作学习方法（Campbell，1965）；1875～1880年，帕克担任马萨诸塞州昆西市督学期间，针对传统教育的形式主义倾向，大胆进行教育革新试验，取得了巨大的成功，试验成果被称为"昆西教学法"（Quincy Plan），帕克的改革为学校班级注入了一股巨大活力，因此，帕克的合作教学方法主导了美国当时的教育。在帕克之后，杜威在其创办的芝加哥实验学校也积极运用小组合作学习，把合作学习作为他著名的"从做中学"教学方法的组成部分，对其进行大力推广。

19世纪末，美国的特里普利特（Triplett，1898）、英国的特纳（Turner，1889）以及德国的迈耶（Mayer，1903）已经开始进行与竞争行为有关的因素的系统研究，从那时起，人们对合作的了解就越来越多。1929年，穆勒（Maller）写了第一本有关合作的书《合作与竞争：关于动机的实验研究》；米德（Margarrt Mead）在1936年出版了《原始人的合作与竞争》，梅依（May，M.）和杜伯斯（Doob's，L.）在社会科学研究审议会（Social Science Research Council）的支持下完成了《竞争与合作》一书，在书中他们都对合作与竞争的研究进行了系统的回顾，将合作与竞争定义为：竞争或合作乃至少两个人以上，直接导向相同的社会结果。在竞争中，这种结果的获得只是一些人而非所有人所能获取的。而在合作中，这种结果则是大部分的人或所有的人所关心的（Farivar，1985）。

20世纪初，格式塔心理学派的奠基人考夫卡（Koffka，K.）提出，小组是一个动态的整体，成员之间的互赖关系是可以改变的。后来，他的同事勒温（Lewin，K.）在20年代和30年代修正了这一观点。认为小组的本质是成员间的互赖，即由共同目标而产生的相互依赖，它使得小组成为"动态的整体"，因此，任何一个小组成员或亚小组的状态发生改变，都会影响其他成员或其他亚小组；同一小组内成员的内在紧张状态会激发学生朝着共同的理想目标而努力。勒温的学生道奇（Deutsch，M.）更是后起之秀，他研究合作和竞争团体在不同教学方式下的表现，他重新修正了勒温的观点。研究前，他告诉合作小组，小组是一个整体，他们的表现是要和其他小组比较之后才能决定，根据每个人在小组中的贡献和表现，给予不同的奖励。道奇的研究发现：在合作学习小组中，学生更能从事积极的合作，行动分工，注意同伴的表现，小组作品和讨论的品质也比较高。而竞争小组的表现并未增加学习的投入和兴趣。根据这些研究结果，道奇在1949年公开发表了一系列关于合作的研究论文和理论阐述，形成了一套系统的关于合作与竞争的理论。指出社会互赖关系可以是积极的（合作），也可以是消极的（竞争）。后来，道奇的研究生约翰逊（Johnson，D. W.）和他的兄弟 Johnson，R. T. 进一步扩展了道奇的理论，最终形成了社会互赖理论（Johnson，D. W. ＆ Johnson，R. T.，1989）。此外，勒温同时还提出了其著名的场理论（Field theory），他将焦点集中在现在的情境（非历史的）来分析行为，他研究领导的方式和团体目标行为的关系，结果发现学生比较不喜欢权威式的领导者，比较喜欢民主的领导方式。勒温对团体进行研究，发展成为"团体动力学"的理论。莫雷诺和勒温将心理学取向的重心从个人移到团体，更促使团体动力学的蓬勃发展。

20世纪40年代，莫雷诺（Moreno，J. L.）发展了社会计量法（sociometry）和社会关系图（sociogram），研究发现关系图上同辈间喜好的排序是动态的，当学生面对的团体改变时，他们对同学的喜好程度也跟着改变。20世纪50年代，穆扎费·谢里夫（Muzafer Sherif）在三次夏令营中进行了有名的研究，他设计了激烈的组间竞争，并研究其解决方法。1969年，库克（Cook，S.）与谢里夫（Shirley）、怀特曼（Wrightsman，L.）协作进行了一项研究，即合作互动对黑人和白人大学生之间人际关系的影响；科尔曼（Coleman，J.）在1961年发表了一篇对美国学校的观察研究，其中对竞争行为进行了广泛的描述；1963年米勒（Miller）和汉姆布林（Hamblin）回顾了24个关于合作与竞争的研究。麦迪森（Millard C. Madsen，1967）和他的同事，从人类学的角度，发展出了一系列的双值游戏，比较不同年龄和不同文化背景下的孩子对竞争和合作互动的优先选择。与此同时，麦迪森的学生卡甘（Spencer Kagan）开始了一系列关于儿童合作与竞争的研究，麦迪森与卡甘的研究得出了基本一致的结论，即美国农村的孩子比城市的孩子更倾向于合作，中产阶级的城市儿童参与竞争的动机最强。①

---

① Johnson，D. W. ＆ Johnson，R. T. 合作学习. 伍新春等译. 北京：北京师范大学出版社，2004：212.

从 20 世纪 30 年代末开始，由于美国的公立学校开始强调人际间的竞争，合作学习日益失去了其主导地位。然而，20 世纪 30 年代后的有关合作学习的丰富而深刻的理论与实证研究，如社会互赖理论、团体动力学理论以及有关合作与竞争的系统研究等都为合作学习的进一步发展提供了深厚的理论与实践基础。20 世纪中期以后，美国的合作学习重新兴起并取得新的进展。

20 世纪 60 年代，美国明尼苏达大学合作学习中心的约翰逊兄弟领导研究小组开始在明尼苏达大学培训教师如何使用合作学习，并建立了合作学习研究中心。研究工作主要包括以下几个方面：（1）综合分析了现有的关于合作、竞争和个体化努力的知识；（2）形成了有关合作学习的本质和基本要素的理论模型；（3）进行了系统的检验理论的实证研究；（4）将有效的合作学习理论转化成了一系列可操作的具体策略和程序，供班级、学校和地区使用；（5）在北美和许多国家建立和维护着一个中小学校和大学网络，长期实施合作学习的策略与程序。与合作学习相关的学术辩论、冲突解决和同伴调节程序也得到了发展。[1]

20 世纪 70 年代，David DeVries 和 Keith Edwards 在约翰斯·霍普金斯大学发展出小组游戏竞赛法（TGT）。后来，罗伯特·斯莱文教授（Slavin，R. E.）发展了 David DeVries 和 Keith Edwards 提出的 TGT 程序，提出了学生小组成绩分工法（STAD），并将计算机辅助教学修改为小组辅助教学（Team Assisted Instruction，TAI）。与此同时，以色列特拉维夫大学的沙伦（Sharan，S.）夫妇领导的研究小组发展出合作小组调查方法，强调学生们在小组中运用合作性探究、小组讨论和合作性设计展开学习活动。同一时期，卡甘发展出协同合作程序（Co-op Co-op）。加州大学的艾洛森（Elliot Aronson）也发展出拼图法。在 20 世纪 80 年代，Donald Dansereau 提出了许多合作脚本。到了 20 世纪 90 年代，合作学习已经扩展到了冲突解决和同伴调解方案。有关合作学习的研究也已经是数不胜数。

通常我们现在所普遍谈论的，真正现代意义上的合作学习其实是指 20 世纪六七十年代在美国重新兴起且至今都盛行不衰的合作学习。它的"重新兴起绝非偶然，它既反映了自 1957 年苏联成功发射人造卫星后，美国朝野

---

[1] Johnson，D. W. & Johnson，R. T. 合作学习. 伍新春等译. 北京：北京师范大学出版社，2004：217.

要求大面积提高教育质量的呼声，也是对传统教学形式的反思和对传统评分制的批判。"[①]1957 年，苏联发射了人类历史上第一颗人造卫星，这对美国产生了很大的震动，1958 年，美国颁布《国防教育法》，此后几十年的时间里，美国教育改革呈现周期性变化，而且这种周期性变化速度不断加快。尽管美国相继进行了一系列的教育改革，但遗憾的是这些改革并没有取得预期的效果，因此，美国迫切需要寻找一种大面积有效提高教学质量的教学策略，特别是 20 世纪 60 年代，美国民众对"越战"的关注和异议，使得原有的种族矛盾和歧视问题更加表面化和普遍化，这使得学校在课堂教学中如何反对种族隔离，变成为关注的核心问题。传统班级授课制的局限，以及竞争性的评分制度的负面效应，使得有效的分班制、分组制，促进学生协作和共同进步被提上日程。在这种情况下，合作学习的一些方案、试验开始被研究，至 20 世纪 80 年代中期取得了实质性进展，当前已经广泛应用于许多国家的中小学乃至大学的教学中。

由于合作学习在改善课堂心理气氛，大面积提高学生的学业成绩，促进学生良好非智力品质的发展等方面实效显著，很快就受到世界各国的普遍关注，并成为一种主流教学理论和策略。而它一旦兴起，就迅速发展，现在"合作学习已广泛地应用于美国、以色列、新西兰、瑞典、日本、加拿大、澳大利亚、荷兰、英国、德国等国的大中小学教学"。[②] 美国著名教育评论家埃里斯（Ellis，A.K.）和福茨（Fouts，J.T.）指出："如果让我们举出一项真正符合'改革'这个术语的教育改革的话，那就是合作学习。"[③] 美国教育学者沃迈特（Vermette，P.）则认为，"合作学习是近十几年来最重要和最成功的教学改革"。[④]

从国外合作学习的发展的历程中，我们不难发现，国外合作学习的发展具有如下几个特点：

1. 注重理论研究

这种理论研究往往是由严格控制的实验研究组成，大多数研究要么是实

---

① 王凯. 论合作学习的局限性. 河北师范大学学报(教育科学版)，2003(6)：100.

② 高艳，陈丽，尤天贞. 关于合作学习的元分析. 山东教育科研，2001(10)：19.

③ Ellis，A. K. &Fouts，J. F. Research on Educational Innovations. (Larchmont，NY：Eye on Education，Inc. 1997). 165.

④ Vermette，P. Four fatal flaws：Avoiding the common mistakes of novice users of cooperative learning. The High School Journal，1994(Feb/March)：225-260.

验室研究，要么是现场研究，主要目的是用来证实或推翻理论的合理性。由于在实验过程中，严格操纵自变量，确保因变量的测量是可靠而有效的，因而能够保证理论研究具有较高的内部效度，但是许多研究是远离实践的，这样就产生了一个问题，那就是研究可信度。绝大多数关于合作学习的研究都是在社会心理实验室里，采用大学生被试完成的，尽管他们在实验情境下很努力地进行合作，但实验结果并不能表明合作学习会在真实的世界里发生。

2. 强调实证研究

实证性研究的最大优点在于能够增强理论的效度和信度，同时，也可为那些想实施某种合作学习方法的教师提供范例。不过，西方有关合作学习的实证性研究更多关注外部效度（如时间长短），而不是内部效度（如实验控制），这样带来的结果就是，在许多实证性研究当中，比较的对象通常是模糊的、不确切的传统课堂的学习形式。若发现了差异，也往往不能清楚地说明是什么与什么相比而产生的差异，因此，缺乏严格的方法，一定程度上增加了解释研究结果的难度。关于合作学习的实证性研究主要集中在如下几类：

（1）总结性评价

迄今为止，关于合作学习，最多的实证性研究就是直接的总结性评价。它关心的核心问题是合作学习是否产生了积极的效果。通常比较的对象是合作学习与传统的课堂学习。例如，约翰斯·霍普金斯大学对某一合作学习程序（小组—游戏—竞赛法 TGT；学习小组成绩分工法 STAD；小组辅助个别学习法 TAI）的研究，就是关注在低水平学习任务上的成绩的典型例子。从某种意义上讲，这种研究对于某种合作学习方法的倡导是有好处的，但是，合作学习的使用者往往并不关心合作学习方法是否有效，他们更想知道的是，什么方法能够最大程度地促进学习和高水平的推理的发生。尽管这些评价研究很有意思，但对于如何设计有效的教学程序，这些研究结论的信息价值显然非常有限。

（2）比较性总结评价

比较性总结评价主要致力于在同样的测量标准下，比较两种或多种合作学习方法的效果。虽然目前，对两种或两种以上的合作学习方法效果的研究还比较少，如将拼图法和小组辅助个别学习法进行比较。这种研究的根本问题在于两种方法是否可能以同样的力度来实施，例如，一种方法实施得比较充分；另一种方法则实施得不够，这样带来的结果很可能存在偏差。

（3）形成性评价

形成性评价主要关注合作学习在哪些方面有失偏颇、怎样才能从方法上对某进行改进。此类研究主要目的在于提高合作学习的实施水平。

3. 调查研究

在现在有关合作学习的实证研究中，已经有一些大规模的调查来研究合作学习对于学生发展的影响（Johnson & Johnson，1991b）。这些研究主要包括：对合作、竞争和个体化学习的态度与社会支持知觉、自尊和学习态度之间的相关研究；在许多学习氛围变量上，比较高度使用合作学习的课堂（即经常使用合作学习）与低度使用合作学习的课堂（从来不用或很少使用合作学习）上学生的反应等（Johnson & Johnson，1983b）。尽管此类研究并不能直接评价各种合作学习方法，但他们确实能够揭示合作学习对于学习态度和学习氛围有着长期的影响。[①]

4. 关注跨文化研究

关于合作学习的研究，已经在很多的国家和不同的文化背景中展开。在北美，（包括美国、加拿大和墨西哥），对非洲裔美国人、美国本土人和西班牙人都进行了研究。在亚洲、澳洲（澳大利亚和新西兰）、中东（以色列）、非洲（尼日利亚和南非）、欧洲（希腊、瑞典、挪威、芬兰、德国、法国、荷兰和英国）以及世界上其他国家都进行了大量关于合作学习的研究，从本质上讲，研究结果基本一致，那就是，与竞争和个体化情境相比，合作学习情境中会产生更高的学习效率、更积极的人际关系。在多元文化背景下进行的跨文化研究，会增加理论的效度和推广性，也许正是由于合作学习研究情境的多样性，文化背景的多元性，使得合作学习能够在全世界范围内被普遍推广。但此类研究需要特别注意，不同的文化可能对什么是合作与竞争、合作与竞争各自在何种情境下最适合等问题，有不同的看法，因此，如何兼顾不同文化之间的细微差异，是合作学习在进行跨文化研究时需要特别注意的问题。

国外的合作学习在长期的发展中形成了较为成熟的实施策略，有效地提升了学生的学业成就，促进了学生社会技能的提高，下面将分节对国外合作学习的主要策略作具体阐述。

[①] Johnson，D. W. & Johnson，R. T. 合作学习. 伍新春等译. 北京：北京师范大学出版社，2004：213.

第二节　学习小组成绩分工法

一、基本要义

学习小组成绩分工法也可叫做学生小组成就区分法（Student's Team Achievement Division，STAD）。学习小组成绩分工法是由美国约翰斯·霍普金斯大学的斯莱文教授于 1978 年创设的。学习小组成绩分工法是合作学习教学模式中较为简单、最容易实施的一种方式，但也是十分有效的合作学习教学策略。STAD 所使用的课程内容、标准和评价与传统的教学方式没有太大的差别，所以它适用于初次接触和尝试合作学习的教师和学生，是一种任务分担、责任分担的有效学习方式。在 STAD 中，每一个小组成员都分担一定的学习任务，承担对本小组团体成绩高低的责任，即每一个小组成员的成绩都将决定团体成绩的高低，是一种任务分担、团体计分的合作学习方式。

一般来讲，学习成绩分工法的实施主要包括五个要素：课堂授课、小组组建、测验、个人提高分和小组得到认可。[①]

1. 课堂授课

合作学习课堂上所学习的材料通常先由教师向学生呈现。最常见的呈现方式就是教师的课堂讲授或直接教学，有时也采用讲授——讨论的方式，当然也包括以多媒体等形式向学生呈现学习材料。STAD 课上的讲授与一般教学的不同之处在于 STAD 课的讲授必须明确地集中在所学的单元上，这样会使学生意识到他们必须认真听讲，因为这样做有助于他们在测验中取得好的成绩，而他们个人的得分将直接影响他们所在小组的得分。

2. 小组组建

按照美国和其他一些西方国家实施合作学习的做法，合作学习小组通常要由 4～5 名学生组成。小组在构成上应体现一个班级的缩影，即力求使小

---

① Slavin，R. E. Cooperative Learning：Theory，Research，and Practice . （Allyn & Bacon，1990）. 30.

组成员在学业成绩、性别、种族等方面具有异质性和代表性。小组的主要功能就是使小组成员为取得好的测验成绩做好准备。在教师讲授完毕以后，学生通常就接着进行小组活动，有时是在一起讨论问题，有时是比较问题的答案，当同伴出现错误时还要帮助他们纠正，等等。

可以说，小组是 STAD 主要的特征。无论什么时候都要强调，小组成员必须为小组活动尽自己的最大努力，还要强调小组要尽最大努力去帮助它的成员。小组的成员在学业上的相互支持是十分重要的，它使学生们学会彼此关心和尊重，这一点对于改善组内关系、提高学生的自尊和对提高混编学生的接受性都是很重要的。

关于合作学习小组的大小与构成可以随活动的不同而有所变动，一般最常用的是 4 人小组。这种小组的构成是这样的：通常包括一名成绩好的学生、一名成绩差的学生和两名成绩中等的学生。要求小组在构建的过程中考虑性别、种族和家庭背景等方面的平衡。在实施过程中，如果学生开始时对小组活动感到陌生，不能迅速适应这种活动方式，那么可以先采用两人小组进行活动，随着活动性质及其复杂程度的逐步提高，再采用 3 或 4 人小组。[①]约翰逊兄弟认为："合作小组的规模可以依据完成任务的条件而异（组越大，所需条件越高）；可以根据组员合作技能状况而异（技能越差，组员应越少）；可以根据所占有的时间而有所不同（时间越短，组员应越少）；当然还可以根据任务的性质而有所不同。"[②]

3. 测验

在教师授课和小组练习之后，通常两者各占一半的时间，接下来要做的工作就是对学生进行个人测验。此时与小组活动时的要求有所不同，即不允许学生在测验的过程中再互相帮助了，每一个学生都必须独立作业。

4. 个人提高分

运用含有提高分（improvement points）的评分制是基于这样一种理念，即每个学生都必须努力学习，只有当成绩好于以往时，才能得到提高分。在这种评分制度下，只要测验成绩高于过去，那么每一个学生都可以为其所在的小组分数做出贡献。教师要为每个学生设立一个"基础分（base scores）"。这

---

① Orlich, D. C. & Kauchak, D. P. (1990). Teaching Sirategies：A Guide to Better Instruction. 263.

② Johnson, R. T. & Johnson, D. W. (1982). Cooperation in Learning：Ignored but powerful(in press). 6-7.

个"基础分"是根据这个学生在类似测验中得分的平均分而定。随后，学生们依其测验分数超过"基础"分的程度来为小组增加积分。值得注意的是，"基础"分不是固定不变的，在几次测验以后，"基础"分也得随平均得分的情况而有所变化。这样就不会把学生固定在"基础"分上了。

5. 小组得到认可

当小组的平均分超过一定标准，小组就应得到认可（recognition）或其他形式的奖励。

二、教学流程

运用 STAD 进行教学时，一般要涉及以下几个方面的活动：教学活动、小组学习、测验和小组得到认可。[①] 整个活动的周期通常为 3～5 个课时。所谓教学活动，主要是指教师在课堂上的讲授；小组学习主要是指学生在教师课堂讲授之后，对教师所讲授的内容进行分工合作、认真讨论、互相交流，以掌握课程资料；测验是对学生课程资料的掌握情况进行的测验；小组得到认可是指在测验之后，对小组成绩进行评价，对那些表现优秀的小组给予奖励和表扬等。运用 STAD 进行教学的各个环节是前后相继、环环相扣的，下面我们就 STAD 的教学流程做一简单的介绍和分析。

1. 教学活动

STAD 的教学策略采用了传统的课堂授课方法，并在此基础上有所改进，在讲授过程中，教师将发挥其主导作用，充分呈现给学生小组所要学习的课程材料。讲授活动主要包括课程材料的启讲、展开和定向学习。STAD 的课堂授课让每个学生都将注意力集中到课程材料上，教师的讲授与小组学习、测验和小组认可均有直接的联系。根据古德（Good, et al, 1983）等人的研究和建议，在运用 STAD 授课时，在不同的环节应注意体现以下精神：

准确。在课堂授课的开始，教师应首先告诉学生教学的内容和所学内容的重要性，并尽可能的使用生活中的问题、令人生趣的教学设计和教学手段激发学生的好奇心。

变通。在课程讲授的过程中，要紧扣测验的目标；把重心放在弄清意义而不是记忆上；通过视听手段、操作、事例等，生动地传授概念和技能；通过不断提问以获取学生理解所学内容的反馈；要解释答案对不对的原因；学生一旦掌握了概念的意义，要迅速进行下一个概念或内容的学习；通过消除

---

① 王坦. 合作学习——原理与策略. 北京：学苑出版社，2001：132-136.

不必要的间断时间、提问，迅速推进教学，保持授课的连贯性。

精解。在定向学习阶段，要使所有的学生思考问题并准备回答问题；采取随机提问的方式以使所有学生必须认真准备；在这一环节不要布置太多的作业，学生只须做一两道问题或例题，教师准备一两个答案，然后给学生反馈即可。

2. 小组学习

在运用 STAD 进行教学时，首先要分好小组。小组通常为 4～5 人的异质小组，在构成上应体现一个班级的缩影，即力求使小组成员在成绩、性别、家庭背景等方面具有异质性和代表性。

教师讲课后，发给学生作业单和答案单，要求各小组通过合作学习掌握这些材料。一般情况下，只给每个小组两份作业单和答案单，目的在于是小组成员之间进行合作学习。在小组学习中，小组成员的主要任务就是掌握教师在课堂上所讲的材料，并帮助他们的小组同伴也掌握这些内容。

小组是 STAD 最主要的特征。因此，在实施 STAD 之前，教师应向学生说明小组活动的意义。特别是在小组活动之前，更要让学生了解如下几条小组活动规则：每个学生都有责任保证他们的小组成员学会教学内容；只有所有小组成员都掌握了学习材料后才算完成了学习任务；在请教老师之前要先请求小组所有成员的帮助；小组成员可以小声的进行交流。当然，教师无论何时何地都应该强调，小组成员必须为小组活动尽自己的最大努力，并尽全力帮助小组其他成员。

3. 测验

小组合作活动结束后，要及时对学生应掌握的课程材料进行强化，并通过测验来反馈出教师在课堂讲授和小组合作学习中的不足之处，以备下一次 STAD 的改进和完善。STAD 的测验主要是针对学生掌握课程材料程度的检验，以确定教学和小组学习的效果。教师把预先准备好的试卷发给学生，确保人手一份，并给予学生充足的时间来完成。值得注意的是，这一阶段不再允许学生间的互助活动，小组成员必须独立完成测验，教师要监督学生独立完成，及时制止小组成员间的讨论和互助，这一点应该在进行 STAD 之前就告诉学生。这种个人责任激励着学生在小组学习时积极的进行互教活动，相互解释所学的内容，因为只有小组的所有成员都掌握了教师所教的知识或技能，才是小组获得成功的唯一途径。

至于测验试卷的评定，教师可以采用小组互评的方式，也可由教师单独评阅，但要保证测验分数和小组得分能及时评出，在下一堂课之前计算出来。另外，在测验结束后，各小组内部之间要进行"团体活动"①为学生提供反思自己表现的机会，以备下一次更好的表现。

4. 小组得到认可

小组得到认可是建立在学生测验分数和小组总体平均分均能提高的基础上的。这一阶段活动的主要任务是计算学生个人提高分和小组得分，并授予证书(certificates)或给予其他形式的小组奖励。小组认可主要包括提高分的计算、小组得分的计算和小组成绩的认可。

(1)提高分的计算

在 STAD 中，学生为其所在小组赢得分数的多少，取决于他们的提高分，即测验分数超过其基础分的程度。小组提高分的计算方法见表 4-1。

表 4-1　小组提高分的计算

测验分	提高分
低于基础分 10 分以上	0
低于基础分 1～10 分	10
高于基础分 10 分以内(含基础分)	20
高于基础分 10 分以上	30
完全正确的测验卷(不管基础分是多少)	30

STAD 的提高分是由测验的原始分数减去基本分数而得的。在计算提高分之前，教师要首先把学生的测验分数进行统计，关于提高分的计算参见表 4-2。

表 4-2　测验分数单：提高分的计算示意

学生	日期：5.23 测验：加法			日期： 测验：			日期： 测验：		
	基础分	测验分	提高分	基础分	测验分	提高分	基础分	测验分	提高分
A	90	100	30						
B	90	100	30						
C	90	82	10						
D	85	74	0						

---

① 黄政杰，林佩璇. 合作学习. 台北：五南图书出版股份有限公司，2004：63.

学生	日期：5.23			日期：			日期：		
	测验：加法			测验：			测验：		
	基础分	测验分	提高分	基础分	测验分	提高分	基础分	测验分	提高分
E	85	98	30						
F	85	82	10						
G	80	67	0						
H	80	91	30						
I	75	79	20						
J	75	76	20						
K	70	91	30						
L	65	82	30						
M	65	70	20						
N	60	62	20						
O	55	46	10						
P	55	40	0						

［来源］Slavin，R. E. (1990). Cooperative learning：Theory，Research，and Practice，p. 64.

从表 4-2 可以看出，学生的提高分没有负分，只要学生努力了，不论基础分是多少，都可以获得提高分。运用基础分和提高分的目的在于尽可能地使所有学生都能为所在小组赢得最大的分值，即强调学生在学业上的进步，而不管他们以往的成绩如何。一般来讲，学生会认为把每个人的成绩与他们自己以往获得的成绩相比起来表示学业上的进步，这是公平的。因为所有的学生是带着不同的知识水平和技能水平进入班级的，他们的认知准备情况是不一样的。

（2）小组得分的计算

在得到小组每个成员的提高分之后，就可以根据小组成员的提高分来计算小组的团体分数。计算小组分数时，先统计每个小组成员的提高分，并填写在原先小组总分摘要表中，然后把小组全体成员的提高分相加再除以小组成员数，就可以得到小组的团体分数，不要保留小数。

（3）小组成绩的认可

对表现优异的学生小组，可以用三个不同等级的奖励进行认可，依据是小组分数。标准如表 4-3 所示：

表 4-3　小组评分等级

标准（小组平均分）	奖励
15	良好组
20	优秀组
30	超级组

在 STAD 中，并非所有小组都能得到奖励。合作学习倡导"组间成员竞争，组内成员合作"的评价理念，旨在促进小组之间的竞争和小组内部成员之间的合作，把竞争与合作有机地统一在一起，兼顾了竞争与合作两个方面。小组认可的主要目的在于使学生认识到自己所取得的进步与不足，并激励学生继续努力，以争取更好的成绩。

这里需要说明的是，从以上标准可见，要得到"优秀组"这个称号，大多数小组成员的得分必须都高于他们的基础分；要得到"超级组"这个称号，大多数小组成员的得分必须高于他们的基础分 10 分以上，教师可以根据实际情况对标准进行适当的调整。

在小组成绩认可中，教师要为达到"优秀组"和"超级组"水平的小组准备某种形式的奖励和认可，教师尽可以利用和发挥自己的想象力去创造更多更好的认可和奖励形式，不必拘于一格。只要能达到奖励和认可小组成绩的目的，使学生受到激励即可。

三、简要评价

STAD 是合作学习中最常见、较为简单却十分有效的一种形式。它在相当广泛的学科领域内得到了应用，从数学到语言艺术再到社会科学，被运用于小学二年级直至大学的各级水平的教育中。它最适合于只有一个正确答案、目标明确的教学，如数学计算和应用、语言用法和技巧、地理和绘图技能以及科学事实和概念。

STAD 所隐含的主要观念是激发学生去互相鼓励、互相帮助、以掌握教师所教的知识和技能。如果学生们想使自己的小组得到小组奖励，那么他们就必须帮助他们的组员学会教师所教的材料。他们必须鼓励他们的组员尽自己的最大努力，使其认为学习是最重要、最有价值和最有趣的，并通过互相帮助使小组成员在测验中获得成功。

运用STAD还可以促使小组里的学生互相合作来提高每个学生的学业成绩；可以为目前大多数不利于差生学习的竞争性班级模式提供一个可供选择的教学模式；还可以通过互相交流学习技能的依赖性活动以改善班组内的人际关系。

这种教学策略在小组内部给学生以很大的自主性。当他们在实施交流和处理技能或领导技能时，他们就变成了教师和学习者。每个学生都可以利用这些技能去促进小组学习的成功；每个学生都可以提供或接受其他成员的帮助、反馈、促进和支持；每个学生之间的作用是相互联系的，没有全班所有人的成功，其他人都不能算作真正意义上的成功。这种积极的相互联系鼓励学生明白，他们的工作需要怎样做才有益于别人，同时他们小组成员的工作需要怎样做才有益于大家。他们不仅对个人的学习负责，同时也对每个成员的学习负责。

总之，与传统的教学形式相比，STAD教学策略最大的特点在于鼓励学生在学业上取得最大进步，不管他们以往的成绩如何，鼓励学生自己与自己以往所获得的成绩相比，利于培养学生的自信心，体现教育公平。同时STAD教学策略不仅为学生提供了一个自我发现、自主学习的机会，更进一步为学生提供了互相理解、互相合作、平等相处的合作学习环境。它有更为鲜明的人际交往互动、实践体验的现代教育理念特点。

四、教学实例

STAD作为合作学习的一种简单而有效的学习模式，适用于不同的年级水平，不同的学科领域和不同特点的学校。下面我们运用教学实例来具体说明学生小组成绩分工法在实际教学中的实施情况，以加深对STAD教学策略的理解和把握。我们以台湾省小学第九册社会课的具体教学活动实施流程为例，对学生小组成绩分工法进行分析。①

教学活动实施流程

科　　目：小学社会第九册

单　　元：中华民族的融合

主　　题：魏晋南北朝的民族融合

---

① 黄政杰，林佩璇. 合作学习. 台北：五南图书出版股份有限公司，2004：217-219.

设计者：左伟芬老师
　　　　陈佳燕老师
授课时间：40分钟

教学活动实施流程

流程	时间	活动内容	准备材料	备　注
全班授课	10分钟	1. 朗读课文 P58-60。 2. 学生观察课文 P58 的五胡分布及迁徙图，找出五胡原来居住的地方。 3. 学生查 P49，找出魏晋南北朝的起讫时间。	1. 课本，习作。 2. 我国历史年表。 3. 相关资料、图表。	教师可利用历史小故事引起学生学习的兴趣。 事先请学生收集有关资料以及图片。
分组学习	14分钟	1. 各组依"作业单"进行讨论。 2. 相互问答，以精熟教材。 3. 完成社交技巧观察表。 4. 小组报告。	1. 作业学习单。 2. 社交技巧观察表。 3. 笔记本。	着重互助合作的精神、能掌握时间。 观察员观察小组成员运用社交技能的情形。
个别小考	7分钟	学生个别测验。	小考测验卷。	
评价个人提高分	6分钟	1. 共同订正。 2. 登记分数。	1. 小组小考得分单。 2. 提高分数换算表。	组长统计分数时，其余组员可作补救教学。
小组表扬	3分钟	1. 发言。 2. 表扬最优小组及个人。	爱的鼓励。	能说出自己在讨论过程中的优缺点。

作业学习单

单元名称	中华民族的融合	学习主题	魏晋南北朝的民族融合
角色分派		组员签名	
讨论大纲	一、五胡乱中原 二、鲜卑族的汉化政策	讨论问题	1. 五胡乱中原的原因? 2. 北魏汉化政策对鲜卑族汉族的民族融合,有何重要性?
学习成效练习	一、依据课文讨论,统整学习内容,填下表 {表格:融合的民族 / 融合的方式 / 融合的内容(表现融合的事实)} 二、问答 1. 五胡是指哪些游牧民族?原先居住在哪里? 2. 鲜卑族建立的是什么朝代? 3. 北魏孝文帝有什么贡献?为什么把国都南迁到洛阳? 4. 北魏的汉化政策有哪些内容? 5. 汉化政策使两族有哪些融合? 6. 汉族向鲜卑族学习了哪些技术?		

一、依据课文讨论,统整学习内容,填下表

融合的民族	融合的方式	融合的内容(表现融合的事实)

小考测验卷

主题	魏晋南北朝的民族融合			
组别		姓名		日期

填空(每空 5 分)

1. 五胡是指匈奴、_____、_____、_____和羯五个游牧民族。

2. 五胡原先居住在我国的东北部、_____和_____部。

3. 北魏是哪一个民族建立的。

4. 北魏哪一个皇帝非常喜爱汉族的农业生活,所以推行汉化政策?

5. 北魏的汉化政策有哪些内容?

(1)将国都和百姓迁到_____。　　　　(2)将姓氏改为_____。

(3)禁止说_____话,一律说_____。　　(4)穿着服装?_____。

(5)鼓励和汉人_____。　　　　　　　　(6)教导鲜卑人_____技术。

(7)研究汉族的_____。

6. 汉化政策使胡人和汉人在血统、_____、_____和_____渐渐相互同化了。

7. 汉族向鲜卑族学习_____和_____技术。

从上述实例中，我们可以看出，在教学中教师有效地兼顾了学生小组分工法的所有操作过程，把课程材料真正地融合到小组活动中，使每一个学生都能在小组活动中集中注意力于学习材料，也使每一个学生都很好地掌握学习材料。关于对学生成绩的认可和评定可以参照上述评定标准。同时在 STAD 的实施过程中，有几个普遍性的问题需要说明一下。

第一，向学生说明提高分的意义。在向学生解释提高分的计分方法时，要把握三个要点。首先，运用提高分的计分方法要为每个学生设立一个一般能够超越的分数，当然这个分数是以学生以往的成绩为依据的。在这种计分制度下，如果学生尽自己的最大努力去学习，那么每个学生都有均等的机会去获得成功；其次，必须使学生知道每个人的分数对小组都是十分重要的。如果学生们能够尽己所能，小组的所有成员都会最大限度地为小组赢得分数；最后，要使学生充分认识提高分计分制的公平合理性，每个人的竞争对象只是他自己——提高自己的学业成绩——而不是班上的其他人。

第二，基础分的重新设定。在实施 STAD 多次测验之后，教师可以将学生的测验成绩进行平均，得到新的基础分。

第三，重新分组。在实施5~6周以后，应对学生进行重新分组。这样做可以保持班上各小组力量的相对平衡，可以给那些经常得低分的小组成员一次新的机会，还可以使学生有机会同别的同学进行合作，使教学活动富有生气和新意。

第三节　共同学习法

一、基本要义

共学式（learning together），简称 LT，是由美国明尼苏达大学"合作学习中心"的戴卫·约翰逊和荣格·约翰逊及其同事们设计的一些合作学习方法，这些方法得到了广泛的使用。有时人们也将它们称为"约翰逊法"，这些方法的共同特点就是强调合作学习的 5 个基本要素相互作用和有机结合。约翰逊认为："简单地将学生安排在小组中并让他们一起学习，这本身并不能提高学生的成绩和产生较大的效力。小组活动在许多情况下是不会产生效益的。"①他们认为，合作常常会因为人们对其关键要素的理解不足而走入误区。约翰逊等人特别强调合作学习的 5 个基本要素。他们指出："一堂合作学习课应当包括 5 个基本要素，它们是：积极互赖、面对面的促进性相互作用、个人责任、社交技巧和小组自加工。"②关于这 5 个要素的内涵，我们已在前面的章节里做过阐述，这里就不再一一陈述了。最近，约翰逊等人在其著作中提出了合作学习赖以展开的条件。他们指出，只有在一定条件下，合作活动才会比竞争、个体化的活动更加富有成效。这些条件包括：(1)明确的积极互赖；(2)相当程度的促进性相互作用；(3)明确的个人责任和在达成小组目标过程中的个人责任；(4)有关人际和小组技巧的经常运用；(5)对小组功能进行经常的、常规的自检，以提高小组的有效性。③

二、教学流程

约翰逊等人认为，合作学习的 5 个要素是构成合作学习程序的概念基础。教师的任务就是协调这 5 个要素。具体来讲，教师的作用主要是：

A. 明确详述一堂课的教学目标；

B. 在课前做出学生编组的决定；

C. 向学生清楚地阐明学习任务与目标；

D. 监控合作学习小组的有效性，介入活动并向学生提供帮助(如回答问题和教授技能)或提高学生人际交往和小组技巧；

E. 评价学生的成绩并帮助学生讨论他们彼此合作的情况。④

在共学式的基础上，约翰逊等人将合作学习的教学流程具体化为 19 个步骤，下面予以介绍和阐明。

1. 教学目标的具体化

在教师上课以前，有两类目标需要具体化。一类是学术目标(academic

---

① ② ③ Johnson, D. W., Johnson, R. T. & Smith, K. A. Cooperative learning: Increasing college facultyinstructional productivity. (ASHE-ERIC Reports on Higher Education. 1991a). 16.

④ Johnson, D. W., Johnson, R. T. & Holubec, E. J. Circles of learning: Cooperation in the classroom, (Edina, MN: Interaction Book, 1993). 43.

objective)，这类目标的编写要适合学生的实际发展水平，并要根据概念或任务分析使之与教学水平相适应。另一类是合作技能目标（cooperative skills objective），教师要明确一堂课要强调的合作技能是什么。在教学目标的具体化阶段，教师通常只注重学术目标，而忽略了训练学生彼此合作的合作技能目标，教师要注意把两种目标合理地结合起来。

2. 确定小组规模

一旦教学目标得以明确后，教师就必须确定小组的规模，对全班同学进行分组。一般来说，小组规模控制在 2～6 人为宜。约翰逊等人曾建议初次尝试的学生可以 2 人一组或 3 人一组，当学生们积累了一些这方面的经验时，再运用规模大一些的小组。总之，合作学习小组规模的上限是 6 人。人数太多，会给小组活动带来许多不便。

3. 将学生分到小组

合作学习提倡异质性小组，按照学生的能力进行分组，把学习成绩高、中、低的学生分到一个小组中来。在异质小组中，会有更多的合作性思维，更多的信息输出和输入，产生更多的观点，所有这一些都能有助于提高学生理解的深度，推理的质量和保持长时记忆的精确性。

在分组的过程中，教师尽量不要让学生自己选择合作学习的伙伴，因为这样做的结果往往是相似性结合，即好学生选好学生，差生选差生，女生选女生等，不利于开展学习活动。一般来说，由教师来进行分组比较合适，因为他可以使学生小组的构成实现最优化。另外，随机安排也是一种小组合理化结合的方法之一。

小组一旦成立，最好使它们保持相对的稳定，直到他们取得成功。当然，小组存在的时间长短实在是没有固定模式可循。有的教师在一个学期乃至一个学年都使学习小组保持不变，而有的教师则喜欢在学生小组学完一个单元或章节后就调整小组成员；还有的教师每天都由于各种原因（如出勤率等）而变化小组。

约翰逊等人强调，不可低估异质合作学习小组在提高学习质量方面的作用。

4. 安排教室

小组成员应当尽量坐在一起，以便他们能共同学习材料，保持与所有小组成员的目光接触，并能在不打扰其他学习小组学习的情况下彼此进行交谈。围坐成圈通常是最好的一种安排方式。各小组应留出一条使教师通行的通道。合作学习小组成员的座位安排，应使他们都能看到相关的学习材料，彼此看得见对方的眼睛，彼此不必提高嗓门影响别人，并在温和的气氛中交换意见。

5. 设计教学材料以提高学生的互赖性

进行合作学习必须先将学习材料分到小组，以便学生都参与学习并达成学习目标。当小组比较成熟、经验比较丰富、具有较高的社交技能时，教师就不必用任何特定的方式来分配材料了。但如果是在小组刚刚组建之时，教师就得精心考虑如何分配材料，通过分配材料将学生置于一种"荣辱与共"的情境之中。通常可以有三种方式来达到这一目的。

第一，材料的互赖。每个小组只给一份材料。在这种情况下，学生们就不得不一起合作，以取得成功。在最初运用合作学习的过程中，运用这种方法可以取得较好的效果。当学生习惯了彼此合作后，教师可以考虑给每个学生一份学习材料，而不是每个小组一份。第二，信息的互赖。教师可以给每个小组成员不同的书和材料，让他们进行总结概括。也可以把材料按照切块拼接法进行安排，使每个学生都承担一部分完成任务所需要的材料。这种方法可以促使每个小组成员都参与活动，以取得小组的成功。第三，建立对立面以促进互赖。教师可以把材料设计成具有组间竞争性的竞赛形式，以此为基础促进小组成员之间的互赖感。这种方法曾由迪沃里斯等人(1973)做过详细的研究。上述这三种方式不必同时使用，它们只是一些可供选择的方法，目的在于将学生带入一种"荣辱与共"的情境，进行合作。

6. 要分配角色以确保小组成员的互赖性

每个学生都会分到一个促使小组有效活动的角色。这些角色包括：总结人(负责重述小组的主要结论或答案)；检查者(负责保证所有小组成员都能够清楚地说出得出的答案或结论)；精确性裁判(负责纠正别人在解释或总结中的任何错误)；关系/加工者(负责要求小组成员将现在学习的概念与策略同过去已学过的联系起来)；联络员(负责为小组取来所需材料并负责与教师及其他小组进行联络)；记录员(负责记录小组的决议并编写小组报告)；观察者(负责关注小组合作的情况)等。分配这些角色是教给学生合作技巧、促进学生之间的积极互赖的有效方法。

7. 解释学术任务

在小组进行活动之前，教师要先向学生解释清楚学术任务，使学生对指定的作业任务有一个大概的了解，并向学生说明教学的目标。这一阶段主要是进行概念、原理与策略的教学。教师要注意让学生充分地了解具体的教学任务和教学目标，并解释重要的概念和原理，指导学生运用一定的学习策略，向学生提出问题，以了解学生学习的进程和掌握程度。

8. 建立积极的目标互赖

教师要首先向学生小组说明小组的学习目标，要保证小组合作围绕目标来进行，要确保小组中的每一个成员都要承担一定的学习任务，但是最终评价的方法是按照小组的整体情况来进行。比如，教师可以要求每个小组只交一份报告、作品或书面作业。每一个小组成员都要写明自己所承担的任务，并在报告单上签字。也可以采取小组奖励的办法，使每一个小组成员都有一种"荣辱与共"的责任感。

9. 建立个人责任

合作学习的目的在于最大程度地促进每一个学生的学习。因此，在合作小组中，每一个小组成员都承担相应的学习任务，完成相应的问题。在评价方面，合作学习也兼顾个人评价和小组评价的和谐统一，既保证了个人学业成绩的提高，强调学生在任务分工中所承担的责任，又加强了小组成员之间的合作，提高了学生的合作意识和合作精神。

10. 建立组间合作

通过实行组间合作，我们可以把合作学习小组中取得的积极结果推广到整个班里去。如果班上的所有同学都达到了预期的优秀标准，那么就可以给他们附加分。当一个小组完成了作业，教师可以鼓励他们去帮助别的小组完成任务。

11. 确定成功的标准

对于合作性结构教学的评定必须有标准可供参照。因此，在上课以前，教师应向学生说明按什么标准来对他们的学习成绩进行评价。对于有些合作学习小组来说，小组成员可以达到一个共同的标准，而对于另一些小组来说，不同的小组成员则得按照不同的标准来评价，对于学生来说，能够知道怎样才算做得好是很重要的。对于有些作业，仅仅是这周做得比上一周好即可作为成功的标准。成功的标准对每个小组成员来说都是经过努力可以达到的，既具有挑战性，又具有现实性。

12. 把预期要达到的行为具体化

在合作学习小组中，教师应当从操作意义上来使用合作，将之具体化为适合小组且可以习得的行为。如在合作学习小组建立之初，适宜的行为是：

"同你的小组成员呆在一起，不要在教室里乱走""用小声说话""按顺序做""用彼此的名字"等。当小组能够有效地从事活动后，教师期望的学生行为包括：

(1)让每个成员解释是如何得出这个答案的；

(2)要每个学生把现在学习的内容与以前学习的内容联系起来；

(3)检查并确保小组中的每个成员都已掌握学习材料、同意小组的答案；

(4)鼓励每个人都参与活动；

(5)认真听取其他小组成员的发言；

(6)除非从逻辑上被说服了，否则不要随便改变主意(少数服从多数的原则不能促进学习)；

(7)批评不正确的观念，而不要批评人。

教师一次不要列举太多的行为作为预期的目标。在一堂课上，强调一种或两种行为即足够了。

13. 监控学生行为

在合作学习小组活动之初，教师是很忙的。教师应把大部分用于观察合作学习小组的学生情况。通过观察，了解学生在干什么、有什么不理解、他们在合作活动中遇到了什么问题等。通过合作学习活动，学生会把潜在的思维外显出来，从而使教师可以观察和评论。总之，教师不管是运用学生观察，还是自己亲自进行观察，都必须花一定的时间来观察和控制学生的小组活动。除了正规的观察形式外，可以列出如下一些问题，以供观察。

(1)学生真的理解了学习任务了吗？

(2)学生们是否接受了积极互赖和个人责任？

(3)学生是否在朝着标准努力？成功的标准制定得是否适宜？

(4)学生们是否表现了具体化的行为？

14. 提供帮助

在监控小组进行活动的过程中，教师应进行指导，同学生一起重温完成作业的一些重要程序和策略，回答学生提出的问题，教授必要的技能。在讨论要学习的概念和信息时，教师要运用与学习有关的术语和语言。要尽量用较为具体的语言来说某事，例如，教师尽量不要说"是的，那是对的"，而要这样讲"是的，这是找到段落大意的一种方法"。运用较为具体的表述能够强化学习，并可以促使学生将术语与他们的学习联系起来，从而促进正向迁移。

15. 介入并教授合作技能

在监控合作学习小组的过程中，教师还会发现有一些学生缺少必要的合作技巧，从而使小组出现许多问题。在这种情况下，教师应介入小组活动并提出建议，提供更有效的合作方法，使学生表现出更好的行为。另外，教师还要强化学生那些已有的特别有效且富有技巧的行为。

除非是绝对需要，否则，教师不要随便介入。许多教师帮助学生解答问题以迅速把学生拉回到正确的轨道上来。但如果教师稍有耐心的话，他们就会发现，合作小组常常会以他们自己的方法来解决问题，而且答案不止一个，还有可能找到在未来解决类似问题的方法。对于教师来说，选择何时介入与知道何时不介入是教学艺术的一部分。

16. 结课

在小组活动结束之后，教师应帮助学生对课堂教学的要点进行总结，要重申学习材料中的重点和难点，回答学生提出的问题。

17. 评价学生学习的质量

合作学习中对于学生学习质量的评价，主要是以测验来进行，同时也兼顾学生在学习活动中的表现。为使合作学习取得成功，小组成员的学习成绩必须以标准参照法进行评价，对学生学习质量的评价主要依据学生的提高分获得的高低来决定。

18. 小组状况的评价

教师不管多么忙，都要拿出一定的时间来同学生一起讨论小组活动的情况。哪些事情做得好，哪些事情做得不够好。每个小组都可以有自己的观察员花一定的时间来进行观察，并一起讨论小组活动的有效性如何。教师可以对全班的情况进行总结，给全班以反馈，让所有学生都了解发生在小组的事情，并知道他们是如何解决的。教师的反馈要具体，但不要点学生的名字。

讨论小组活动状况十分重要。教师常犯的错误之一就是给学生的时间太少。如果要使小组明天的活动有所进步，那就必须使小组成员得到活动情况的反馈，考虑他们的行为怎样才能更有效，并为下一次小组活动做出计划。

每个小组都应有两个主要目标：一是成功地完成学习任务；二是建立并保持建设性的工作关系，为进一步开展工作做好准备。学习小组活动常常是学术倾向太强，从而忽略了保持小组成员之间有效工作关系的重要性。小组活动应该是一种充满乐趣的、生动的、愉快的经验。

19. 组织学术争论

对于合作学习中作业的答案，以及在小组如何才能最大限度地促进学习等问题上，小组成员的意见可能不总是一致。争论和冲突是难免的，当学生的观念、信息、结论、理论和观点与他人不一致时，就会产生争论和冲突。教师可以有组织、有计划的对学生之间的争论和冲突做出合理的解决。富有成效的争论和冲突有利于学生学习成绩和合作技能的提高。教师可以在合作学习小组中按照以下5个步骤来组织争论。

(1)将学生分到4人小组，再将之分为两对。让其中一对学生站在问题的拥护立场上，让另一对学生站在问题的反对立场上。每对学生都站在各自的立场上进行准备；

(2)每对学生都向对方提出自己的观点；

(3)学生们站在各自的立场上进行辩论；

(4)两队学生交换立场进行辩论；

(5)4人小组得出一个结论，达成一种符合逻辑和事实，能够被每个小组成员都接受的观点。

上述19个步骤，我们可以将之分成5个大的环节。

第一环节：教学目标的具体化。包括：1。

第二环节：教学前的决策。包括：2、3、4、5。

第三环节：构建任务和积极互赖。包括：6、7、8、9、10、11、12。

第四环节：监控与介入。包括：13、14、15、16。

第五环节：评价学习与自评相互作用。包括：17、18、19。

总之，上述19个步骤的有机结合使得合作学习成为现实，如果组织合理，它们适应于任何学科、任何年龄阶段学生的教学。

三、简要评价

上述教学策略与STAD有很多相似之处，如它们都运用异质小组，都强调积极互赖和个人的责任。但是，这种方法还有它自身的特点，如较重视小组组建，小组自评和推荐小组，强调合作学习的5个基本要素及其有机结合等。这些方法的研究证明，当它们根据小组所有成员的个人学习来进行奖励时，就对诸如种族关系、一体化的接受等教育结果都具有积极的影响。

在运用LT教学策略中要确保将学生安排进异质性学习小组，同时，教师一定要努力确保小组成员之间形成积极的互赖关系，个人责任明确，能有效地实现促进性互动，学生具有一定的合作技能与经验等，此教学策略最大的特点在于重视小组学习的有效性，强调小组成员间的积极互赖与个人责任，利于充分调动每一位成员的主动性与积极性。

四、教学实例

案例： 　　　　　　　　　　**温度的变化**①

1. 做好合作学习之前的准备

让学生提前收集一些现实生活中用图像来反映问题的实例，获得初步的体验；将学生分为 4 人一组的异质小组，采取共同探究、合作交流的学习形式。

2. 明确一堂课的教学目标

了解温度变化与时间的关系，初步形成函数与图像的对应关系；体验用数学知识来解决实际问题的感受，激发学生对学习数学的兴趣。

3. 明确一堂课的教学重点、难点

把实际问题转化为数学图像，再根据图像来研究实际问题。

4. 教学流程

（1）创设问题情境，设计教学材料以提高学生的互赖性

师：我们生活在一个变化的世界中，我们常常见到用图像反映实际生活的例子。例如，在股市里，常常见到大盘、个股的走势图；在医院里，测量器显示人的心率随时间的变化而变化的图像、人的体温随时间的变化而变化的图像；电视台反馈各栏目的收视率常用图像来表示等。可见在日常生活中，人们经常用图像来表示一些量与量之间的关系。老师在课前请同学们收集一些用图像来反映变量之间关系的实例卡片，下面请同学们展示一下自己的收集情况。

A. 同学展示课前制作的卡片

（卡片内容有气温随变化而变化、体温随时间变化而变化等温度变化的图像）

通过课前收集图像的活动，从学生已有经验出发，创设有助于学生自主学习的问题情境，经历将实际问题抽象为数学问题的过程的体验。

B. 从学生收集的一些图像中选几幅反映温度变化的图像展示（图略）
展示课题：温度的变化。

C. 教师引导，观察上述图像，回答下列问题（设计成问题串）

---

① 《人民教育》编辑部. 新课程优秀教学设计与案例（初中数学卷）. 海口：海南出版社，2003：162-169.

上午 9 时的温度是多少？12 时呢？

这一天的最高温度是多少？是在几时达到的？最低温度呢？

这一天的温差是多少？从最低温度到最高温度经过了多长时间？在什么时间范围内温度在上升？在什么时间范围内温度在下降？

图中的 A 点表示的是什么？B 点呢？

学生分 4 人一小组讨论，相互交流。

通过选用学生熟悉的实际生活背景，利用问题串的形式引导学生逐步获得图像所传达的信息，逐步熟悉图像语言，培养学生独立思考和探索的愿望和能力，使学生在探索中形成自己的观点，能在倾听别人意见的过程中逐渐完善自己的想法，学会与他人交流。

（2）合作学习，师生互动

A. 解释学习任务与目标，促进小组成员间的合作与交流

师：就上述温度随时间变化而变化的图像特征，请同学们再想一想，我们还可以得出哪些看法？还可以提出哪些问题？

学生根据老师说提出的问题，先进行自我思考，然后邻座的 4 个同学为一组进行交流。

讨论，派代表到班上发言。

教师巡视课堂各组讨论情况，并参与一些小组的讨论，组织全班性发言，鼓励同学发表不同意见，鼓励创新的见解。

鼓励学生提出尽量多的问题，由学生来回答。可写在卡片上，与邻座交流、相互提问与回答。设计、观察、讨论、交流，自主探索与合作交流等是有效的数学学习的重要方式。

师：前面同学们对温度的变化发表了很多很好的看法，下面老师也来就温度的变化提出一些有关骆驼体温的有趣的问题。

骆驼被称为"沙漠之舟"它的体温随时间的变化而发生较大的变化。（图略）

一天中，骆驼体温的变化范围是什么？它的体温从最低上升到最高需要多少时间？

从 16 时到 24 时，骆驼的体温下降了多少？

在什么时间范围内骆驼的体温在上升？在什么时间范围内骆驼的体温在下降？

你能看出第二天 8 时骆驼的体温与第一天 8 时有什么关系吗？其他时刻呢？

你还知道哪些关于骆驼的趣事？

同桌或小组之间进行交流。

学生由前面研究所形成的经验，通过观察、类比、探索，用数学图像语言来表述并与同伴交流，也可以通过查找有关资料进行交流。

B．监控合作学习小组的有效性，强调个人在小组中的责任

在现实生活中除了用图像来反映温度与时间的变化关系外，在由同学们收集到的图片中还有用图像来反映其他两变量之间关系的。

教师利用多媒体图像，或选用学生的图片展示。例如，展示轮船出入港与潮汐的关系图。海水受太阳和月亮的引力而产生定时涨落的现象。

师：请每位同学根据 0 时到 12 时的水深情况自己设计一个问题，再在小组内依次充当小老师，请其他同学回答。

学生根据前面的经验，学会设计问题串，提出尽量多的问题，通过分组讨论，再由学生来回答。

考虑学生发展的差异性，充分让学生展示自己，以满足学生的不同需求，使全体学生都能得到相应的发展。

C．教师提供帮助，评价学生学习的质量并组织学术讨论

请同学们想一想，我们能否在图像不变的情况下而改变两变量的实际意义？你能设计一个实际问题，使它涉及的两个变量的关系符合这个图像吗？下面请我们同学们合作探究这个问题。

学生分组讨论，进行合作探究学习。可由学生代表展示图片，并进行提问和回答训练。

根据提供的图像，由学生提问，学生回答，特别是图像语言与现实问题的等价转换；学生互相提问，分小组讨论，共同探究，合作交流，充分发表自己的见解和意见。

对于学生的回答，教师给予全方位的评价。

师生发挥创造性，通过以上探究活动，学生学会从数学的角度提出问题、理解问题，并能综合运用所学的知识和技能解决问题。

（3）实践活动

某移动通信公司升级了两种通信业务："全球通"使用者先缴 50 元月

租费，然后每通话 1 分钟，再付话费 0.40 元；"快捷通"不缴月租费，每通话 1 分钟，付话费 0.60 元(话费均指市内通话费)。

  A. 要求用图像来描述"全球通"和"快捷通"话费与通话时间的关系。

  B. 一个月内通话多少分钟，两种移动通信费用相同？

  C. 某人估计一个月内通话 300 分钟，应选择哪种移动通信合算些？

通过活动，引导学生运用图像描述现实世界的现象，发展抽象思维能力。

根据中央电视台播报的每天的天气预报，用图像来表示你所在城市一个月每天平均气温变化的情况。通过实践活动，让学生体验数学与日常生活密切相关，体会数学来源于生活，应用于生活，体验成功感，增强自信心，激发学生学习数学的兴趣。

第四节　小组调查法

一、基本要义

小组调查法是实施合作学习的一种重要的教学策略，以色列特拉维夫大学的沙伦教授及其夫人(Sharan & sharan，1976)是这一策略的创始人。他们认为：在小组调查中，学生在设计他们学什么和怎样学的问题上起积极作用。他们按对某一论题的共同兴趣来组成合作学习小组。小组中所有成员都帮助设计如何研究他们的论题，然后将任务进行分工，使每一个小组成员都承担一部分调查任务。小组综合和总结他们的工作并向全班呈现他们的发现。[1] 因此，小组调查法的基本要求就是指在教学中将具有共同兴趣的学生组成合作学习小组，小组成员共同设计研究课题，分工调查，最后，小组对其成员的研究结果进行综合与总结，并呈现出来。此教学策略的最大的特点

---

[1] Sharan，Y. & Sharan，S. Group lnvestigation Expands Cooperative Learning. Educational Leadership，1989/1990(4)：17-21.

在于小组成员共同参与设计研究方案，小组成员分工负责，有利于发挥小组成员的特长，增强小组成员间的积极互赖。

二、教学流程

在运用小组调查的教学策略时，我们可以遵循以下 6 个连续不断的阶段进行活动。依据调查论题范围的不同，教师和学生活动技巧程序的不同，这 6 个阶段的展开全程需要可能一周、二周甚至几个月不等的时间。特别需要指出的是：教师在运用此程序时，可以根据学生的年龄、背景、能力、时间等对它做出适当调查，以使之更适合学生的实际情况。[①]

阶段 1：选题与分组

此阶段可具体化为 5 个步骤：

步骤 1：教师向全班提出一个宽泛的论题，或称之为总问题。论题可以来源于教材、图片、视频、报纸，也可以是从学生的兴趣中引出的，还可以是时事中的问题，论题一定要能激起学生的好奇心和探究的兴趣。因此，一般来讲，教师一定要将论题表述为问题的形式，而不能将它表述为陈述形式。例如，"亚里桑那州印第安人"这种表述就不恰当，应当将之表述成"从亚里桑那州印第安人这一课中我们能学到什么?"，或者是"亚里桑那州印第安人与别的州的印第安人究竟有什么不同?"之所以要把论题表述成问题的形式，目的有两个：一是它能够界定调查的范围，二是可以确定研究、探究的基调。

特别需要注意的是，教师提出的论题应当是一个多维度的问题，也就是说可能引起学生各种不同的反应。因此，在此步骤中，教师不要期望学生知道问题答案的全部，教师也不要把自己的建议强加给学生，或者拒绝学生的问题。为进一步提高效果，教师可激励学生进行探究。鼓励学生通过查阅各种资源，如教科书、期刊杂志、学术论文等达到预期目的。教师应该为学生提供这些支持性资源，让学生一有机会就可以阅读。教师也可以针对某一论题开展讲座，也可以组织学生进行有针对性的实地参观，这些都是非常有益的。

步骤 2：教师要让学生明确他们所选择的研究论题。教师可以把概括性的论题写在黑板上，然后问学生："为了更好地理解这个论题，你认为你还

---

① Sharan，Y. &Sharan，S. Group lnvestigation Expands Cooperative Learning. Educational Leadership，1989/1990(4)：17-21.

应该做些什么调查?"实际上,此步骤是想让学生将研究论题细化,即精心选择并设计子论题。子论题的选择可以由合作小组通过多种途径来完成。

● 每个学生都提出自己将要调查的问题。教师将这些建议都写在黑板上。

● 学生在小组(4~5人一组)中,每个小组成员都表述一下他对调查内容的观点,记录员记下每个人的观点,然后向全班报告。经过讨论,选择并列出一些大家认为有必要调查的子论题。

● 每个学生写出自己想要调查的子论题。然后,学生先从小组中,不断扩大到全班,学生对他们列举的问题进行比较,删除重复的子论题,最后形成一份子论题名单,这样的子论题应该能够代表所有参与者的共同兴趣。

步骤3:教师以写在黑板或复印后分发等方式将学生列举的子论题通报全班学生。

步骤4:教师将子论题分成几个类别。

步骤5:将子论题的分类结果及子论题题目向全班分开,接着,每个学生都参加自己选择的研究某一子论题的小组活动。

阶段2:设计小组调查任务

在加入各自的研究小组之后,学生们会把他们的注意转向他们所选择的子论题上来。在这一阶段,小组成员要确定每个人将要调查的子课题的某个方面。为了有效起见,每个小组都必须要提出一个可研究的问题,确定他们的活动过程,并确定要完成调查所需要的资源。具体讲,合作小组成员需要考虑如下问题:

我们学什么?调查这个论题的目的是什么?

我们怎样学?

每个人做什么,即分工如何?

教师巡回于各小组之间,向学生提供必要的帮助。如有的小组在研究过程中发现他们对起先确定的子论题不满意,此时,教师不应强迫学生死守他们不感兴趣的论题不放,而是应让他们讨论其他可能的论题,并帮助他们重新选取目标。有的小组早先计划的要调查的问题太多,教师也应帮助他们重新制订一个比较现实的计划。通过讨论,小组成员交换他们关于探究范围的看法,明确他们要调查的目标。

实践表明,通过填写和运用作业单有助于小组设计的实施。作业单的内容如下:

我们的研究论题

小组成员（名单）

我们要调查的内容

我们所需要的资料

如何分工

阶段 3：实施小组调查

在此阶段，每个小组执行已经确定的计划。小组成员要从各种资源中搜集信息，分析评价资料，得出结论。小组成员之间通过交换、讨论及澄清各自的观点，达成对新信息的综合认识与理解，然后，将他们关于新信息的综合研究成果运用于"解决"小组研究的问题之中。在这一阶段上，每堂课的开始都要由教师说明每个小组依计划应做的事情，当然，小组成员可以根据需要做各自认为必要的事。

每个小组可以选择一个成员作为记录员，记录下他们的初步结论，或者由小组中的每个人都呈报一份关于他们的发现的总结。在这里需要特别注意的是，如果针对低年级学生实施此教学策略，那么，可以只让每个小组成员就调查的问题提供一份简短的总结或答案即可。如果学生的经验比较丰富，那么可以将组内总结变成一次问题——讨论，学生们继续共享研究信息，比较他们各自的发现，寻找它们应用于研究问题的途径，在观点的交流与碰撞中，学生们往往会从讨论中发现新问题。

阶段 4：准备总结报告

小组在此阶段的主要任务是要准备一份向全班呈报的总结报告。这个阶段是从资料的收集、阐明到呈现探究的重要结果的过渡阶段。它主要是一个组织阶段，但它却包含着如此多的智力活动，包括概括、归纳、综合等。对于结果既可以是书面报告的形式，也可以是实践的形式，如举办展览，文艺表演等多种途径来呈现。

当教师注意到小组调查已经接近尾声时，可召集指导委员会（在阶段 2 选出）的成员，听取各小组关于小组报告的计划。教师记下各小组需要的具体材料，协调他们的计划。在教师的指导下，由委员会成员确保所呈现的观念是各不相同且清晰的、可信的。教师在此阶段继续发挥顾问的作用，帮助需要帮助的成员，并提醒他们确保每个小组的计划都要使所有的成员参与进来。

阶段 5：呈现总结报告

在这一阶段，所有小组集合在一起，还原为原来的班级，各小组根据程序向全班呈现他们的总结报告。在每个小组呈现后，作为"听众"的小组成员都要对他们看到的和听到的做出反应。

阶段6：考核与评价

在这一阶段，教师积极引导学生共同讨论有关他们的研究论题、他们实施的调查工作，并引导学生反思、反馈他们在其中的情感经验。小组调查法使学生始终处于教师与学生同伴的评价之中，这是小组调查法的重要特点之一。

在运用小组调查法时，小组成员对于不同阶段工作情况的讨论，与教师的接触，使得学生对于论题的掌握情况以及工作的进展情况始终能够被教师观察到。在学生的整个探究过程中，教师可以通过与学生的谈话，以及对他们的学术和社交活动的观察等若干机会来做出客观的判断。具体讲，在评价学生小组调查中的学习时，教师要重点评价如下几个方面：学生对所研究论题的思维水平；要评价学生把知识运用于新问题的能力，推理的运用能力，对结论的抽象概括能力。除此之外，教师还要就小组调查过程本身进行评析。

特别值得注意的是，学生在小组调查过程中的情感经验也应是评价的重要内容。教师应当引导学生对所调查的论题以及他们进行的调查的感觉进行反思。教师可以要求学生把自己对论题的感受，以及作为一个调查者应如何提高有效性的想法写下来。或者，教师也可以组织小组讨论，让学生在小组中表达他们对学习内容和学习过程的感受。

三、简要评价

小组调查法是目前使用比较广泛，效果比较显著的一种以生生互动为特征的合作学习的教学策略。教育研究表明，小组调查法对不同科目、不同年级的学业成绩均具有积极的影响（Sharan，Hertzlazarowitz & Ackerman，1980）。其优点表现在以下两方面。

1. 满足培养学生创造性的需求，培养学生团队精神

21世纪的教育改革要求学生的角色必须发生改变，学生要成为一名学习者、创造者和交流者。学习者要求学生要把学习贯穿于他的一生，始终对学习保持高度的兴趣与热情；创造者意味着学生不仅要掌握目前发现学科的基本理论与实践，而且还要具有独立的、创新的思维，具有创造性；交流者则意味着学生能够成为一个有效团队中的一员，能积极参与团队活动，有能

力促进团队的观点或计划的实施与实现。[①]

小组调查法在实施过程中，学生要在教师的指导下，与小组同伴共同设计、实施调查活动。要对不同小组成员调查的数据或事实进行归纳、概括，再进行分析、总结，以口头或书面的形式向全班同学进行汇报。这期间学生对他们的最初的计划会不断进行修改、调整，调查实施的过程充满了许多创造性的活动。小组成员在活动中彼此支持，相互鼓励，意识到自己在小组中的责任，体现出强烈的团队精神，小组成员的主观能动性得到极大的体现。

2. 具有一套明确的、可操作性强的实施程序

与传统的以教师为中心的全班化教学策略相比，小组调查法要求把全班分成若干个学习小组，学生们在小组中运用合作性探究、小组讨论和合作性设计开展学习活动。学生要共同设计小组学习任务，开展小组调查，准备与呈现总结报告。程序明确，可操作性强，适用不同年级、不同学科。

不过，要成功使用小组调查法，还应注意如下几个问题。

1. 必须做好一系列准备活动

好的准备活动是实施小组调查法成功的重要保障。第一，要做好小组组建工作，每个小组应包含学业成绩高、中、低的学生，性别、种族也要体现异质性和代表性，全班各小组的水平应该大体相当；第二，教师要做好论题设计。虽然说小组调查法具有广泛的适应性，对不同学科、不同年级学生的学业成绩与社会行为都有积极影响，但是，对像元素周期表或绘图技巧这样的教学内容来说，小组调查法可能就不太适宜，因此，教师要根据教学内容，设计一些广泛的论题，也就是使学生能够将论题分解为若干子论题，这些论题应当符合学生的背景与兴趣；第三，要做好学生交流与社交技能的训练工作，要建立一种适宜于合作学习进行的行为规范；第四，要提高学生小组活动方案设计与实施的能力。

2. 明确教师在活动中的作用

虽然，小组调查法要求学生在小组中共同设计小组学习任务，开展小组调查，分析与汇报研究成果，强调学生在学习活动中的主体性、创造性，但并非完全否定教师的作用。教师应转变角色，做学生学习的咨询者与促进

---

① Artut，P. D. ＆Tarim，K. Group Investigation Effects on Achievement，Motivation，and Perceptions of Students in Singapore. Asia-Pacific Journal of Teacher Education，2007(2)：129-141.

者。教师要巡回于各小组之间，察看学生在各小组中的活动情况，帮助学生处理和解决在小组相互作用中出现的问题。教师还要在小组调查前、调查中和调查后对论题进行讲解或补充说明。

3. 重视学生的情感体验在评价中的作用

在评价学生在小组调查中的学习时，教师不仅要评价学生对所研究论题的思维水平，要评价学生把知识运用于新问题的能力，推理的运用能力，对结论的抽象概括能力，而且还要就小组调查过程本身进行评价，重视对学生在小组调查中的情感经验的评价。教师应积极引导学生对他们的研究论题、调查工作及在其中的情感体验进行反思，这将会为下一次的学习产生积极影响。

四、教学实例

语文课上，教师根据教材(《寻觅春天的踪迹》)对活动内容进行了创造性改编，要求学生从三项内容中选择主题开展合作学习。

内容1：在大自然中，寻觅春天的踪迹。要求学生在大自然中，选择1～2种动物或植物进行观察、记录，写成"自然日志"，记录下春天的足迹。在记录方式上，可根据学生实际情况，采用文字与图片相结合的形式。

内容2：在生活中，寻觅春天的踪迹。要求学生搜集与春天有关的节气及有关的谚语，搜集与春天有关的歌曲，以说与唱的形式表现出来。

内容3：在创作中，展示春天的踪迹，要求学生仿照诗歌的形式，选一幅表现春天景物的画或照片，给它配上几句诗，或者选择描写春天的诗或名句，根据意境配上一幅画，或者写与春天有关的诗歌、散文，从中感悟春天。

教师将学生分成4～6人的若干小组，每个小组包括不同层次的男女学生。这样安排便于学生深入和多样化的思考，能提供并接受更多的解释。小组中每个组员都有自己明确的任务，通过承担互补或互联的任务，使小组成员之间形成积极的协作关系。学生在小组中经过一段时间的书面、网络形式的调查，或实地观察后，就自己的研究发现与小组成员进行交流、讨论，形成小组研究报告，并向全班同学进行汇报。

在学生进行生生合作学习的过程中，教师积极给予指导，为学生提供参考资料，如二十四节气歌，有关春天的一些歌曲，还为学生提供了一些描绘春天的古画，为诗画创作提供示范，同时，也为学生提供了一些有关诗画的网站。[①]

---

① http://www.5ykj.com/Health/ba/32140.htm

　　在此案例中，教师提供论题，学生选择自己感兴趣的论题，通过小组合作，组内分工和讨论的形式开展合作学习。学生之间彼此平等，资料共享，联合完成任务，互动结构是高交互性的。双方互动的需求、主动性强烈。小组成员之间通过提供帮助满足了自己影响别人的需要，同时，又通过互相关心、交流满足了归属的需要。在小组中，每个成员都有大量的机会发表自己的观点与看法，也乐意倾听他人的意见。学生们在一起相处融洽，他们更主动地去学习，他们从学习中得到的更多，学得也更加愉快。教师也积极与学生合作，指导学生通过何种途径、使用什么工具搜集资料。教师有效的指导，学生投入的学习，使得此案例的学习效果是显著的。

第五节　切块拼接法

一、基本要义

　　切块拼接法是较有代表性的合作学习教学策略之一。其具体做法是：将学生分成 4～6 人一组，把一项学习任务分割成几个部分或片断，每个学生负责掌握其中的一个部分或片断。所有学生要了解学习的总任务。随后，把分在不同小组中而学习同一部分任务的学生集中在一起，组成一个个"专家组"（Expert Team），共同学习和研究所承担的任务以至熟练掌握。然后全部学生都回到自己所属的小组中去，分别就自己掌握的那部分内容教给同组其他同学，从而达到对学习任务的全面掌握。一个学习单元结束后进行测验，检查每个学生对学习任务的掌握情况。每个学生的测验成绩单独记分，小组之间不进行比较。

　　此教学策略的最大特点在于小组成员都各自承担一定的学习任务，彼此有强烈的关联性，大家对其他同学的学习都会产生兴趣并表示关心，促进小组成员互帮互教，从而共同掌握学习内容。

二、教学流程

　　切块拼接法主要是通过将学习任务分割后再拼接的途径来形成小组成员

之间相互作用的格局的。在这种策略中，由于任务的关联性很强，大家有共同的目标，有强烈的责任感，从而小组成员之间互帮互教，共同掌握学习内容。小组任务分工法的教学流程大致包括阅读、专家组讨论、小组报告、测验和小组认可五个环节。

1. 阅读

在阅读阶段，主要任务就是使学生接受专家论题并阅读分到的材料，发现与论题有关的信息。阅读活动需要为每个学生准备一份专家作业单，上面包括 4 个论题和与专家论题有关的材料。在切块拼接法中，第一项活动就是将课文和专家论题分给每个学生，然后进行阅读。当然，阅读工作也可以放在课后作为家庭作业来处理。如果人数太多，每个小组中可以有 2 人同时学习同一论题的材料，先于他人阅读完材料的学生可以返回去重读或记笔记。

2. 专家组讨论

这一阶段的主要任务是承担同一专家论题的学生坐在一起，在小组中共同讨论。如果某一专家组的人数超过了 6 人，可以将之分为两个小组。如果在讨论的过程中要运用讨论提纲，可将提纲发给每个专家组使用。

在讨论的过程中，教师可在每一专家组中指定一个负责人。这一角色并不要求必须由能力强的学生来承担，应当使所有的学生在适当的时机都有机会担当此任。负责人的工作主要是组织与调节讨论过程，对于举手的同学给予发言的安排，并要确保每一个学生都能积极参与。专家组的讨论时间一般可控制在 20 分钟左右。学生们应当共同使用关于某一论题的信息，并且要做好笔记。在专家组进行讨论的过程中，教师可巡回于各组进行答疑和澄清某些观念，但一定要注意不能取代小组讨论负责人的职责。

3. 小组报告

在完成专家组的讨论之后，专家组的成员各自返回所属小组把他们讨论的论题教给他们的小组同伴。需要强调的是，学生有责任为他们的同伴做一名好教师，同时也有责任做一名好听众。教师可以在学生对小组同伴报告之后提问他们的同伴，以确定他们是否掌握了教学内容，是否已做好了测验的准备。

4. 测验

学生对学习内容的掌握情况如何，主要是通过测验来了解。将试卷发给每一名学生并使他们有足够的时间来完成测试。试卷的处理可以有多种形式。一种方法是在学生答完后，让学生与其他小组成员交换试卷评分；另一种常用的方法是教师将试卷收上来自己评判。如果是学生阅卷的话，教师一定要采取有效途径，如通过抽查几份试卷以确定学生阅卷是否公平。

5.小组认可

切块拼接法的评分与学习成绩分组法的相似，也包括基础分、提高分和小组评分等程序。认可办法也与学习成绩分组法一致。对表现优异的学生小组，用超级、优秀、良好三个不同等级的奖励进行认可。认可的依据是小组分数。（具体小组分数的计算详见第一节学习成绩分组法部分）需要特别指出的是，教师可以根据需要适当调整小组认可的标准，教师应为超级、优秀等级小组准备多种形式的奖励，可以是实物，可以是奖状、证书，还可以是口头表扬等，能达到认可小组成绩和激励学生的目的即可。

三、简要评价

切块拼接法、小组调查法以及其他运用任务分工的教学策略，一个关键性的要素就是把独立的子任务分给每个小组成员。每个小组成员都对自己承担的子任务负责，并且都积极鼓励其他小组成员获得成功，因此，切块拼接法也是一种比较成功的教学策略。其优势主要表现在如下几个方面。

第一，创建宽松、融洽的学习氛围。由于小组最后是否会获得认可，取决于小组每个成员最后的测验成绩，因此，小组成员之间会相互鼓励，相互帮助，他们总是在创造一种宽松、融洽的课堂氛围或课堂环境，而这对学生的学业成绩的提高会产生积极影响。

第二，激发小组成员内在的学习动机。由于小组成员为其小组赢得分数的多少取决于个人的提高分的多少，得高分的小组成员可以得到证书或其他形式的奖励与认可，因此，可以激发学生的内在的学习动机，他们在"专家组"努力学好材料，以便更好地帮助他们的小组取得好的成绩。所以，从本质上讲，切块拼接法强调每个小组成员都依赖本小组其他成员提供信息，以便在测验中获得好的成绩，大家互相依赖，责任共担，鼓励小组间竞争，鼓励个人不断超越自我。

第三，提高小组成员有效的解释能力。教育研究表明，运用小组分工法，小组成员会更加认真预习、理解和使用学习材料；在专家组中认真参与讨论，以求得对学习内容的精熟化理解；回到自己所在小组中，为更好地让小组同伴理解与掌握相关内容，小组成员会对学习材料进行再组织、再加工，为同伴提供详细的、解释性帮助。[①] 这一过程，对于提供帮助者来说，可以增强自身对学习材料的理解水平，增强其思维水平的深刻程度，对于接受帮助的人来说，有利于将他人的观点、策略内化进自己的认知结构，达成对问题全面、深刻地认识与理解。

四、教学实例

案例 1

学生 1：2/3+3/4＝（　　　）

学生 2：你看，两个数字的分母是不一样的，所以，你首先必须要找到它们的公分母。3 的倍数依次为 3，6，9，12，…，4 的倍数依次为 4，8，12，16，…，他们的公分母就是 12。所以，通分后就是 8/12＋9/12，答案是 17/12。

案例 2

11＋2＝10＋（　　　　）

学生 1：我刚才计算的时候发现，11 加上 2，结果是 13，10 如果加上 3，结果也是 13。然后，我突然想，如果我再换一个数，比如 12，加上 1，结果也是 13。你看，好像数字从 10，变成 11，12，…，那么，相对应的另一个数就从 3，变成 2，1。

学生 2：是的，这也就是为什么我说两者有密切关系的原因。因为，如果这边数字大，那么相对应的另一边的数字就小，相反，如果这边的数字小，那么，相对应的另一边的数字就大……

学生 1：11 加 2 等于 10 加 3。

学生 2：是的，一边数字小，另一边的数字就大。

学生 1：哦，我明白了。因为 11 比 10 大，所以，在相加时，11 对应的数字就应该比 10 对应的另一个数字小，也就是 11 要加 2，而 10 要加 3，它们的结果才能都等于 13。相反，如果一个数要比另一个数

---

① Artut，P. D. &Tarim，k. The Effectiveness of Jigsaw Ⅱ on Prospective Elementary School Teachers. Asia-Pacific Journal of Teacher Education，2007(2)：137.

小……①

案例 1 中，学生虽然在合作学习小组中活动，但生生间的互动表现出单向性。学业成绩优秀的学生往往在互动结构中占有主导地位。当小组成员向他们请求帮助时，他们可能会回答是或者不是，可能直接告诉题目的正确答案，也可能直接把计算的过程展现出来，而不解释为什么要这样做，事实上，这样做的结果，只是提供了一般性的帮助，而非详细的、解释性的帮助。在此互动结构中，互动双方的地位是不平等的。案例 2 中，运用切块拼接法策略时，生生之间的互动是多维的，小组成员地位平等，共同参与，无论是在专家组还是其他小组中，小组成员都在积极将自己的思维过程与真实想法展示出来，为小组其他成员提供详细的、解释性的帮助，这种思维过程上的互动，对学生思维能力的发展具有重要价值。有助于学生思考问题、分析问题，这种深入地互动与交流，有助于学生达成对学习任务的精熟掌握。

第六节　小组活动竞赛法

一、基本要义

小组活动竞赛法是学习成绩分组法的变式和发展，与学习小组成绩分工法有许多相似之处。其具体做法是：将学生分成 4～5 人一组，教学分 4 个环节进行，包括教师全班授课、小组学习、教学比赛和成绩评定。合作学习小组的主要作用在于同学之间互教互学，保证所有成员都能学会教师讲授的内容，为通常每周举行一次的教学竞赛做准备。比赛时按原有学习水平抽取各组成员组成能力同质的各个竞赛小组，每个学生代表各自的小组，在三人

---

① Noreen，M. （2007）. Teacher Practice and Small-Group Dymanics in Cooperative Learning Classrooms，The Teacher's Role in Implementing Cooperative Learning in the Classroom. Springer US. 207-212.

一组的"竞赛桌"旁参加教学竞赛。这种方法有一个不断调整的程序,它依据每次竞赛中学生的成绩,对学生竞赛桌的安排每周进行一次调整,使竞赛趋于公平。每个竞赛桌的优胜者都为其所在小组赢得相同的分数,而不管是哪一个桌,这就意味着高学业成就者与低学业成就者有均等的成功机会。最后将每个成员的成绩相加作为小组总分,教师对最好的小组和各竞赛组的优胜者予以表彰。

二、教学流程

1. 教师全班授课

教师按照教学计划进行授课,在此阶段,教师应注意让学生切实理解并掌握学习的内容。讲授要紧扣教学目标,通过多媒体手段、实际操作等途径生动地传授概念和技能,通过不断提问来获取学生理解所学内容的反馈,并及时给予详细的解释。

2. 小组学习

在教师讲授新课之后,学生在小组中学习作业单以掌握学习内容。教师通常要分发给每个小组两份作业单和两份答案单。在此阶段,教师应让学生明白:

(1)所有小组成员都掌握了学习材料后才能算完成学习任务;

(2)在请教老师之前应先请求小组同伴的帮助;

(3)小组成员之间可以小声地谈话。

3. 教学竞赛

这一阶段的主要任务是让学生在能力相似的(ability-homogeneous)三人竞赛桌旁展开竞赛活动。为顺利实施这一阶段的活动,需要准备一些相关的教学材料。具体包括:(1)一份竞赛桌安排情况单;(2)为每一个竞赛桌填好的一份竞赛问题单和竞赛问题答案单;(3)每个竞赛桌要有一份竞赛得分单;(4)每个竞赛桌要有一套数字卡片,其数字应与竞赛问题单上的数字相应。

在竞赛开始之前,教师要向学生公布竞赛桌的安排并使学生到各自的竞赛桌旁就座。在竞赛桌的安排上,要尽量将竞赛桌的号码加以混杂,以使学生不知道哪是"第一"桌,哪是"最后一桌"。教师可请学生帮助分发给每个竞赛桌一份竞赛问题单、一份答案单、一套数字卡片和一份竞赛得分单。然后就可以开始教学比赛了。

比赛开始时,由参加竞赛的3名学生抽取卡片,以抽到的卡片上的数字大小决定谁是第一读题者——抽得卡片上的数字最大的学生是第一读题者。比赛从担任第一读题者的这位学生这里按顺时针方向进行。

第一读题者先洗牌(指卡片),然后取最上面的一张。接着他或她大声朗读与卡片上数字相应的题目。如果题目是多项选择题的话,还应把可能的答案也读出。比如,如果一个学生抽到卡片上的数字是21,他或她就要回答第21题。读题者如果对问题的答案拿不准,可以猜。如果比赛涉及数学问题,所有的学生(不仅仅是读题者)都要研究这个问题以便为质疑作好准备。当读题者提供一个答案后,坐在其左侧的学生(第一质疑者)可以进行质疑并提出一个不同的答案。答完后,如果第二质疑者对前两人的回答还有不同意见,第二质疑者即可进行质疑。作为质疑者应当十分小心,因为如果他们答错了,他们将失去一张卡片(如果他们有的话)。当每个人都给出了答案,也进行了质疑,则由第二质疑者(即读题者右侧的学生)检查答案单,朗读正确答案。答对题者保存卡片,质疑者中,谁答错了题,谁就得把先前赢得的卡片还回去一张。如果某个问题谁都没答对,那么这张相应的卡片也得还回去。

下一轮游戏开始时,一切都向左移位:第一质疑者变成了读题者,第二质疑者变成了第一质疑者,依此类推,按上面的做法继续进行比赛。何时结束比赛由教师决定(或者是时间已到,或者题目已做完)。当比赛结束后,参赛者要把自己赢得的卡片数填写到竞赛分数单的第一栏第一局中。如果时间充足,学生们可重新洗牌,进行第二局比赛直至结束,在比赛分数单上记上所赢卡片的数目。所有的学生都要同时参加比赛,在结束前10分钟时停止比赛活动。让学生用这段时间数一数自己赢得的卡片数,将他们的名字、小组和分数填到比赛分数单上。如果学生进行了一局以上的比赛,请他们把每局比赛的得分加起来并填到他们的日总分(day's total)栏目中。对于年幼儿童(4年级以下)来说,只要把分数单收起来就行了。对于年龄大一些儿童来说可以让他们自己计算其竞赛得分。

4. 成绩评定

关于竞赛分数的计算方法,我们可从三种可能的比赛的小组人数:4人比赛、3人比赛及2人比赛来分别说明具体计分方法。

表 4-4 四人比赛计分方法

竞赛者	四人不等分	前两名等分	中间两名等分	后两名等分	前三名等分	后三名等分	四人等分	前两名等分后两名等分
高分者	60	50	60	60	50	60	40	50
中高者	40	50	40	40	50	30	40	50
低高者	30	30	40	30	50	30	40	30
低高者	20	20	20	30	20	30	40	30

表 4-5 两人比赛计分方法

竞赛者	两人不等分	两人等分
高分者	60	40
低分者	40	40

一般来说，在 3 人桌竞赛不等分的情况下，得高分的学生得 60 分，第二名得 40 分，得分最低的学生得 20 分。如果竞赛桌不是 3 人，而是 4 人或 2 人，可参见上表标准评分。

竞赛结束后，要尽快算出小组得分以便小组得到认可。具体做法为，把每个学生的竞赛得分移到他或她所在小组概况表上，将所有组员的分数相加，将所得总分除以参加比赛的小组人数，得分即为小组平均分数。根据下表的标准，对小组的成绩进行认可。

表 4-6 小组成绩评定标准

标准（小组平均分）	奖励
40	良好
45	优秀
50	超级

一般来说，对于优秀组和超级组，教师可以发证书或其他形式给予认可，而对于获得良好的小组，教师只在全班表示祝贺即可。

需要注意的是，在每次竞赛结束后，教师必须对竞赛桌的学生进行一定顺序的调整，为下次竞赛做好准备。具体调整程序和过程如下。

1. 运用比赛分数单来确定每个竞赛桌上的高分与低分获得者。在竞赛桌分配情况表中，将每张竞赛桌上的高分获得者的桌号用笔圈起来。如果一张竞赛桌上有两名同时得到高分，那么可以采取一定的办法，比如掷硬币等，决定选哪位为高分者。特别需要注意，每一竞赛桌只可有一名高分获得者。

2. 在低分获得者的桌号下画线，如同确定高分获得者一样，一张竞赛桌上只能画出一个低分获得者。

3. 其他竞赛桌的安排保持原样不动，包括缺席者在内。

4. 下一次竞赛的栏目里，竞赛桌按下列程序调整：

(1)将被圈起来的数字减去 1，以第 4 竞赛桌为例，这意味着下一次竞赛时，第 4 竞赛桌上的获胜者将被调至第 3 桌进行更为激烈的竞争。不过，因为第 1 桌已经是级别最高的一桌，因此，被圈起来的 1 保持不变。

(2)被画线的数字加上 1，以第 4 竞赛桌为例，这意味着下一次比赛时，第 4 桌的低分获得者将被调至第 5 桌。同样，位次最低的桌已经是最低级别的一桌，因此，其低分取得者仍在原桌活动。

(3)对于那些既没被圈起来，也没被画线的数字保持不动，在下一次竞赛时，只把原数字平移即可。

三、简要评价

小组竞赛法(TGT)与学习成绩分组法(STAD)相似，都运用了教师讲授和小组活动的教学策略。但与学习成绩分组法不同的是，小组竞赛法以每周一次的竞赛代替了测验。在竞赛中，学生们同来自其他小组的成员进行竞争，以便为他们自己的小组赢得分数。学生们在 3 人组成的"竞赛桌"旁进行竞赛，竞争对手是过去在学业成绩方面有相似记录的同学。每次竞赛后要根据学生的成绩对学生竞赛桌的安排要进行一次调整，使竞争更趋于公平。每个竞赛桌的优胜者都可以为其所在小组赢得 6 分，而不管高分桌还是低分桌，这就意味着学习速度相对较慢的学生和学习速度相对较快的学生都有成功的均等机会，这极大地增强了学习者的自信心、学习的兴趣和学习的动力。总的来说，小组竞赛法是一种激励学生们在组内进行合作的有效手段，是一种富有成效的生生合作教学策略。小组成员通过学习作业单进行竞赛，在竞争的过程中既相互竞争，又相互解释问题，从而达成对问题深入地理解，特别是在竞争过程中不允许他们的组员互相帮助，这样就可以保证个体责任的落实。

四、教学实例

案例 1

学生 1：10＋20＝20＋10 这个算式是对的还是错的？

学生 2：对的。

学生 3：你为什么认为这个算式是对的？

学生 2：你看，10 和 10 是相同的，20 和 20 也是相同的，所以，算式两边应该是相等的。

案例 2

学生 1：假设打电话时，第一分钟的电话费是 1 毛 9，以后每分钟电话费为 1 毛 2，请你算算，如果打电话 4 分钟，要花费多少钱？

学生 2：一共要花 5 毛 5。

学生 3：你是怎么算出来的？

学生 2：好的，你看有一个 1 毛 9，三个 1 毛 2，加起来就是 5 毛 5。

学生 4：为什么你说有"三个 1 毛 2"？

学生 2：因为第 1 分钟的电话费用为 1 毛 9，以后每分钟电话费用为 1 毛 2，所以，4 分钟包括了 1 个电话费用为 1 毛 9 的 1 分钟和 3 个电话费用为 1 毛 2 的 1 分钟，1 毛 9 乘以 1 加上 1 毛 2 乘以 3，总和就是 4 分钟打电话所需要的费用。[①]

案例 1 与案例 2 中，4 名来自不同小组的学生坐在竞赛桌旁进行竞赛，学生 1 提出问题，学生 2 回答，学生 3 和学生 4 可以针对学生 2 的回答进行质疑，那就要求学生 2 必须对此知识点要熟悉了解，要把自己的思维过程展示出来，所以，在竞赛过程中，生生之间既相互竞争，又相互解释，特别像案例 2 中这样的详细地解释，利于全体学生达成对问题深入的理解。因此，小组竞赛法是一种强调在竞争中合作的有效教学策略。

---

① Noreen，M.（2007）. Teacher Practice and Small-Group Dymanics in Cooperative Learning Classrooms，The Teacher's Role in Implementing Cooperative Learning in the Classroom. Springer US. 207-212.

第七节　结构设计法

一、基本要义

结构设计法最早由合作学习的代表人物美国加利福尼亚州的卡甘（Kagan，S.）创立。在卡甘看来，合作学习实际上是包含多种结构的整体。所谓结构就是一系列步骤和规定好的行为，结构本身不受具体的学术内容的限制。有效合作结构必须包含四个特征，即同时互动、平等参与、积极互赖与个体责任。

传统小组活动一般都要求学生按照一定的程序参与学习，或者依次参与，即一个学生先回答，另一个跟上，然后才轮到下一个。或者以合作小组形式进行，在一个由4～5个学生组成的小组中，一次只有一个学生在读，大家都在听。实际上，当这个学生在朗读时，其他的学生并非都在真正地听，当然除非下一个就轮到他来读。儿童们发现，等待轮到他们朗读的过程是漫长和无聊的。因此，卡甘提出有效的结构首先必须满足同时互动，大量的教育研究也表明，当学生们积极主动地沉溺于学习的经验时学得最好（Johnson & Johnson，1989）。总之，结构设计法强调合作学习的过程实际就是选择和运用若干结构的过程，学生在4人小组里，开展配对学习或进行整个小组的活动，通过一系列编排有序的学习经验，促进学生达成教师确定的学习目标。此教学策略最大特点在于教学中积极将学生的原有的知识与经验利用起来，使所有的学生在某个活动阶段都能积极从事某个方面任务的完成活动。

二、教学流程

在卡甘看来，合作结构的选择应以其在促进学生达成学习目标方面的"适应范围"为基础。要求学生进行事实性记忆，还是要求学生进行批判性思维，这两种不同的任务就应当选择不同的结构与之相适应。根据结构所适应的学术和社会功能，卡甘将合作结构划分为班级构建、小组构建、交流构建、信息分享、掌握及高水平思维六大类别（Kagan，1992）。具体描述见表 4-7。

表 4-7　卡甘的合作结构类别

结构	简述	学术和社会功能
轮流循环制	小组构建　每位学生轮流与其小组成员共同承担某事	表达观念和观点；故事创造；平等参与；熟悉小组成员
三步采访	学生配对采访；先采访别人，然后再接受别人采访；学生们共享采访所获得的小组信息	与他人共享诸如对一首诗的反应，一个单元的结论等个人信息；参与、倾听
角落	班级构建　每个学生都移动到一个角落，它代表将教师事先确定好的一种选择，学生们在角落里展开讨论，并倾听来自其他角落学生的观念	认识不同的假设、价值观和问题解决方法；了解和尊重不同的观点；会见同学
说做一致	交流构建　学生们只根据其他学生的口头说明，在格栅上配置物体	拓展词汇；交流技能；承担角色能力
大家动脑	掌握：实验与复习　教师提出问题，学生咨询每一位学生以确保都知道问题的答案，然后，一名学生被随机指名回答问题	复习；检查理解情况；知识；理解；同样辅导
内圈—外圈	学生们配对站在两个同心圆上，内圆的学生面朝外站，外圈的学生面朝内站学生们使用单调、数字抽认卡或回答教师问题，并随之轮转到新的搭档面前	检查理解情况；复习；自评；帮助；同伴辅导；共享；会见出学

下面以小组构建中的三步采访为例，具体说明其操作流程。

三步采访（three-step interview）是卡甘合作结构的重要内容。其操作程序具体如下：将学生分成 4 人一组，首先进行配对采访，两名学生中的一名作为采访人，另一名作为被采访人，这是采访法的第一步；然后，两学生进行角色互换再进行采访，此乃第二步；采访的第三步是分享他们采访同伴的收获。这种报告通常以循环的形式进行，在小组中按顺时针方向每个人都逐一向小组作报告。详见表 4-8。

表 4-8　三步采访特征

步　骤（在 4 人小组中组成两个配对）	特　点
步骤 1：每人采访各自的同伴	平等参与
步骤 2：与同伴交换角色后，采访同伴	同时参与、个体责任
步骤 3：小组内成员共享采访收获	每人都能分离

［来源］Putriarn. J，（1997）. Cooperaative Learming in Diverse Clessrooms，p. 142.

三、简要评价

结构设计法是合作学习的代表人物卡甘先生在 20 世纪 60 年代创立的一种教学策略。经过几十年的发展，卡甘的结构设计法日益成熟，他的研究成果对世界各地运用合作学习，提高学习效率产生了积极的影响。

结构是卡甘合作学习理念的核心。在卡甘看来，与活动相比，结构更具生发性，更具有生命力。如果教师理解并掌握了"结构"，结合教学内容，他们可以创造出多种适合实际教学境况的教学活动，"结构，不像活动，是不会用光的。"[①]

尤其重要的是，任何时候，课堂教学中都可以运用某种结构，如教师谈话，大家动脑，默读，自学活动，小组合作活动等，无论是何种结构，结构本身不受内容限制。比如，教师谈话这一结构，其内容可以是国内战争，可以是道德故事，也可以是数学中的毕达哥拉期定理，因此，在卡甘看来，结构就是一系列的步骤或规定好的行为，任何一种结构都可以用来传递一个不确定的内容范围。结构可以拥有内容，将一定内容置于结构中就创造了一种活动。通过变化结构或内容，教师就创造了不同的活动和不同的学习结果，

---

① Kagan，S. Cooperative Learning(San Juna and Capistrano，CA：Resources for Teach-ers，1994），3：3.

从某种意义上讲，结构＋内容＝活动。

与其他生生合作的教学策略相比，结构设计法的最大特点是它虽然没有一个详细的、明确的教学程序的规定，只是提供了若干概括性的结构可供选择，但是它却可以根据学生不同的学习任务，选择小组构建、信息分享、高水平思维等不同的结构与之相呼应，真正能够促进所有的学生积极参与学习，确保所有的学生在某个活动阶段都能积极从事某个方面的任务。不过，要确保合作结构真正有效，教师在运用此教学策略时，必须保证在小组活动时满足如下几个条件，即同时互动、平等参与、积极互赖与个体责任。

四、教学实例

英语课上，教师设置了一个情境：学生要向王老师借一本《基督山伯爵》，给王老师打电话，让他下午把书带来，王老师家的电话号码为6992299。目的是想让学生用英语清楚表达一件事，学会使用"您好""请问""谢谢""再见"等礼貌用语。教师将学生分为4人一组的学习小组，学习小组有不同层次的男女学生组成。具体活动包括：(1)小组交流：小组同伴之间互相启发、改正、补充，明确"打电话"的程序和说话的内容；(2)小组成员之间自由组对，分角色(学生和王老师)练习打电话，教师巡视指导；(3)经过一段时间的学习和练习后，教师要求每组选派代表利用准备好的两部电话进行交际表演，教师和学生对此进行评议。为训练学生创新思维，提高学生用英语交际的灵活性，教师结合学生实际水平，在教学中拓展课堂所学内容，积极为学生创设创新表演的情景：(1)王老师在家，接听人不是王老师；(2)王老师不在家，须转告；(3)王老师接听电话，可书不在家；(4)电话没人接。①

这是一节口语交际课的案例。口语交际是听和说双方的互动过程，因此，教学活动主要应在具体的交际情境中进行。此案例中，教师根据学生交流实践的学习目标，选择小组构建结构，积极组建学习小组，开展交流讨论。通过学生小组合作形式进行配对学习，互换角色进行口语练习，为学生提供了自主学习、合作学习、探究学习的时间和空间。通过合作表演打电话，唤起学生已有的生活经验，充分调动学生的学习积极性，使学生在自主合作的活动中互相学习，初步懂得打电话的注意事项，全面提高口语交际能力。小组成员彼此平等，共同参与，积极分享，学生的学习不再是教师"满

---

① http://www.psxch.pudong-edu.sh.cn/kegjsetup/showanli.aspx? id＝264

堂灌"下的机械重复与简单记忆，而是亲身经历、发现、体验、探究的过程。学生有情感的投入，有内在的动力的支持，在解决问题中学到了知识，活用了知识。在生生互动、师生互动的教学活动中，形成了有效的自主学习的方法。教师在此过程中，积极参与、适时指导、及时评议。

第八节　团体促进法

一、基本要义

团体促进法（FCL）教学策略的实施主要是教师选取一个特定的论题，并让学生分组（约 5 组，也可根据学生实际人数酌情分组，一般来讲小组以 4～6 人为宜），使各组学生自由从此主题中找出一子论题，并展开研究。经过一段时间的各自研究，如查阅书籍、网上咨询，或请教专家之后，再聚在一起，以相互教学法、拼图法、测验法等方式，将各自所学知识传达给其他各组同学，最终达成全班同学均能对此特定主题有深入的了解。[①] 不难看出，FCL 教学策略注重学生对学习活动的自由设计，重视学生的自我反省和自我监控在学习活动中的作用。

二、教学流程

FCL 教学策略可以分为 3 个主要活动，其具体流程如下。

（一）研究（Research）

主要包括以下 4 个活动。

1. 相互教学（Reciprocal Teaching，RT）和研究讨论（Research Seminars，RS）

相互教学（RT）可以帮助年纪较小的学生监控其阅读理解能力，具体的实施方法包括由教师、父母、年长学生或同学引导，约 6 人一组，使学生轮

---

① 姚国，黄征文. 合作学习的新进展——FCL 教学方案述评. 山东教育科研，1998(6)：1.

流领导同组其他成员，根据挑选的学习材料进行提问题、摘要、澄清疑虑和预测下文的活动。经过此 4 个活动可了解学生阅读理解能力如何，培养学生的自我监控能力。相互教学（RT）可以引导学生发展潜能，提高学生阅读、理解及自我监控的能力。不过，对于较年长的学生（如 6 年级或 7 年级）而言，相互教学（RT）已经不能满足他们的需要，因此，可以用研究讨论（RS）的方式来代替。研究讨论（RS）的结果是可以帮助学生进行类推、深层了解、解释正反面的争论、证据资料的讨论、预测情境等较具深层思考意义的活动。

2. 引导写作（Guided Writing）

写作可以帮助学生理清自己的研究成果和概念，并展示成果和将此研究发现教给其他同学。在展示研究成果给全班学生之前，可经过教师或年长学生的引导和小组成员的互相讨论，学生可以不断修正内容和方式，提高自己的表达和综合能力。

3. 与专家讨论（Consulation with Experts）

为了扩大知识内容，提高学生具有高层次的思考能力，避免错误的概念，仅仅由学生自己引导发现和研究是不够的，必须加入专家的协助。所以，学生团体促进法（FCL）重视和专家的讨论，知识来源亦包括和其他班级、其他学校、博物馆、实验室等机构的互动研究。专家讨论的形式主要包括：

（1）面对面的讨论（Face to Face Consulation）

有时学校老师并不专长于某一领域，可邀请此方面的专家来和教师一起选择学生的研究主题和提供资料，并集合全班进行教学（benchmark lesson）。学校教师亦可经过专家的示范和讲解，了解此专门领域，并有能力引导整个活动的进行。因此，在 FCL 的课程中，教师也不断在进步。benchmark lesson 的进行，起初是教导学生研究主题和一些原则，接着引导学生发展出较高层次的抽象概念，最后使学生归纳出什么是已知的，什么是须再研究的，并为以后的研究设定目标。此外，benchmark lesson 亦可显示出专家和教师的思考方式供学生模仿和学习，如对信息的处理、主题的选定等。

（2）网上讨论（On-Line Consulation）

在学生的发现过程中，学生易发展出错误的观念，尤其在生物学科方面。此时教师须了解何时易产生错误观念和修正此错误观念的方法。

学生亦可经电子邮件，请教其他专家。这个方法可使学习扩展至学校之外，教师也不再是知识的唯一来源。在 FCL 课程中，所有成员，包括学生和教师，扮演的角色是共同的学习者，教师和研究者，彼此要倾听并互相尊重。

此外，与专家讨论时，不只可给予学生所需的知识，专家更可借以引导学生思考、质疑、推论等学习方式，使其探讨更深入的知识层面，并增加对学习理解的监控能力。

4. 学生教导学生(Children Teaching Children)

此阶段的前提是学生的专门知识是可被依赖的。具体实施方式有两种：一是同伴教学(peer teaching)；二是跨年龄教学(cross-age teaching)。其优点是不仅可以扩大知识领域，更可以使学生勇于负责，了解学习的目的和合作的重要性，并可给予练习说出所学的机会。在跨年龄教学(cross-age teaching)中，运用方式可以是面对面或电脑连线的讨论，亦可使年长的学生引导年幼的学生做相互教学和拼图(Jigsaw)。目前常用的方式，是使 5～7 年级的学生带领 1～3 年级的学生学习，指导的项目包括阅读、讨论、使用电脑、设定目标等。这样做的好处是：有助于年长学生自尊心的发展，对年幼的学生可给予个别的注意，创造分享的机会，同时也可减轻教师的负担。

(二)分享知识(Sharing Information)

学生分组进行研究后，必须经由一些设计活动，将研究发现分享给全班同学，接着才能做其他后续活动。这些设计活动主要包括：

1. 拼图(Jigsaw)

实施 FCL 教学策略时，学生分组进行研究，经过 6～8 周的研究后，再聚在一起分享研究结果时，予以重新编组，每组均各包含原研究小组中一员，每人再发表其研究结果，使所有同学均了解各研究子论题，综合各小组的研究子论题，所有学生就可对整个研究主题有深入了解。

2. 互相讨论(Crosstalk)

在各小组进行研究时，定期聚会，报告目前进度和结果，并由其他组的成员予以询问，若有问题，则须在下次聚会时予以修正，这就是互相讨论的过程。互相讨论可以在小组内部，也可在小组间进行，因为就算同一小组，由于每个人负责不同的领域，所以，互相讨论以修正缺失或补足不足的地方也是必要的。

3. 专长(Majoring)

学生可自行选择感到有兴趣的范围去研究(但必须在教师设定的主题范

围内），FCL 教学策略重视个人发展其专长和专门知识。学生并可以经由 Jigsaw 和 Crosstalk 两种活动将自己的专门知识和所有同学分享。

（三）后续活动（Consequential Task）

FCL 教学策略强调思考的重要性，主要通过以下两种活动引导学生去思考，并了解学生对整个研究主题的理解程度：一是在每个研究结束后进行测验，以确定学生是否对该主题有深入了解。测验题目可由教师确定，也可由学生自己确定，这样做的好处是，学生对所要教给他人的研究成果，会更严肃的对待；二是设计有思考性的问题，使学生能将所讨论的子论题和主题都涵盖进去。完成此阶段，接着便可结束整个活动。

三、简要评价

团体促进法（FCL）这一教学策略经过多年发展，日益成熟，在教育教学实践中越来越显示出其价值。其优点主要表现在以下几方面。

（一）个人都具有专门知识

在 FCL 教学中，经过相互教学和拼图等合作式的学习，可帮助学生成为具有专门知识的专家，所以，学习内容变得丰富多样。而且学生须将其研究发现分享给全班同学，使学生在互动中得到共同提高，并可养成学生负责任的态度。

（二）教师可运用学生的专门知识（Teachers Capitalize on Student Expertise）

在 FCL 教学中，教师不再是提供知识的唯一来源。经过同伴和跨年龄的教学（Peer and cross-age tutoring），FCL 教学策略可提供学生领导其他同学学习的机会。所以，在教学中教师可运用学生的专门知识，使学习领域扩大。

（三）多元角色的呈现（Multiple Roles are Models and Appropriated）

在 FCL 教学策略中，教师和学生的角色并非固定而单一的。教师可能对某一专门知识不了解，须请教其他专家，此时教师可示范获取知识的方法。此外，学生也可自由地选择喜欢的领域而成为专家。所以，在 FCL 教学策略中的每个小组成员都扮演着多元的角色。

（四）表演者和观众（Actors and Audience）

在 FCL 教学策略中的每个小组成员都肩负着教师和学习者的角色，也就是说，每个人既是表演者，也是听众。由于听众可要求表演者对观念予以澄清，进行高层次的理解和合理的解释，所以，表演者需要知道如何将专门知识传达给听众，通过此过程，表演者也可修正、补足自己存在的偏差或不足的观念。

此外，在 FCL 教学策略中的的每个小组成员，不论在整个班级的讨论或是小组的研究当中，都必须做深层的、不断的、复杂的思考。可见 FCL 教学策略非常强调让小组成员不断地进行思考，着重思考的过程。

不过，FCL 教学策略也存在一些不足，需要加以完善。

第一，受限于基本知识。寻求校外资源，请教校外专家，使学习扩展于学校之外等 FCL 教学策略的重要特点，可能会因学校人事改变、行政措施的不同、或受限于教师、学生的基本知识，而无法完全做到。

第二，教师的能力不一定能适应。在引导发现学习的 FCL 教学策略中，教师既要培养学生"发现"的能力，同时又要适时予以引导，是不容易做到的。所以，要求教师必须具有良好的职业训练。否则将影响这一教学策略的实施和教学目标的实现。此外，教师承认有不懂的地方，须请教于其他专家，这对许多教师而言也是不容易做到的。

第三，教师不容易呈现批判思考的示范。在理想的 FCL 教学中，学生应该可以看见教师是如何地学习、发现、做研究，如何地阅读、写作和以电脑为学习工具的，以上这些都可成为学生的模范，而这种引导学习的活动，并非每个教师都可达到。

此外，学生也可能形成一些错误的观念。由于 FCL 教学策略强调学生在学习过程中的自我学习、研究及小组成员间的相互讨论，因而，学生在自我学习和研究过程中，可能会出现一些错误的观念，尤其在自然科学，比如生物、化学等方面，此时，教师应该如何、何时了解学生产生的错误观念，如何修正此错误观念等，这些问题尚须认真思考。

四、教学案例

语文课上，教师安排"姓氏溯源"活动，要求学生对自己的姓氏或选择一种姓氏，进行探讨。要求学生自由组合，但尽量让同一姓的学生组成一组，以利于资源整合。经过同学们的酝酿与选择，最后，全班同学组成了 12 个学习小组，每组人数为 5 人，每组均选有一个小组长。各小组围绕这次活动的主题，探究"我从哪里来"，"我的根在哪里"等问题，对各姓氏的历史名人要有比较详细的认识与了解。时间为 2～3 周。各小组成员对活动的热情较高，各组围绕这次活动的主题，讨论各自的研究内容、汇报形式，策划具体方案，分工合作，构建一种积极的、主动的、自主的、合作的、探索的学习方式。通过书面查阅、网络查询以及实地采访等形式开展研究。调查研究完毕，各小组成员完成《我的姓氏》的调查报告。①

此案例中，教师的活动、学生的活动及生生之间的活动有机地融为一体，在调动学生的积极性，发挥学生的主体作用方面，具有积极的效果。此教学策略重视每个学生的特点，强调学生在学习中的自我引导与自我觉知，重视学生已有知识的运用，同时，也重视学生在教师指导下的发现学习和类推、正反面争论、论证等思维活动的运用，对学生独立获取知识能力、创造能力的培养，具有积极意义。学生在合作小组中共同活动，不仅创造能力、独立学习能力得到培养，同时，阅读能力、写作能力、思考能力以及自信心等也得到极大提高。

---

① 李岩. 小学生高年级作文课堂生生互动教学策略的研究［硕士论文］. 辽宁：辽宁师范大学，2004：44-45.

第五章　国内合作学习策略

第一节　国内合作学习的研究概述

　　合作学习是一种古老的教育观念和实践。

　　我国古代第一部诗歌总集《诗经·卫风》中曾有这样的论述："有匪君子，如切如磋，如琢如磨。"意思是说学习要注意相互商讨、相互砥砺、相互观摩、共同提高。虽然《诗经·卫风》不是教育方面的论著，但上述言论却蕴涵着合作学习的某些理念。

　　早在两千多年前，我国儒家大师在教育实践中就已重视合作并将其运用于教学情境之中。教育中合作的观念与实践最早可上溯至教育名著《学记》一书。《学记》中言："独学而无友，则孤陋而寡闻。"此一论述旨在倡导学习者在学习过程中要互相切磋，彼此交流学习经验，以增加学习效率。《学记》把"敬业乐群""亲师""取友"作为对学生的重要要求并纳入私学制度之中，值得关注。所谓"乐群"，主要是指学习者能与同伴保持良好的交往关系，从某种意义上讲也就是要求学习者要有合作精神和合作技能。《学记》还提出了"预、时、孙、摩"的教学原则，其中"摩"就是要求学习者之间要相互观摩、相互切磋、取长补短；认为师生朋友之间互相启发可以补偏救弊、扬长避短、开阔视野、增长见识。

　　儒学大师孔子也十分重视教学中人与人之间交往的重要意义和积极作用。他主张"乐多贤友""友其士之仁者"，[①] 并提出"三人行，必有我师焉。择

---

① 论语·卫灵公.

其善者而从之，不善者而改之"。① 孔子特别强调师生之间的双向沟通，在这种沟通中，教师运用语言的原则在于启发学生思考。他精辟地表达了启发式的教学原则，"不愤不启，不悱不发，举一隅而不以三隅反者，则不复也"。②

到了封建社会，政治、经济和文化的发展，对学校教育提出了新的要求，促使在奴隶社会末期即已出现的私学，有了很大的发展。私学教育一直都采用"高业弟子转相传授"的教学方法，即让弟子们相互学习、相互帮助。在我国的书院教学中更是大力倡导同学间的研究切磋之风。据记载，宋代胡瑗所创立的苏湖教法中，根据学生的才能爱好等，将学生分类教学，形成了"分斋教学"的教学制度。当时在苏湖和太学教学时，从学者达数千人，实行个别教学已无法满足需要，因而"使之以类群居，相与讲习"，以学生自学研讨为主，教师加以指导辅导，"亦时召之，使论其所学，为其定理"；或教师提出问题或题目，让学生根据自学所得加以回答，教师给予肯定或否定的评价；或就当时一个现实问题，让学生在自学和相互研讨的基础上予以解决。毛礼锐教授主编的《中国教育通史》称胡瑗的这种教学法"正是后来的自学辅导法的雏形"。③ 我们也可将之视为比较简单的小组合作教学的早期实践。

著名儒学大师朱熹创立和发扬了在书院教学中相互质疑问难、合作交流的教学方法。他十分强调学生读书要善于提出问题，鼓励学生争辩。他创设了在书院教学中根据学生的不同程度，培养先进榜样，引导学生向他人学习，即同学之间互教互学的教学方法。朱熹曾曰："学校规矩虽不可无，并不可专恃，须多得好朋友在其表率劝导，使之有乡慕之意，则教者不劳而学者有益。"

近代以来，由于帝国主义列强的侵略，外来文化和我国传统文化的碰撞和融合，使我国近代社会发生了巨大变化。在合作学习方面最具有开拓意义的当推人民教育家陶行知先生。20世纪30年代，他针对当时我国的国民教育现状，吸收了美国实用主义教育家杜威的教学思想，提出并实施了"即知即传"和"小先生制"，让儿童一边当学生，一边当"先生"，把学到的知识传给周围的同伴，收到了良好的效果。"小先生制"的基本思想源于美国杜威等

---

①② 论语·述而.

③ 高向斌. 论发展性教学视野中的合作学习及其模式分析［博士学位论文］. 北京：北京师范大学，2002.

人的教育思想，在操作模式上基本一致，可视为一种变式。这一段时期，与国外同期教学实践相似，我国近代以前的教学实践虽然已经包含着许多合作教学的要素，但只能说它仅仅处于合作教学的自发应用时期，并没有得到系统的研究与应用。需要指出的是，我国近代以前的合作教学实践，始终关注着师生、生生互动合作交往的重要性，值得我们高度重视，它们对于今天的合作教学研究具有重要的参考价值。

20世纪80年代，我国才刚刚开始引介国外的合作学习理论，并开始出现少量的合作学习实验研究。经由中国知网（www. cnki. net）查证，我国第一篇翻译合作学习的论文发表于1982年的《心理科学》杂志第5期。[①] 其后，1987年的《儿童发展》杂志又发表了译文《合作学习的发展观和动机观》。[②] 这两篇译文虽然发表年份较早，但当时却没有引起理论界和实践界的应有关注。实际上，真正影响我国合作学习研究与发展的第一篇比较全面介绍和评述合作学习的文献是丁邦平先生在1988年发表的《合作学习：大面积提高学业成绩的理论与方法》。[③] 从此，我国一些地区进行了一些初步的教学尝试，并取得了较好的教学效果，为我国新时期的教学改革提供了一种新的思维视角并注入了新的改革活力，我国的合作教学研究与实践也由此进入了一个由局部移植到全面实施的快速发展时期。

20世纪90年代初期，我国在课堂教学中引进小组活动，由此开始了对合作学习的探讨。从浙江省杭州大学教育系的合作学习小组教学实验，到90年代中期山东省教育科学研究所开展的合作教学研究与实验，以及近年来主体性教育实验对小组合作学习的探讨，都推动了合作学习在我国的发展。[④]

1989年年底，原杭州大学教育系与杭州市第十一中学合作进行的"促进初中学生个性最优化发展"课题组进行了一项实验。整个实验比较突出强调如何充分发挥教师和学生两个方面的积极性，并以"关系研究"为主攻方向。因此，作为改革原有的教学组织形式的"小组互助合作学习"便被提了出来。实验首先在语文、数学和外语等学科展开。以语文自读课为例，其教学模式

---

① 罗伯特·E. 斯莱文. 关于合作学习. 傅志烈译. 心理科学，1982(5)：52-58.

② 罗伯特·E. 斯莱文. 合作学习的发展观和动机观. 张亚文摘译，周晓林校. 儿童发展，1987(58)：1161-1167.

③ 丁邦平. 合作学习：大面积提高学业成绩的理论与方法. 外国教育资料，1988(5)：46-50.

④ 曾琦. 合作学习的基本要素. 学科教育，2000(6)：7.

为：设计讨论题型—明确学习要求—小组讨论—全班集体交流—教师小结评价。该实验还根据不同的情况，创立了不同的分组方式，打破了小组合作学习中以异质分组为原则的分组模式，具有启发意义。①

20世纪90年代初，山东省教育科学研究所承担了山东省教育科学"八五"规划重点课题、中外合作项目"合作教学研究与实验"，针对在教学领域全面探讨合作学习进行大型实验研究。1993年下半年在山东开题，1994年、1995年召开了两届研讨会，提出合作教学的一般模式：合作设计—集体呈现—小组活动—个体测验—团体奖励—反馈补救。② 该模式涉及师师互动、师生互动和生生互动这三种互动方式，具有一定的创新性，为后续的相关研究提供了有价值的参考。另外，课题组还提出了"全员合作互动"观念，进行了构建"合作教学论"的初步尝试。

1992年，北京师范大学开始"少年儿童主体性发展实验研究"。至今，已经走过了近二十年的研究历程。经过研究，课题组初步构建了发展性教学的四个基本策略：(1)集体教学；(2)合作学习；(3)差异发展；(4)体验成功。合作学习作为该课题研究的一个重要组成部分，课题组对其进行了创造性的实验研究。他们将合作学习教学策略的研究分解为八个具体的研究问题：(1)理论基础考察——合作交往与学生发展；(2)合作学习的目标定位(通过实践活动基础上的主体合作与交往，体现教学认识的社会性要求，在合作学习中培养学生的社会适应性，在合作交往中发展学生的主体性)；(3)合作意识与合作学习的行为表现，涉及"合作学习"这一核心概念的界定。具体界定了"倾听"(尊重与信任)"交流"(理解与沟通)"协作"(互助与竞争)"分享"(体验与反思)四个关键词；(4)合作交往的形式及类型分析(即教师在"权威、顾问及同伴"三种角色中处理好师生关系，在"合作、竞争"中处理好生生关系)；(5)学生合作交往意识及培养；(6)小组合作学习的方法、策略与合作小组的构成方式；(7)集体、小组、个体三者的互动形式与类型；(8)学生合作意识与合作技能现状调查。③ 经过研究与实验，课题组创建了集体教学、小组合作学习与个别辅导相结合的新教学形式。

1997年6月，经中国教育学会教育实验研究会批准，全国合作教育研究

---

① 高向斌. 论发展性教学视野中的合作学习及其模型分析[博士学位论文]. 北京：北京师范大学，2002.

② 王坦. 论合作教学的基本理念. 中国教育报(教育科学版)，1995-12-29.

③ 裴梯娜. 现代教学论(第三卷). 北京：人民教育出版社，2005：31.

专业委员会(本专业委员会因学会整顿，2004 年更名为中国教育学会教育实验研究分会合作教学研究中心，秘书处设在山东省教育科学研究所)在山东潍坊市召开成立大会，来自北京、上海、天津、湖南、浙江、河南、江西、广西、广东等 12 个省、市、自治区的 600 余名代表参加了成立大会暨学术研讨会。① 全国合作教育研究专业委员会的成立标志着我国合作教学的研究进入了一个新的阶段。专业委员会成立以来，指导开展了一系列合作教学的研究活动，出版了许多理论研究成果，并与美国、加拿大、以色列等国的合作教学专家进行了一些有价值的学术交流和互访，总结了诸如山东省杜郎口中学、广东省江门一中等合作教学改革的典型经验，有力地推进了我国合作学习的发展。1999 年 12 月，香港岭南大学成立了合作学习研究中心。2002年，山东省教育学会成立了合作学习专业委员会。这个专业委员会已设立重点研究基地 200 余个，开展了多项研讨活动，取得了较为理想的实际效果。类似的研究组织还有很多，在此不一一列举。总之，研究组织的不断壮大和发展，为合作教学的发展提供了更加宽广和有效的平台。

2001 年，国务院下发了《国务院关于基础教育改革与发展的决定》,《决定》非常重视对学生学习方式转变的引导，明确提出："鼓励合作学习，促进学生之间的相互交流、共同发展，促进师生教学相长。"《基础教育课程改革纲要(试行)》中也指出要"改变现行课程实施中过于强调接受学习、死记硬背、机械训练的现状，倡导学生主动参与、乐于探究、勤于动手，培养学生搜集和处理信息、获取新知识、分析和解决问题的能力，以及交流与合作的能力"。合作学习、自主学习和探究学习成为此次新课程改革所大力提倡的三种主要的学习方式。我国一些专家认为，合作学习的本质和特点决定了这种新型的教学理论能够适应现代教学的要求。② 可以说，新一轮课程改革将合作教学的研究与应用推进到一个新的阶段，合作教学在更大范围内得到了应用。

相比较而言，在新课程改革的召唤下，此阶段以合作学习为主题的文章也得到了《教育研究》《课程•教材•教法》《中国教育学刊》等刊物的青睐。最重要的是，在此期间关于合作学习的研究已经试图要超越国外合作学习理论与模式的限定，以我国课堂教学实际情况为蓝本，展开了"本土化"的实践探

---

① 马思援. 全国合作教育研究专业委员会目前成立. 中国教育报，1997-6-14.
② 靳玉乐. 合作学习. 成都：四川教育出版社，2005：42.

索与理论反思。同时，在借鉴国外合作学习理论的基础上，我国研究者对国外理论的"介绍性"研究转向了国内理论的"本土化"探索。这一时期的研究除了注重合作学习对学业成绩的影响以外，还针对合作学习与学生的认知品质、学生的非认知品质、学生的心理健康、学生的学业负担、学习的参与程度、社会技能的发展、班级凝聚力、学生的潜能开发、教师素质、班级管理、学科教学以及现代教育技术等进行了广泛的探讨。至此，合作学习在我国进入了系统化、规范化发展的轨道。

随着新课程改革的推进，许多新的教育教学理念出现在中小学教师的面前，相对于"研究性学习""综合课程开发""样本课程研究"而言，合作学习的理念早在新课程改革以前就已经得到了中小学教师的认可。因此，合作学习被广泛地用于实践教学过程中，尤其是在全国各省市的中小学公开课比赛中，小组合作学习成为体现新课程改革理念下课堂教学的代名词。以合作学习为主题的文章突飞猛进地出现在人们视野中。据《中国知网》不完全统计（2010 年 6 月 11 日检索），2002～2010 年，硕士论文、博士论文题名中含"合作学习""合作教学""合作教育学"（检索方式为精确，下同）的论文分别为593 篇、25 篇、1 篇；篇名中含"合作学习""合作教学""合作教育学""合作授课""师生合作""师师合作"的文章分别为 6108 篇、393 篇、8 篇、2 篇、62 篇、5 篇。这种量的增多，最主要的原因就是越来越多的中小学教师参与到合作学习的讨论中来，而且关注与讨论的内容不论是深度还是广度都远远超越于 2002 年以前的水平。

通过上述梳理可以发现，我国合作学习研究走过了一条理论与实践相结合的发展道路。我国的教育理论研究者和教学实践工作者从实践和理论中创造了许多合作学习的策略，如"异质合作，同质选学"的教学策略[①]、"分层次目标教学、小组合作学习"的教学策略[②]、合作阅读教学策略[③]。有些具有普遍的指导意义，有些是结合具体某一学科特点研制的。无论哪一种类型的合作学习策略对教师都有一定的指导意义，但是合作学习策略的多样性也常常会让教师眼花缭乱，无所适从。而且有些合作学习的策略是直接借鉴国外的合作学习策略，不甚合乎我国的国情。国外的合作学习策略在美国、加拿大

---

① 王乐平，姚淑清. 异质合作，同质选学——分层次教学研究. 现代中小学教育，2002(2):38-41.

② 庞国斌，王冬凌. 合作学习的理论与实践. 北京：开明出版社，2003：38.

③ 肖川局. 中学语文合作学习探讨[硕士学位论文]. 福州：福建师范大学，2002：117.

和欧洲一些国家行之有效，但由于这些国家在文化上基本上是同质的，而与我国的文化确是异质的。这是很多参加合作学习实验的教师反映在教学中运用合作学习难度很大的一个重要的原因。那么，什么样的生生合作学习策略能有效地运用于我国的教学实践呢？这是值得我们深入思考的问题。

从国内外合作教学的理论与实践来看，目前的合作教学活动其主要取向大致可以有四种，即生生合作学习、师生合作学习、师师合作学习和全员合作学习，由此可以将合作学习活动分为四种类型。在本章中，我们针对不同类型的合作学习论述其相应的合作学习策略，并进行详细的分析和探讨。这一合作学习的策略体系有助于教师在教学中更好的运用合作学习，而且体系中的每个策略都是结合我国的国情设计的。

第二节　生生合作学习教学策略

顾名思义，生生合作学习就是以学生与学生之间的合作互动为基本特征的教学。这一类型的合作学习以当代欧美等国的"合作学习"为代表。

前已述及，合作学习是 20 世纪 60 年代末 70 年代初兴起于美国，并在了 70 年代中期至 80 年代中期取得了实质性进展的一种颇具创意的教学理论与教学策略体系。由于它在改善课堂内社会心理气氛、大面积提高学生的学业成绩、促进学生形成良好的非认知品质等方面实效显著，赢得了国际教育界的高度认可。目前已被世界许多国家广泛采用。合作学习之所以能在世界范围内取得成功，很大程度是取决于它对生生互动的创造性运用。在传统教学中，学生与学生之间的相互作用通常被认为是无关紧要的或是消极的因素。合作学习认为，生生互动是教学系统中尚未开发的宝贵的人力资源，是教学活动成功的不可缺少的重要因素。因此，合作学习把生生互动提到了前所未有的地位，并作为整个教学过程中一种十分重要的互动方式加以科学研究利用。在合作学习的主体活动阶段——小组活动中——学生与学生之间的互动占有主导地位。另外，在测验和反馈补救阶段，生生互动也占有相当重要的地位。合作学习之所以大胆引用生生互动这一为传统教学所视而不见、弃而不用的互动形式，是基于它对于生生互动重要性的独特而科学的认识。合作学习倡导者们认为："在课堂上，学生之间的关系比任何其他因素对学生学习的成绩、社会化和发展的影响，都更强有力。但课堂上同伴相互作用的重要性往往被忽视。……事实上，与同伴的社会相互作用是儿童身心发展和社会化赖以实现的基本关系。"[①]这种对生生互动的乐观态度与传统的教学观形成了鲜明的对照。由于合作学习引入了生生互动这一有效的互动方式，教师与学生在教学中的角色和地位自然也就发生了重大的变化。

20 世纪 80 年代，我国才刚刚开始引介国外的合作学习理论，并开始出现少量的合作学习实验研究。2001 年，国务院《关于基础教育改革与发展的决定》（以下简称《决定》）指出："鼓励合作学习，促进学生之间的相互交流、共同发展，促进师生教学相长。"该《决定》的颁布是合作学习在我国研究进展的分水岭，在前期理论与实践探索的基础上，合作学习借着基础教育新课程改革的东风，进入了独立发展的相对成熟阶段。在理论上，研究深度加强，研究内容丰富；在实践中，合作学习得到了广大教师的认可，被广泛地用于课堂教学过程中。实践证明，生生合作学习充分开发和利用了教学中的人力资源，为现代教学系统注入了新的活力，把教学建立在了更加广阔的交流背景之上，这对于我们正确地认识教学的本质，减轻师生的负性负担，提高学生学习的参与度，增进教学效果，具有重要的指导意义。

目前，因教育评价机制、社会文化等各方面的原因，在学习过程中，学生们大多数情况下采用竞争性的学习方式，通过竞争来比一下谁学得"最好"。久而久之，竞争的劣根就涌现出来。学生们无法体会学习本身带来的快乐，对学校、学科和对教师、同学产生了消极的态度，缺乏持久的学习动力。各国的合作学习研究结果表明：采用合作式学习方式能有效地解决这一问题。在吸收合作学习观念的基础上，结合学生学习的三个阶段，初步构建出适合我国教学实际的生生合作学习策略——互助预习法、互助学习法、互助复习法。这三种策略均以学生为中心，目的都是促使学生在合作学习中建构意义，发展交往与合作能力，培养学生终身学习的意识和能力。

---

① 王坦，高艳. 合作教学理念的科学创意初探. 教育探索，1996(4)：117.

策略一：互助预习法

一、基本要义

与传统的"单兵作战"预习法相比，互助预习法的不同在于"互助"。首先，在教师的指导下，学生们组成互助小组。然后，教师将预习的任务分配给小组，并通过积极的目标互赖和奖励互赖激发每一位小组成员预习积极性，促进小组成员在预习过程中相互帮助、督促、监督。这样就改变了传统的预习法因缺乏有效的监督造成的对于很多学生有名无实的现象，而且互助预习法能通过"互助"提高预习的效果、改进预习的方法、提高交往和合作能力。

一般来讲，互助预习法的实施包括小组组建、预习任务、预习结果及评估这三个基本要素。

（一）小组组建

一般情况下，教师给学生分组。分组时，小组规模不宜过大，一般为2～4人。适中的规模既可以保证学生的充分互动，又不致给管理带来很多问题。教师还需要充分考虑到学生在学业成绩、人际交往等方面的异质性，尽量能够优、中、差生协调组合。因预习一般在课下完成，甚至大多需要占用校外时间，所以教师分组时可以考虑学生的校外学习地点的情况，如把家距离近的或者放学后在一个小饭桌学习的分在一组。

（二）预习任务

任务的设计者主要是教师。教师应选择便于和需要小组合作学习的问题和任务，任务的内容基本与将要讲授的教材中的某一章节相一致。并且教师制定的学习任务要具体、可行，便于小组执行操作。此外，教师需要明确预习的任务主要不是完全掌握将要教授的内容，而是初步理解新教材的基本问题和思路，复习、巩固和补习有关的旧概念、旧知识，找出新教材中自己不理解的问题（作为听课的重点）。

（三）预习结果及评估

每个人的学习结果是独立中带有互赖的，也就是说手段目标均有不同程度的合作。基于学习结果是互赖的，因此对学习结果的评估也包括个人和小组的。但主要以个人为主，包括个人测验、个人计分。学习动机主要是来自于外部。

二、教学流程

在合作学习基本理论的指导下，我们开发了一套可供参考的互助预习流程。此流程为"组建小组—布置预习任务—小组互助预习—评估"四个阶段。具体展开过程如下。

(一)组建小组

对于某一学科的来说，互助预习小组是相对固定的。在学期初，小组就已经组建，并且只能因某些特殊的原因做局部的调整，一般不会重新分组。固定的分组有利于促使小组成员形成集体意识，使合作学习成为学生重要的学习方式。虽然小组成员相对固定，但是小组负责人是不固定的，初期选择责任心较强有一定组织能力的同学担任，然后可以根据小组成员的具体情况小组成员轮流担任。

在对学生进行分组之前，教师首先要根据学生过去的成绩从高到低进行排序编号。分组时，教师根据编号进行好、中、差搭配分组，同时还需要充分考虑到学生在性别、人际交往等方面的异质性和交流的方便性，一般2~4人一组。组建小组之后，教师要对学生讲解评估机制，使每一个小组成员接受"沉浮与共"这样一种观念。每个小组成员必须为小组活动尽自己的最大努力，还要强调小组要尽最大努力去帮助它的成员，小组成员在学业上的相互支持是十分重要的。这样，有利于小组成员在合作的过程中学着彼此关心和尊重，有利于互助预习的顺利进行。

(二)布置预习任务

首先，教师选择便于和需要小组互助预习的内容，内容基本与将要讲授的教材中的某一章节相一致，并制定预习提纲，在提纲中列出要求学生在预习时需要掌握的内容、关注的论题及展开进一步讨论的思考题。然后，教师把预习任务分配给每个小组，并把预习提纲发给每个小组。同时，教师应向学生说明小组活动的意义，特别是在小组活动之前，更要让学生了解几条小组活动规则：每个学生都有责任保证他们的小组成员学会预习时需要掌握内容；所有小组成员必须对需要关注的论题和思考题提出自己的看法，并通过组内讨论，形成相对一致的看法。

(三)小组互助预习

分配到任务后，每个小组可以进行任务的再分配。致使每个成员在小组任务基础上有其主要任务。任务再分配可以由小组长随机指定，也可以由小组同学协商，还可以由教师参与选定。这样有利于防止出现"搭车"现象。然后，每个小组成员根据自己的学习任务自主地开展预习，并确定小组互助预习的时间、地点、方式。如条件允许并有一定的自我监控能力的情况下，小组成员可以选择通过网络等通信工具进行监督、检查、交流和探讨。然后，组员之间开展合作学习，共同探究，共同讨论，互教互学，最终使全组同学共同掌握预习时需要掌握的内容，通过组内讨论形成关于需要关注论题和思考题的相对一致的看法，并找出本课的难点和重点(作为听课的重点)。最后，小组汇总，确定完成学习任务。根据具体情况，经过组内合作学习后，各小组之间可以进一步地交流与探讨，可以在几个小组范围内进行，甚至可以在全班范围内进行。通过更大范围的交流和合作探讨，可以相互寻找问题的根源，明晰现象的本质，从而使各小组完成的任务更加完善。

(四)评估

小组合作学习后，就应进行测验，评估小组和个人掌握情况。测验的方式根据具体情况而定，可以是个人独立完成的简单的小型笔试测验，也可以是教师随机口头提问；测验时间没有统一的规定，可以在上课初、上课过程中，也可以在即将结束课时。测验的结果以计算学生个人得分和小组得分。对于须每个人独立完成的简单的小型笔试测验，学生的个人得分是每个人笔试的实际得分，小组得分为小组成员的平均分；对随机口头提问，学生的个人得分和小组得分是相同的。最后，教师根据前后两次小组互助预习的情况给予小组提高分，并有重点的提出希望和表扬，这需要教师做到公正、客观。学生的最后得分为个人得分、小组得分和小组提高分的总和，如表5-1。这样，从评估结果的积极互赖也确保了学生在预习时的高度互赖性，促进学生下一次合作的积极性，培养学生自主合作意识。

表 5-1　测验分数单

学生	日期：				日期：				日期：			
	个人得分	小组得分	小组提高分	总分	个人得分	小组得分	小组提高分	总分	个人得分	小组得分	小组提高分	总分
A												
B												

续表

学生	日期：				日期：				日期：			
	个人得分	小组得分	小组提高分	总分	个人得分	小组得分	小组提高分	总分	个人得分	小组得分	小组提高分	总分
C												
D												
E												
F												
G												
H												
I												
J												
K												
L												
M												
N												
O												
P												
Q												
R												

三、简要评价

　　互助预习法是在结合合作学习理念和策略并对传统的"单枪匹马"式预习法进行改进的基础上形成的一种比较有效的预习方法。互助预习法中，小组成员的成绩有很大互赖性。如果学生们想使自己和自己的小组得到小组奖励，那么他们就必须帮助其他组员按要求预习，并鼓励其他组员尽自己的最大努力。如果因自己不认真预习，不仅会导致自己的测验成绩不好，而且全组都要受牵连。因此，只有小组中每位成员都取得成功，个人和小组才会取得成功。这一规则促使组员之间的互相鼓励、互相帮助、互相督促和互相监督，有效改变了传统预习中缺乏鼓励、帮助和监督的局面。通过成员之间的积极互动，学生学会了预习，更重要的是学会了合作。

互助预习法的使用范围比较广，从理工科到文史科再到社会科学，从小学直到大学，都可以应用。但是，这种策略也有其局限，特别是在中小学。对于非住宿的中小学生来说，预习一般是利用校外时间完成。这就为互助预习小组的合作提出了个难题，这一难题需要教师在分组时考虑到，尽量减轻难度，更需要家长的支持。因此，在实施这一策略之前，应先取得所有家长的积极配合。

总之，互助预习法蕴涵着积极的人际交往互动的现代教育理念特点，不仅对提高学生预习的效率有很大帮助，而且对学生良好个性品质养成也大有益处。但是，策略是为教学服务的，教师必须根据本班的具体情况合理地选择和运用教学策略。

四、教学实例

互助预习法是一种简单有效的预习策略，适用于不同年级、不同学科。下面我们结合具体的教学实例说明这一策略，加深对此策略的理解和把握。

（一）实施案例

人教版第一册《一次比一次有进步》[①]

1. 自学生字，拼拼、读读、记记，读通课文，可以多读几遍。

2. 小组合作学习，交流预习情况，教师巡视指导

（1）小组长在组内带读生字，请同学给生字组词。

（2）组内同学自选生字交流识记方法。

（3）小组长随意抽生字卡片请同学读或记。

（4）小组齐读课文，选一段最满意的再读。

3. 小组汇报合作学习成果，教师适当指导和组织，其他同学评价

（1）甲同学带读生字。

（2）乙同学介绍用"加一加"的办法记生字"次、什、样、得、仔、现"。

（3）丙同学请其他同学介绍剩下的字怎么记。

（4）丁同学带领全组齐读刚才读得最好的自然段。

（5）同学评价："我欣赏甲同学，她声音很响亮。"

"我想送她五颗星。""我欣赏丁同学，她读书很投入。我也想送她五颗

---

① 程斌. 从四则案例看合作学习. 作文教学研究，2004(4).

星。""我想给丙同学提一个小小建议，小组齐读时注意力要集中，眼睛不要看到其他地方去，我想送给他三颗星。"……

（6）师评价：丙同学上一次小组展示的时候，得了两颗星，今天是三颗星，真是一次比一次进步！我们掌声鼓励！

（二）案例分析

此案例中，教师采用了互助预习法，改变了传统的单枪匹马式的预习方法。学生在自学的基础上小组合作预习，自主汇报交流、检查，使学生真正拥有尝试合作、享受成功的时间和机会。在小组多种形式汇报展示中，台上学生流利地读出字音和词语，其他学生做到了很好的跟读和补充提醒，形成了生生互动积极学习的氛围。学生在互动中真正成为了学习伙伴，充分调动了学生学习的积极性、主动性。教师采用了同学互评和教师评价相结合的评价方式，而且把分数转化为星星更加形象地体现每个学生学习的结果。

策略二：互助学习法

一、基本要义

互助学习法主要是指在课堂上在教师的指导下学生以小组为单位共同合作运用所学知识进行发现探究、创造性地解决问题，培养创新精神和实践能力的教学策略。它含有在合作中进行探索发现等理念，因此其与时下在我国中小学中非常盛行的研究性学习可以说有异曲同工之妙。分为两种形式：正式性互助学习法和非正式性互助学习法。这两种形式的互助学习法具有共同的基本要素：课堂授课、互助小组、学习任务、学习结果评估。

（一）课堂授课

合作学习课堂上所学习的材料通常先由教师向学生呈现。最常见的呈现方式就是教师的课堂讲授或直接教学，有时也采用讲授——讨论的方式，当然也包括多媒体等形式向学生呈现学习材料。STAD课上的讲授与一般教学的不同之处在于STAD课的讲授必须明确地集中在所学的单元上，这样会使学生意识到他们必须认真听讲，因为这样做有助于他们在测验中取得好的成绩，而他们个人的得分将直接影响他们所在小组的得分。

（二）互助小组

小组的规模一般是在明确课程目标之后由教师决定。在确定小组规模时，教师请记住一条规律：时间越短，小组规模应越小；反之，小组规模应越大。因为小组规模大，各组需要准备的材料就越多，而且为了确保小组合作学习的效果所需要的社交技巧就越多。在组成小组时，教师应充分考虑到学生在学业成绩、人际交往等方面的异质性，尽量做到优、差生组合。根据我国的实际情况，如果两人一组，则可以以同桌的形式出现。所以班主任在安排座位时应注意学生各方面的异质性。

(三)学习任务

任务的设计者主要是教师，任务的内容基本上与教材中某一章节相一致，但内容也不局限于教材，主题可以宽泛，难度为中高等。学习资源有的是教师课前制作好，但不排除需要学生自己收集，特别是解决非良性结构问题时。

(四)学习结果评估

学习结果是互相依赖的，也就是说手段与目标均合作。由于学习结果是互相依赖的，因此对学习结果的评估也包括个人和小组。小组的报告和小组设计等均可作为集体的成果。学习动机主要来自学生本身。例如，学生为了学习的乐趣而学习，因为他们对所选的课题感兴趣，或者他们是为了提高自己。帮助其他同学的愿望来源于利他的思想和体验集体努力的兴趣。学生在一起，不必依赖于成绩、奖状或者其他的刺激物就能进行合作学习。

二、教学流程

互助学习法主要适用于课堂教学，教师可以根据教学的需要组织正式性互助学习法和非正式性互助学习法。正式性互助学习法主要用来教授具体的学习内容，解决较为复杂和抽象的问题，需要学生进行发散性、创造性思维和较高水平的推断能力，学生合作的时间也相对比较长。非正式性互助学习法主要用来确保学生在听课时做到对信息进行积极的认知加工，学生合作的时间比较短，在五分钟之内。因此，这两种形式的互助学习法有各自不同的程序和要求。

(一)正式性互助学习法的一般程序

1. 组建小组

课前，教师根据教学目标、材料和设备的数量及任务的特性等情况确定小组规模，小组规模较大，以 4~6 人为宜。再根据学生的具体情况分组，分组时，应体现小组成员的异质性，并安排好每位组员的职责。然后，教师安排小组的活动空间。安排活动空间时，小组成员之间要坐得很近，以便于成员共用材料及与其他成员进行交流，组员之间交谈时能保持安静而不干扰别的学习小组；组与组之间需要保持一定的距离，以免相互影响。上课之前，学生按照小组到各自的活动空间就坐。

2. 集体讲授

与传统的课堂授课方法，正式性互助学习法采用集体讲授的方法，但在传统的集体讲授的基础上有所改进。在讲授过程中，教师将发挥其主导作用，并要求教师准确、简练、充分地讲授教学的内容和所学内容的重要性。讲授完教学内容后，教师要布置任务，解释评定优秀的标准，也可以教授需要学生掌握的合作策略。如果学生对正式性互助学习法不熟悉，教师还需要预先规定学生的行为活动，告诉学生哪些行为是正确的，具体讲述什么是合作。如与小组成员呆在一起而不要满教室乱跑；小声说话；让每个组员解释如何得出答案；正确无误地理解其他组员的发言；不轻易改变自己的观点，除非在逻辑上被说服，等等。讲授规定时，不要每一条面面俱到，教师要做到重点讲述、有针对性地讲述。

3. 互助学习

集体讲授结束之后，教师发给学生学习过程中需要的材料，如作业单和答案单，并要求各小组通过合作学习掌握这些材料。一般情况下，不是每人一份材料，目的在于通过材料依赖促进小组成员之间进行合作学习。

在小组学习中，小组成员的主要任务是完成教师布置的任务。教师要真正做到学生的"指导者"，监督学生们的行为，一方面，观察学生思想的"窗口"，已看清他们哪些弄懂了，哪些还不懂，提供学习上的帮助。在提供帮助时，教师做出简单的判断，要说一些具体的话解释原因，也可以问一些启发性的问题，如：为什么这么做？另一方面，找出学生在合作过程中出现的问题，发现那些所需的社交技巧没有掌握，并有针对性地进行指导。在这一过程中，教师需要注意：不要在完全没有必要时介入学习小组的活动，只要我们有点耐性，就会发现合作学习小组可以找出自己独特的方式来解决他们的问题。

4. 呈现结果

根据学习的内容和任务的不同，有两种呈现结果的方式：报告和测验。如果小组合作的任务是强调解决非良性结构问题或涉及新产品等，以报告的形式呈现结果最为合适；如果小组合作的任务是掌握材料中所呈现的知识点，以测验的形式比较合适。下面介绍这两种呈现结果的方式。

(1)报告：报告小组成果是整个探究小组通过一段时间的协同努力之后

综合各个成员的聪明才智所得的结晶。成果一般是以书面报告的形式出现。在向全班展现之前，教师应该花一两天时间稍微浏览一下每组报告的主要内容，防止在学生作报告时接二连三地打断他们。在各小组派代表为全班作报告时，发言者和倾听者都必须履行好自己的职责。对于发言者来说，在作报告时必须做到：胸有成竹，围绕主题，清晰阐述，运用自己的语言，必要时插入一些图表或利用多媒体呈现、实物投影等手段，使报告显得生动活泼，在报告结束时请求听众提问。同时，倾听者也必须意识到自己的责任，在别人作报告时应仔细倾听，不随意打断发言，在报告结束时积极主动地提出建设性的意见。

在学生的报告中存在的一个普遍问题是往往会照本宣科，对报告的内容没有形成自己的理解，只是生硬地重复别人的东西。为了解决这个问题，教师应该采取以下措施。

a. 不要完全认可这些照本宣科的报告。教师可以委婉地提出建议，如"王小明，我知道你准备报告花了很多时间，做了许多工作，但是我们认为如果你能用自己的语言来讲解，听起来的收获会更大"。

b. 鼓励学生制作和运用报告所需的可视材料。

c. 帮助学生从多种来源收集材料，而不是限于一种。

d. 对于使用学生自己语言的报告给以不遗余力的表扬。

值得注意的一点是，只有很少的报告可以在同一天完成。要让学生在同一天内或同一堂课听完十来个报告并且始终兴致高昂未免有些要求过高。因此较合理的做法是在一个时间段完成两到三个报告，分数天完成所有的报告呈现。

（2）测验：小组合作活动结束后，要及时对学生应掌握的课程材料进行强化，并通过测验来反馈出教师在课堂讲授和小组合作学习中的不足之处，以备在以后的教学中改进和完善。测验主要是针对学生掌握课程材料程度的检验，以确定教学和小组学习的效果。教师把预先准备好的测验试卷发给学生，确保人手一份，并给予学生充足的时间来完成。值得注意的是，这一阶段不再允许学生之间的互助活动，小组各成员必须独立完成测验，教师要监督学生独立完成，及时制止小组成员之间的讨论和互助，这一点应该在进行小组合作之前就告诉学生。这种个人责任激励着学生在小组学习时积极的进行互教活动，相互解释所学的内容，因为只有小组的所有成员都掌握了教师所教的知识或技能，才是小组获得成功的唯一途径。

至于测验试卷的评定，教师可以采用小组互评的方式，也可由教师单独评阅，但要保证测验分数和小组得分能及时评出，在下一堂课之前计算出来。另外，在测验结束后，各小组内部之间要进行"团体活动"为学生提供反思自己表现的机会，以备下一次更好的表现。

5. 评估呈现结果的方式不一样，自然评估的方式也不一样

（1）评估报告的方式：在报告结束之后进行简短的评估有利于改进后续探究活动的质量。对探究小组的评估应该贯穿于探究的全过程，比如说，教师应该评价学生怎样开展探究，怎样应用所学内容解决新问题，怎样从一组数据中得出结论，怎样把各人的观点综合成一个完整的报告，怎样把报告中的内容传递给大家，等等。由于教师无法清楚地看到探究的全过程，因此一个可能的办法是教师要求各组学生重新说明探究过程及列出他们采取的每个步骤。这种评估方式有助于学生对自己的学习程序和成绩形成一种不同的视野和反思意识，提高其在以后的探究项目中做好计划的能力，比较适合于高年级学生。有时，为了使评估更加全面和客观，教师也可以让学生参与到评估中来。

（2）评估测试结果的方式：测验的结果须计算学生个人得分和小组得分。对于须每个人独立完成的简单的小型笔试测验，学生的个人得分是每个人笔试的实际得分，小组得分为小组成员的平均分；对随机口头提问，学生的个人得分和小组得分是相同的。最后，教师根据前后两次小组互助预习的情况给予小组提高分，并有重点的提出希望和表扬，这需要教师做到公正、客观。学生的最后得分为个人得分、小组得分和小组提高分的总和。这样，从评估结果的积极互赖也确保了学生在预习时的高度互赖性，促进学生下一次合作的积极性，培养学生自主合作意识。

（二）非正式性互助学习法的一般程序

1. 集体授课

与传统的集体授课一样，教师面向全班同学根据教案讲授指定的教学内容。不同之处在于，教师要时刻关注全班同学的反应，灵活地运用非正式性互助学习法始终把学生注意力集中到所学的材料上来，建立一种积极的学习情绪。

2. 小组组建

小组规模相对较小，一般为2人。教师一般把相邻的学生两两配对。并通过个人责任和评价结果互赖促进小组成员互动交流、互帮互助、共同完成

任务。

3. 小组讨论

在讨论中，小组成员根据以下步骤完成任务：（1）每个学生给出自己的答案；（2）与同伴分享自己的答案；（3）认真听取同伴的答案；（4）通过相互交流，综合彼此想法，合成一份新的答案。

4. 呈现结果并评估

通过随机抽取小组和小组成员揭示答案，并对抽取的小组进行评估。然后根据结果给予评价。评价方式可以灵活多样，教师赞许的眼光、肯定的微笑，对学生而言都是激励进一步进行积极合作的动力。

三、简要评价

与互助预习法一样，互助学习法蕴涵着合作学习中生生之间、师生之间合作的理念，为了保证生生之间积极的合作，采用异质分组。但这两种策略也有不同：此策略主要是在课内进行，是在教师的现场指导下进行的，与家长联系不是很大。并且，由于教师的现场指导，更有利于教师对学生合作技能的指导。这为互助预习法和互助复习法的顺利实施打下了良好的基础。

互助学习法的适用范围比较广，在大中小学的所有科目都可以使用。但是，根据我国中小学班额比较大的实际情况，如果学生缺乏合作的意识和技巧，采用正式性互助学习法对教师来说是一个很大的挑战。教师可以想尝试采用非正式性互助学习法。学生具备了一定的合作意识和技巧后，教师再采用正式性互助学习法。这样，对师生双方来说，都是一个很好的过渡。

四、教学实例

互助学习法是课堂教学中经常采用的一种合作教学策略，它分为两种形式：正式性互助学习法和非正式性互助学习法。下面分别结合相关的案例进行简要的分析。

（一）正式性互助学习法的具体案例及分析

浙教版《列二元一次方程组解应用题》合作学习教学案例[①]

1. 合作学习：游泳池中有一群小朋友，男孩戴蓝色游泳帽，女孩戴红色游泳帽，如果每位男孩看到蓝色与红色的游泳帽一样多。而每位女孩看到蓝色的游泳帽比红色的多1倍。你知道男孩与女孩各有多少人吗？

---

① 赵晓楚，周爱东. 数学应用题中的合作学习——浙教版《列二元一次方程组解应用题》合作学习教学案例. 中小学教学研究，2007(9)：38-39.

2. 教学目标：通过"合作学习"让学生自己经历列方程组解应用题的过程，感悟到方程组解应用题的基本步骤，与列一元一次方程解应用题比较有何优越之处。

3. 设计思路：根据"数学情境与提出问题"的教学模式，即构建一个以情境为基础，提出问题与解决问题相互引发携手并进的"情境—问题"学习链，使学生真正成为课堂的主人，成为知识的"发现者"和"创造者"，使教学过程成为学生主动获取知识，启迪智慧，发展能力，体验数学的过程。我首先创设一个学生熟悉又感兴趣的数学情境：游泳。然后提出发生在身边的最基本的人数问题，利用小故事的形式激发学生的学习兴趣，将实际问题数学化，并通过合作学习解决，落实学习目标，同时达到课本编排本例的目的。

4. 教学过程：

师：同学们，你们喜欢游泳吗？

生：喜欢！（学生一脸的兴奋）

师：一般情况下，小朋友到游泳池游泳要穿游泳衣，戴游泳帽，如果女孩子戴红色的游泳帽，男孩子戴蓝色的游泳帽，你站在岸上能知道男孩与女孩各有多少人吗？

生：能！

师：怎么知道？

生：红帽子的个数就是女孩人数，蓝帽子的个数就是男孩人数。

师：很好，如果你也在池中游泳，你能数出池中共有几个女孩和几个男孩吗？

生：能。

师：这与你在岸上数有何不同？

生：数后还得加上自己。

师：很好。同学们都听过这样的故事吧。鸭妈妈带领 10 只小鸭子出去玩，回来集合时，她请一只小鸭子数是不是有 10 只小鸭，而这只小鸭子数来又数去，都只有 9 只小鸭子，你们知道这是为什么吗？

生：忘了加上自己。

师：既然大家都会数了，那么下面就请同学们小组合作数数看，这个游泳池里分别有多少女孩和多少男孩在游泳。

（教师出示合作学习，并对学生进行分组，根据班级的实际情况，每 5～6 人一小组。成绩好差、发言表达能力、书写能力等各方面都均匀分配。要

求合作交流后填好下面的报告表)

组员:			
本题要求的未知数			
本题出现的等量关系			
方法一	方法二		方法三

从上述几种方法中，你能得出什么结论？（有几个写几个）

合作指导：

(1)组员一起研究题目，一起确定本题要求的未知数；

(2)先各自找出本题出现的等量关系，然后组内交流统一；

(3)各成员根据自己的理解得出解决问题的方案，并列出方程解决；

(4)组内交流解决方法，并选派一位代表填好表格，能有几种方法就写几种；

(5)组员针对这几种方法，各抒己见，得出自己认为正确的结论，经组内交流，由代表填在表格里，能有几种方法就写几种方法；

(6)选派代表拿到班上交流。（学生合作交流）

合作结果

本题要求的未知数有：男孩人数和女孩人数

本题出现的等量关系有：男孩人数－1＝女孩人数

2×(女孩人数－1)＝男孩人数

得出的方法有：

(1)如果设男孩有 x 人，根据每位女孩看到蓝色的游泳帽比红色的多1倍。得方程 $x=2(x-1-1)$。解得 $x=4$

(2)如果设女孩有 y 人，根据每位男孩看到蓝色的游泳帽与红色的游泳帽一样多，得方程 $2(y-1)-1=y$，解得 $y=3$

(3)设男孩有 x 人，女孩有 y 人，由题各列方程组

$$\begin{cases} x-1=y \\ x=2(y-1) \end{cases} \text{解得} \begin{cases} x=4 \\ y=3 \end{cases}$$

从以上几种方法中，得出的结论有：

(1)解题步骤有：①设②列③解④验⑤答

(2)解题步骤有：①理解问题②制订计划③执行计划④回顾

(3)本题可以一题多解

（4）本题既可列一元一次方程解，也可列二元一次方程组解

（5）本题用二元一次方程组来解，比较方便……

合作总结

列二元一次方程组求解与列一元一次方程求解，有什么优点？

师生共同总结：当问题中所求的未知数有两个时，用两个字母来表示未知数，往往比较容易列出方程，要注意的是必须寻找两个等量关系，列出两个不同的方程，组成二元一次方程组。特别是，当两个未知量之间的数量关系比较复杂隐蔽时，直接列一元一次方程就比较困难，这时列方程组就显得优越。

此案例基本遵循了正式性互助学习法的基本步骤。由于学生的个体差异，他们的问题的理解也常常不同，这种不同便构成了一种宝贵的学习资源。本案例通过师生合作交流，学会用方程的思想解决实际问题的方法，让学生感受到方程是建立数学的模型，是解决实际问题的一种重要的思想方法，并培养学生对抽象问题的分析、解决的能力。在小组合作中每组既有数学尖子生，又有后进生，通过分工合作，对于每一个小组来说，都有具体明确的分工要求，每个小组成员在组内承担相应的角色，包括组织人、记录员、报告员、中心发言人等，还可以指定或推选一名组长和一名学习指导，来具体组织和实施，并以此来形成合作学习小组的核心。过一段时间，小组内各成员的角色应进行相互的调换，以保证所有的组员都能在不同的位置上得到一定的体验、锻炼和提高，这些角色还可以适当调换，每个人的机会是均等的，这样就能调动学生的积极性，确保每位学生都能主动参与小组活动。同时也是为了在合作学习中消除权威，体现地位平等与机会均等。培养学生这种平等合作的意识。在合作学习中，通过相互倾听可以了解他人对问题的不同理解，有利于摆脱自我中心的思维倾向。可以更好地引发学生的思维冲突和自我反思，深化对于我的认识。并且合作学习也是一题多解的最佳渠道。我们所说的一题多解，并不是不同解法的简单罗列，而是学生自主探索，合作学习的结果。

（二）非正式性互助学习法的案例及分析

1. 教学案例：《乡愁》[①]

（1）导入新课

刚才我们听到的是台湾著名诗人余光中的《乡愁四韵》，据说当年罗大佑

---

① http://www.pep.com.cn/czyw/jszx/tbjxzy/jx/jxsj/200603/t20060310_249167.htm

在台湾现场演唱时，这首歌曾使在场观众热泪潸然。是呀，哪一位海外游子不思念自己的故乡，哪一位海外游子不思念自己的故国呢？今天就让我们再一次来感悟一下余光中纠结于他内心40余年的情结吧！

（2）教师放余光中《乡愁》的朗读录音，同学们体会。

（3）学生分组自读余光中的诗（可同桌互读，一人读一人听）。

（4）教师找学生范读余光中的诗，其他同学进行品评，后再读，教师进行指导，后学生再一次进行品读。（师：通过读诗，现同学们对本诗有了一定的理解，下面我们来共同解决几个小问题，看谁回答的准确）

（5）师生共同来分析本诗。

第一步，教师出示问题（教师通过多媒体出示三个问题）。

A. 诗人旅居海外几十年，你通过诗中的哪些词语看出"乡愁"一直萦绕在作者心头？（小时候、长大后、后来啊、而现在）

B. 这四个时间序词分别代表了哪四个人生阶段？这四个人生阶段又因什么而愁？

C. 在四个人生阶段中，作者借用哪些具体事物来解思乡之愁？

第二步，学生分组（以同桌为单位）讨论问题，时间为5分钟。

第三步，呈现讨论结果，并讨论。

第四步，教师做最后的点评。

（6）教师再放一次朗读录音，同学们用心来体会。

（7）教师放余光中另一首乡愁诗《春天，遂想起》进行拓展练习。听后，你最感动的句子是哪些？（学生找出自己最感动的句子，教师小结。）

（8）教师小结：诗人旅居海外四十多年，那种浓浓的思乡之情时刻没有离开过他，诗人为什么如此眷恋自己的故乡，其实这就是一颗拳拳的爱国心。同学们，我们当前应怎样去做？（好好学习，将来报效祖国）

2. 案例分析

在教学过程中，教师两次采用了非正式性互助学习法，第一次为学生分组自读余光中的诗，第二次为学生分组（以同桌为单位）讨论问题。通过采用非正式性互助学习法，教师使所有学生将注意力集中到要学的知识上，使学生保持良好的学习情绪，提高了学生思考问题的积极性，确保学生有意识地处理正在传授的知识，使学生的注意力一直集中在课堂上，确保错误的观点、错误的理解以及理解上的差别能被纠正，使学习所得能被学生立即吸收。

策略三：互助复习法

一、基本要义

互助复习法是在教师的指导下以小组为单位通过小组成员之间积极的互动共同提高复习的教学策略。与传统的复习方法相比，此策略突出强调培养学生的合作意识和提高学生的合作技能，让小组成员在互帮互助、共同合作之中完成复习任务。

一般来讲，互助复习法具有以下特征。

（一）学习任务

任务的设计者主要是教师。设计的任务强调的是有意义掌握教师课堂讲授的知识技能，因此，任务的具体内容与学过的教材中的某一章节或某些章节相一致，但不排除有少量的内容源于课本又高于课本。这样，有助于学生在复习巩固已学过的知识的同时有新的领悟，有效地引导学生"温故而知新"。

（二）互助小组

小组规模以 2～6 人为宜，一般不要超过 6 人。组越小，管理方面的限制条件也就越少，并通常可以较快做出决定，成员之间的关系也相对比较和谐。小组成员在学业成绩、学习能力、学习态度、人际关系等方面呈现异质性。异质分组是合作学习的基本分组原则，在异质小组中，小组成员会从活动过程中深切地体会到每个人都有自己的长处，每个人也都有自己的不足，这样能促使小组成员互帮互助、互相学习、共同进步。

（三）学习结果的评估

教师对学习结果的评估分为两部分，个人得分和小组得分，并分别进行表扬和奖励。由于学习动机主要是来自于外部，例如，学生学习是为了赢得表扬、获得好成绩，或者从老师、父母、同学和其他人那里得到奖励，所以奖励是必不可少的，但是奖励的形式可以多样化。哪怕是教师赞许的眼光、肯定的微笑对学生而言或许都是莫大的鼓舞，能激励学生进行积极合作。

二、教学流程

根据互助复习法的基本要义，我们在原有一些合作学习策略的基础上，开发了一套可行的教学程序。此程序可归纳为"小组组建、布置任务、互助复习、测验评估"三个阶段。至于它的具体展开过程，可以参考如下步骤。

(一)组建小组

分组也往往由教师决定，不能任由学生自己挑选，但也不排除学生自由组合。小组规模以 2~6 人为宜，一般不要超过 6 人。约翰逊等人曾建议初次尝试的学生可以 2 人一组或 3 人一组，当学生们积累了一些这方面的经验时，再运用规模大一些的小组。在分组时，教师要充分考虑到学生在学业成绩、人际交往等方面的异质性，尽量能够优、差生组合。教师可以根据学生过去的成绩对全班学生进行排序，从高到低进行排序编号。然后，教师再结合自己的判断进行分组。分下来有多余的同学，可以酌情插到某些小组中去。在选择每组成员时，应做到各组间大体均衡，组内尽量满足成员的异质性。每组的男女比例适当，学习成绩好、中、差搭配，并兼顾家庭背景、个性特点等因素在组内的平衡。

(二)布置任务

在正式实施策略之前，教师亲自设计复习材料，材料一般包括复习的范围和要点、练习题、答案等。因学习结果的独立性，教师必须通过复习材料提高学生的互赖性，特别是在小组刚刚组建之时，教师就得精心考虑如何分配材料，通过分配材料将学生置于一种"荣辱与共"的情境之中。

为了提高学生的互赖性，以使学生都积极复习、互帮互助、互相督促监督，达成复习目标，我们通常可以借鉴共同式所采用的分配材料的三种方式（详见第 82 页）。同时，也可以通过分配角色以确保小组成员的互赖性（详见第 82、83 页）。

(三)互助复习

学习始于教师面向全班学生进行教学。在这一阶段前，教师的任务是讲解或介绍新教材，并激发学生进行小组学习的兴趣。然后学生以事先编成的异质小组为单位展开活动。教师发给每组有限的学习资源，一般是一份。每个小组的任务是要求组内所有成员掌握教师课堂上讲过的内容及帮助同伴掌握。

在这一阶段，学生可以采用的具体方法有：

1. 小老师法：这一方法特别适用于总复习，有利于通过分工合作提高复习的效率，也有利于加深学生对知识的理解。具体做法如下：小组长把复习任务分成一个个的小任务，然后通过小组协商把小任务分给每个组员，并要求组员把自己的结果以讲述方式呈现给大家。在讲述的过程中，听讲的成员如有不懂的可以向小老师请教；如果有不同意见，小组成员之间进行进一步的探讨。

2. 抽卡法：在复习的过程中，需要识记一些陈述性知识。因此我们借鉴抽认卡片这一形式，并结合合作学习提出记记法。具体做法是：学生分成两人一组。两人共同把课上讲过的内容制成卡片的形式，制作卡片的过程也是记忆的过程，促进学生对知识点的记忆从短时记忆进入长时记忆。在小组中，一人持有卡片，一人没有卡片。当一方向另一方出示卡片时，往往是出示卡片的正面。正面一般是一个简单的记忆性的问题，另一方需做出回答。然后由持有者核对答案（答案在反面）。过一段时间，两人轮换。通过记记法，能让一些枯燥的事实性知识在学生头脑中留下深刻印象。

3. 练习法：此方法适用学生掌握一些基本技能。此外，该方法也可用于扩展词汇，发展初步的角色承担能力。它由"跟我做"发展而来。该方法也适宜于两人一组。当一个学生用口头说明动作要求，另一个学生努力按照要求做出动作或是摆弄其他的物品。

4. 竞赛法：竞赛法是以游戏的方法开展学习竞赛，此方法可以用于促进小组成员快速掌握复习的知识点，也可以用以检查对教师讲授的知识理解和掌握的程度。例如，某一个合作小组的代表同来自另外两个小组的代表（他们三个的学习成绩水准相当）在同一张竞赛桌上开展公平竞争。开始游戏时，先让同一竞赛桌的三个学生抽取号码卡。抽到数字最大的一名学生先成为读题员。读题员读与他抽到的卡片号一致的题目，例如，他抽到的卡片号是 21，他就读问题单上的 21 号题目。读完题目之后，他还要设法回答这个问题。接着由抽到数字第二大的学生和数字最小的学生依次对他的答案进行质疑。读题员答错了不扣分，质疑者答错了扣一分。第二局开始，由抽到数字第二大的学生读题，数字最小的学生成为第一质疑者，数字最大的成为第二质疑者。如此循环继续，一直到卡片抽完或游戏结束为止。

5. 互查法：在采用互助复习法过程中，几乎上述每种方法都无一例外地用到相互检查。特别是当每组成员为两人时，同时互动得以高度体现。当一人活动时，另一人一般是从旁协助或是充当检查者，然后是轮换。最后在小组内互相检查看看大家的观点是否一致。

(四)检测评估

教师一般采用书面测验的形式进行评估。在学习单元结束之后，教师组织书面测试，并要求每个学生以个人身份参加测试。每次测验后要尽快统计分数，每一个学生都获得一个分数。如果小组中的全体成员都达到或超过教师预先设定的标准，那么每个学生还能获得一个奖励分。这样每个学生的分数就有个人分数和奖励分数两部分组成。所以，在测试之前，教师应先确定每个小组的标准分。

三、简要评价

与互助预习法相类似的是，采用互助复习法大都需要占用课外时间（复习课除外），都需要取得家长的支持。又加上预习和复习是两个相辅相成、不能完全区分的阶段，教师可以考虑互助预习小组和互助复习小组的一致，这样有利于小组的巩固，而且可以同时布置预习和复习任务（总复习阶段除外）。

与互助预习法和互助学习法的不同在于，在测验评估阶段，教师设置了奖励分。奖励分要在全组成员均达到标准分之后才能获得。它的优点在于：（1）保证责任到人。他要求全组内的每个人都要努力，但最后的评估主要基于个人的表现。（2）保证积极互赖。奖励分并不是个人努力的结果，它要求全组成员密切协作，共同达到一定的标准之后才能享有。（3）避免打击成绩好的学生。虽然这种评估方式要求组员之间相互合作，并且这种合作也会影响到个人的成绩，但是并不会改变个人成绩在评分中的绝对优势。

四、教学实例

互助复习法是一种促进学生有效复习的复习策略。下面结合具体的案例，进一步说明这一策略，以加深对其的理解和把握。

（一）九年级复习名词的教学实例

1. 复习内容：可数名词和不可数名词的用法。

2. 复习流程：

（1）分组：教师根据学生过去的成绩对全班学生进行排序，从高到低进行排序编号。根据编号，再结合性别、人际交往、家庭住址等情况进行优、中、差组合，每四人一组。在保证组内异质的前提下，根据学生的意愿组员进行了适当的调整。最后，采用民主的原则确定小组组长。

（2）分配任务：教师分发复习要点、练习题和答案，复习要点和答案每组一份，练习题每人一份。

（3）小组复习：第一步，组长组织小组成员根据复习要点进行知识梳理。小组长把复习提纲分成四部分，安排小组成员轮流讲解。如有不懂的知识点，小组成员相互讨论，保证每位成员都能掌握所有的知识点。

第二步，小组成员独自完成练习题。

第三步，小组成员核对答案，并相互帮助讲解不懂的题目。

（4）测验：小组复习结束后，教师组织学生进行书面测试，评估个人掌握情况。测验由每个人独立完成，所涉及的内容覆盖所复习的内容。然后，给每个小组发标准答案，试卷由小组互阅，并填写个人成绩单。最后，教师填写奖励分。

（二）案例分析

此案例遵循了互助复习法的一般程序，并在小组互助复习时，采用了"小老师法"，充分发挥学生学习的主动性和主体性，调动复习的积极性。在测验结果评估时，教师采用了奖励分，既保证了责任到人和相互依赖，又没有打击成绩好的学生的积极性。

第三节　师生合作学习的教学策略

作为一种教学实践，师生合作在中外教育史上已存在多年，从历史上的"教学相长"到今天的学习共同体，无不在解读着师生合作的理念。但真正从理论上进行提升并形成重要影响的师生合作的系统理论则属 1986 年由苏联教育学者们提出的"合作教育学"（cooperative pedagogy）。合作教育学从人道主义出发，提倡一种新的教育学，这种教育学与从前的教育学不同，它以师生之间的互相尊重、互相合作为基础，其特点在于特别注意诱导儿童学习，特别是注意教师和儿童的共同劳动。合作教育学认为："师生合作是学校人际中最基本的方面。"①另外，美国著名心理学家罗杰斯的"人际关系理论"、联邦德国的"交往教学论"也都十分强调建立一种自然、和谐、愉悦的师生关系，力主师生合作。因此，合作教育学在阐述教育教学问题时的出发点即是师生合作。当然，合作教育学作为一种系统的理论，它在强调师生合作的同

---

① 吴文侃. 当代国外教学论流派. 福州：福建教育出版社，1991：122.

时，也提倡在学生之间、学校与家庭之间建立一种亲密的合作关系。但从整个理论与实践的取向看，合作教育学主要关注的还是教育教学过程中的师生合作问题。因此，我们将之归于师生合作教学的类型。20世纪80年代末、90年代初，我国上海等地的教育学者在借鉴苏联"合作教育学"的基础上，提出了"师生合作教学"的思想，并进行了"合作教育实验"，收到了良好的成效。我国基础教育新课程改革力主师生合作，从而使其成为当前中小学教学的重要指导思想和模式之一。

所谓合作教育学，是指相对于传统的权力主义教育的一种新的人道主义的教育主张。它是苏联"教育科学院城堡"以外的实验教师在长达二十余年的教育科学实验中探索的结果。代表人物为阿莫纳什维利、沙塔诺夫等。合作教育学的核心思想是强调把教育、教学过程建立在师生合作的新型关系之上。这种新型师生关系是，教师与学生之间在教育、教学中始终保持无条件的平等，师生都享有尊重、信任、相互要求的权利。但平等、信任、相互要求，并不是说教师和儿童在生活经验、知识、道德成熟性方面不存在差异，而是这种差异存在于教师跟儿童进行公开的、信任的交往中，在交往中教师的个性，他的思想和内心体验不是掩藏在他的社会职务的后面，而是公开地呈现在儿童面前，使儿童产生对教师的公开信任，把学生与教师从相互怀疑、缺乏友爱中解放出来，形成一种把教师和学生联合在一起的集体的、创造性的独特的生活方式。[①]

合作教育学的突出特点有以下两个：

1. 强调师生合作。如何才能使学生学得好？合作教育学认为这个问题的关键在于：要使儿童乐意学习，使他们感到成功、进步和发展的快乐，也就是要使他们从学习的内部获得学习的推动力。而这一点的实现，要依靠建立师生合作的关系。如何实现师生的合作关系呢？首先要改变儿童观，体现人道主义教育思想；要清除权力主义，排斥学习中的强制手段。其次要使全体学生得到发展，使最没有才能的学生也得到发展。而且，实现合作还必须有一整套教学方法来保证。

2. 强调学生个性发展。学校是要首先发展个性，还是传授知识和技能？合作教育学讽刺把掌握知识技能放在首位是"让大车架在马儿的前面跑"，主张利用知识技能来发展学生的个性。它认为个性的内容包括道德、文化、职

---

① 姜俊和. 苏联合作教育学述评. 外国教育研究，1991(3)：54.

业、政治和世界观诸方面。个性民主化就是个人的一切才能和精神力量的发展和解放。如何发展学生个性呢？第一，学生的才能分为执行的才能和创造的才能，教育应较多地关心后者；第二，教学要在"最近发展区"采取行动；第三，要充分发展学生的兴趣和爱好；第四，要注意培养学生的责任感、自尊心、自我调节能力及独特性。这就是个性发展的理论。合作教育学是个性发展的教育学，而不仅仅是智力发展的教育学。① 总之，合作教育学创造、提出了一套新的教学原则和方法，主要有：不给学生打坏分数，甚至不打分数，代之以师生讨论和学生自我评价，以解除学生最重要的压力；使用"纲要信号"等方法，用极简单的文字、符号把大量的教材信息概括出来，每一个学生都可以依靠它基本上或更好地掌握教材要点；提出较困难的学习目标或超前学习，激发学生智力的努力和自豪感；给学生提供自由选择的机会，自己选择做哪些习题，在黑板上书写哪些关键词等，使学生体验到一种受尊重和做主人的情感……师生和学生之间的合作，也带来与家长间的合作。这些原则和方法在某种意义上可以概括为一个总原则，就是从个性出发进行教学。②

目前，我国对师生合作学习的研究，主要以在抽象认识论基础上的理论研究为主，缺少对于具体情境下师生互动的模式的研究。我国现有的这方面的研究也主要是在借鉴国外的教学策略的基础上进行的探究。下面对于几个比较典型的师生合作学习分别介绍一下。

策略一：非指导性教学法

非指导性教学法是在借鉴罗杰斯的"非指导性"教学策略的基础上，一线教师结合自己所教学科的特点，试图转变传统教育观念，改变传授式的教学方式和接受模仿式的学习方式，增加教学的开放性，教师不作明确的指示，让学生独立去尝试和探索，发挥自己的潜能和创造性的一种教学策略。

一、基本要义

非指导性教学法(non-directive teaching)又叫促进教学法，即教师不是直

---

① 王坦. 现代教育改革引论——中外教育教学改革纵横. 青岛：中国海洋大学出版社，1997：258-259.

② 王策三. 苏联合作教育学的兴起及其对我们的启示. 江西教育科研，1989(3)：31.

接地教学生，而仅仅是促进他们学习。它是以学习者为中心，认为积极的关系能促进人的成长，教学应当建立在人类关系而不是其他物质概念的基础上。从非指导性教学的观点来看，教师扮演着指导学生成长和发展的促进者的角色，两者之间是一种咨询关系。在这一角色中，教师帮助学生探究生活、学业以及和他人的关系的新的思想。这种方法创造了一种师生之间互相学习，坦诚交流的伙伴关系的氛围。非指导性教学法是培养学生而不是控制学习过程。这种方法更着重强调高效的、有助于长远发展的学习风格和强有力的、受到良好指导的个人品质的发展，而不是短期的教学或课程内容。

非指导性教学法是一种激进的、浪漫主义的、理想主义的教学改革思路，它以"完美人格"和"自我实现"作为教学设计的出发点和归宿，找到了教学设计的真谛。它的基本特征可概括如下：（1）极大地依赖于个体成长、健康与适应的内驱力，坚决排除各种有碍于学生成长和发展的障碍；（2）强调情感因素，强调教学情境的情感方面而不是理智方面。要求教学尽可能直接进入学生的情感世界，而不是借助理性的方法去干预或重组学生的情感；（3）强调学生"此时此刻"的情形，而不关心他过去的情感和经验；（4）强调本身就能促进学生人际接触和人际关系的经验生长。

二、教学流程

非指导性教学法是一种无结构的教学，教学目的、内容、进程和方法等由学生自己讨论决定。它的实现条件有：（1）教师以真诚的态度对待学生，应把学生的感情和问题放在教学过程的中心地位。（2）教师作为"顾问"提供学习的手段。（3）评价。教学目的是由学生制定教师既无结论也不给分，所以，评价本身就是反馈中学生的自我感受和自报的分数。（4）教师对上述教学程序的控制，会随问题的不同、学生个性的不同而发生变化。

江苏省江阴市璜土中学徐伟老师试图以罗杰斯的人本主义心理学为理论依据，同时对当前语文教学的教师过分中心论和人本主义的学生过分中心论进行折中和改造，既给学生充分的自由，发挥他们的主动性、创造性，又发挥教师的指导、引导作用——只是教师不做出明确的指示，不给"标准答案"。结合自己的实践探讨将这种教学模式取名为"非指导性"教学模式，并初步设计和试行以下教学步骤：（1）自读。学生先自读课文，教师不做任何指示和暗示，不去左右和影响学生的思维。（2）定向。读完之后，学生自己决定本文或本节课的学习主题（包括内容、目标等），教师不做决策，只起组织作用。个人定向后交给小组（前后两桌为一小组）讨论，形成本组的共性主题；之后又交给全班讨论，形成班级的共性主题。然后，每位同学根据自己的学习情况（学习基础、学习特长、学习兴趣等），或取班级的共性主题，或取自己的个性主题，或两者兼顾。这样既能形成共同的学习目标，又能照顾到个体差异。（3）研读。与第一步的自读相比，这一步的研读是定向后的研究性阅读，围绕一个（或几个）主题以科学研究的方式主动地进行探索（而不是被动地模仿老师的示例）。这种研读能改变学生传统的学习方式，同时也改变了教师的教学方式。这一步给学生较多的时间（约占整节课的一半左右）。（4）讨论。研读结束后，以前后桌为小组，进行讨论交流。先每人介绍自己的研读感受，然后相互讨论，补充完善。（5）交流。每小组选派一人参加全班交流，介绍研读感受。交流过程中教师不插话，不提问，让学生完整地表达自己的思想。即使他们说得不太理想，教师也不接过话题一说了之。（6）引导。教师在学生充分表达后，做适当的补充，以深化学生的认识，或给他们新的启发。教师的发言绝不作为指示，更不作为"标准答案"，仅供他们参考、思考。引导要精讲，一要讲得少；二要讲得好。

　　吉林省惠东中学生物科还结合生物这一学科的特点提出了"非指导性"教学法，并在教学中进行改革。具体程序如下：（1）构建真实的问题情境；（2）提供学习的资源；（3）同伴教学；（4）探究训练。

　　以上对"非指导性"教学法的改革和探索，给我国广大基础教育一线的教师和学者提供了可供参考的范例，既能开阔教师们视阈，又能拓展教师的思路，起到了很好的示范作用。

三、简要评价

　　非指导性教学法强调学生的中心地位，但并没有否认教师的作用。它的教学要旨是，学生通过自我反省活动及情感体验，在融洽的心理气氛中自由地表现自我、认识自我，最后达到改变自我、实现自我。非指导性教学法有以下优点：首先，非指导性教学法从人本主义强调的"自我实现""对他人的关心和尊重，和谐的人际关系"等观点出发，提出了教学必须以人为中心的教学目标观，对于生动活泼地、自主地、具有创造性地发挥学生的潜能和良好的个性的塑造具有重要的作用。其次，非指导性教学法强调学习中的情感作用，强调建立和谐、融洽的师生关系，强调学生的主动精神，这些思想有一定的积极意义。

　　但这种教学法过分强调应以学习者为中心，认为教师只能以咨询者、参与者的身份出现，这样必然削弱教师在教学中应起的作用。同时，这种教学法提倡的教学思想过分轻视知识的掌握，也似乎过于偏激，而且教学效果也难以进行客观性的检验。

四、教学实例

"非指导性"教学法的范例[①]

下面是以教学《荷花淀》的过程为例，稍作展开。第一步，学生自读《荷花淀》全文，总体了解本文内容和艺术特色。第二步，学生读后思考：本文哪些方面可作为学习主题？本节课又可以哪一方面为学习主题？自己定向后，交给小组讨论，最后全班讨论。教师不作任何指示和暗示，只作组织者和倾听者。全班形成的共识是：本文内容和形式两方面都值得学习，其中形式更突出一些，所以本节课以艺术特色为学习主题。艺术特色中，又以景物描写、语言描写为研读主题。学生中个性化的研读主题则有细节描写、选材构思、全文风格等。第三步，引导。由于本节课是学生进入高中后第一次学习小说，所以教师作些研读方法上的引导：1. 研读时要找一些典型的句段，深入地品味欣赏，不能蜻蜓点水，浮光掠影；2. 欣赏后要能表达出感受，不能"只可意会，不可言传"，而且要能用散文化的情感性语言表达，而不能用"这说明"之类的理性化语言抽象地分析。使得自己阅读本文是一种享受，人家听了你的赏析也是一种享受，能激起听者阅读《荷花淀》的兴趣，也想一读为快（这一步就是前面说的"机动步"）。第四步，学生带着定向的主题和研读方法开始研读欣赏，以科学研究的方式主动地进行探索。课堂上给他们20分钟左右的时间，让他们细细地品味欣赏。第五步，每位同学在小组内介绍自己的研读感受，然后相互讨论补充。各组同时进行。第六步，每组派一名代表参加全班交流。每位代表发言结束后，班里任何一位同学都可自由发言，或点评，或补充，或纠正。教师只作为认真的倾听者，对任何发言都表现出鼓励和赞赏的神情，以让学生的表现力、想象力和创造力都尽情地释放出来。

等学生对《荷花淀》一文的艺术特色研读讨论得比较充分了（有十之七八乃至十之八九），教师才作最后的引导。这引导不是下结论，更不是发布标准答案（文学欣赏没有标准答案），而只是作为其中的一员，谈谈自己对《荷花淀》艺术特色的研读感受，让学生从中受到一些启发。比如我这样谈自己对课文景物描写的感受——

---

① 徐伟. "非指导性"教学模式初探. 江阴市璜土中学 http://mypage. zhyww. cn/pagex. asp？pgid＝73632.

本文最典型的景物描写有两处，一处是夜景；一处是日景。荷花淀夜景，不仅景美，景中的人也美，甚至连景中人做的事也很美——苇眉子"柔滑修长""在她怀里跳跃着"，充满了诗情画意。我们也仿佛置身其中，心旷神怡，深深地陶醉了。淡雅疏朗的诗情画意与朴素清新的泥土芳香扑面而来。故事就在这样的美景中开始了。荷花淀的日景与前面的夜景不同，不再那么妩媚、柔美了，而是充满了阳刚之美：大荷叶像铜墙铁壁，荷花箭则是监视敌人的哨兵。这不禁使人想起"草木皆兵"这个词来。而且情景相生，与这群逃命妇女的心情很一致。读到下文，则发现这一景物描写还是一个巧妙的暗示与伏笔，他们的丈夫确实就埋伏在其中，一场激烈的战斗就要在这清香四溢的荷花淀里开始了。再比如语言描写——

本文语言描写有两处给我留下特别深的印象。一是几个青年妇女聚在水生嫂家里想去看望丈夫时的一番对话。第一个说："听说他们还在这里没走。我不拖尾巴，可是忘下了一件衣裳。"为看丈夫而找借口，真是伶俐机敏。第二个则说："我有句要紧的话，得和他说说。"她不知道找借口，实话实说，质朴憨厚。水生嫂则接着说："听他说，鬼子要安据点……"言外之意——我们不能去。她深明大意，含蓄阻拦。可被她一拦，另一人马上发话了："哪里就碰得那么巧，我们快去快回来。"真是心直口快，拦也拦不住。另一位就不一样了："我本来不想去，可是俺婆婆非叫我再去看看他——有什么看头啊！"虽然忸怩羞涩，躲躲闪闪，却能让人感受到她那份真挚与依恋。这些妇女没有肖像描写，甚至连姓名也没有，但我们却能读出她们的性格来。另一处是水生夫妻告别时的一句话："不要叫鬼子捉活的。捉住了要和他们拼命。"这话看似轻松，实却凝重沉甸。他们都知道拼命意味着什么。而不拼命就只能是受辱，并且不只是个人受辱，还是中国妇女受辱！中国人受辱！所以水生宁可牺牲可爱的妻子的生命，也决不给中国人丢脸。水生嫂也流着眼泪答应了他。高尚的民族气节，融合在对丈夫的忠贞之中。他们没有山盟海誓，没有豪言壮语，却真挚得让人感动流泪。

策略二：图示教学法

图示教学法是苏联教育家沙塔洛夫从 30 多年的教学经验中总结而创立出来的。"纲要信号"图示教学法传入我国后，深受国人的"喜爱"，加速了学生掌握知识的新教学法——"图示教学法"出现。例如，在 1985 年前后，在中学历史教师中产生广泛性的"图示教学法"的研究热潮，1990 年出版了《中学历史图示教学法》(赵恒烈主编),并且"图示教学法"成为中学历史教学法的四大流派之一;还有黑龙江的《趣味教学法》(赵洪志主编)以及吉林市教育学院附属中学李科良老师在吉林市"十五"教育科研"重点"课题中提出的"图示教学法"等。

一、基本要义

图示教学法,是以直观性很强的图表法为核心的,包括课堂讲授、复习巩固、家庭作业,提问、记分以及如何活跃学生思维在内的一整套教学法体系。在传统的教学法中,理论知识一般都采用"小块"讲解的方法,即在讲完一条或几条原理之后,立即进入实践阶段:做练习或解习题。而图示教学法把心理学的研究成果运用于实践,认为只有从抽象到具体,才能更完整地认识具体事物及其相互间的有机联系。

图示教学法是一种由字母、单词、数据或其他"信号"组成的直观性很强的教学辅助工具。这种图表通过各种"信号",简明扼要、直观形象地把学生所需掌握的知识表示出来。图表必须有利于发挥学生的联想能力和现实记忆能力,并提高学生的逻辑思维能力和概括能力,使学生更好地掌握知识,加快教学进程。这种教学方法可以改变过去那种孤立地讲授某条定理、某一规则、某一概念的传统方法,使学生把所学习的新知识的各个部分放在一个整体中来理解,这样就容易认清各部分知识之间的内在联系,加以对比,得出合乎逻辑的结论。

二、教学流程

随着"纲要信号教学法"的引进,国内的研究也一直在探索之中,例如,吉林市教育学院附属中学李科良老师在吉林市"十五"教育科研重点课题中所述的"图示教学法",对"纲要信号教学法"提出了进一步的改进方案。具体如下:

"图示教学法"的教学程序大体分为如下几步:钻研教材、设计图表→讲解教材内容→出示图表、归纳概括、二次讲解→分发图表、进行消化→学生讨论、质疑解难→学生自作图表—按图答问。即(1)教师按教学要求编制"纲要信息"图表。(2)教师在课堂上按教材内容进行讲解。(3)出示"纲要信息"图表进行第二次讲解,突出重点,分析难点;重点讲知识的连接点,思维的方法;引导学生发现教材的潜在的知识因素、智力因素、逻辑思维因素,指出各部分知识之间的逻辑联系,并加以概括。(4)把小型"纲要信息"图表分发给每一个学生进行消化,然后将图表贴在各自(为此而准备)的手册里。与此同时,把课上使用的大型图表贴在教室墙上,以便学生利用课余时间复习巩固或弄清课上遗留的问题。(5)讨论:学生质疑问难,师生互相释疑。(6)要求学生回家后按教科书和"纲要信息"进行复习。(7)在第二次课上,让学生根据记忆,在各自的练习本上画出前节课上的"纲要信息"图表。(8)让学生在课堂上按图表回答问题。

分析来看,"图示教学法"其实也是对"纲要信号教学法"的改进和加工,可喜的是,我们看到了该教学法已经扎根在我国基础教育课堂教学的沃土之中,并开始生根发芽,茁壮成长。

三、简要评价

图示教学法是利用图文并茂的图表使教师以此为思路教、学生顺着此思路学,教与学在思路上得到疏通,条理清晰,思维层次分明。这种教学策略的优点如下:

第一,有利于知识系统化。直观的图表,把知识置于整体结构中,形成知识网络,将各章节中的主要内容提纲挈领地提取出来,把几十页的内容浓缩到一两页上,知识之间的关系及重点及难点一目了然,有利于知识系统化。

第二,有利于形象记忆。直观的图表,简明扼要,重点突出,图文并茂,形象直观,有助于知识的记忆。心理学家认为:没有用结构把它们联系在一起的知识很快就会遗忘,降低遗忘率的有效方法,就是知识结构化。而图表教学法,交给学生的正是结构化的知识体系。

第三,有利于强化知识的信息。图示教学法要求学生自己动手画图表,口述图表内容,据表回忆教材内容,手、脑、口并用,充分地调动了学生大脑的视区、动区、听区、语言区等各区的通道联系,这样强化了知识的信息。

第四,有利于知识的联想。"纲要信号"图表的知识点顺序严密,易于牵引,如下图中四则运算的相互联系一目了然。

运算意义——加法——通过逆运算关系得到——减法
　　　　　同　简
　　　　　数　便
　　　　　相　运
　　　　　加　算
　　　乘法——通过逆运算关系得到——除法

由图可看出,知识由此联彼,相互依存,据图顺藤摸瓜,就可由旧索新,形成网络状的知识结构,不是散乱的知识零件。网络点恰是知识的症结点。根据图表进行知识联想,则网络清楚,思考连贯,耗时少,随时随地可以进行。

第五，有利于信息的传递。"纲要信号"图表是教师在牢固掌握教材知识的基础上，精心设计，巧妙构思，加工制成，因此，教师能准确地把握教学目的、重点、难点，为科学传授知识，适时调整教学速度和教学方式，为改进教学方法提供了条件。

四、教学实例

新课的图示教学法的一个典型实例①

教师在授新课上主要是输出物理知识信息，讲述基本概念、基本规律，启发学生理解，指导简单应用。为此，教学中发挥"纲要信号"指令功能，将所授内容浓缩，在有限的时间内让学生获取更多的信息量，一般按三个层次组织"纲要信号"教学（以"简谐振动"教学为例）。

（一）重点知识用"纲要信号"，使之鲜明突出

本节教学中运用弹簧振子这个重要的理想化模型，为了突出其条件，采用纲要信号：

弹簧振子：
1. 小球与弹簧始终连在一起；
2. 摩擦阻力可以忽略；
3. 弹簧质量比小球质量小得多，也忽略不计。

简谐振动产生的条件也是新课的重点内容，也采用纲要信号：

简谐振动产生的条件：
1. 振子始终受到回复力的作用；
2. 回复力的大小与振子的位移成正比；
3. 回复力的方向与振子的位移方向始终相反。

（二）难点内容用图表信号，集中注意，使之突破

分析弹簧振子既是教学的重点，也是难点，为避免泛泛而谈，可边讲解边列出图表信号，帮助学生克服理解上的困难。

1. 板画

		B	B→O	O	O→C	C	C→O	O	O→B
F 回复力	大小	最大	↓	零	↑	最大			
	方向	→O	→O	/	O←	O→			
v 速度	大小	最大	↓	零	↑	最大			
	方向	←O	←O	/	O→	O→			

---

① 高艳. 现代教学方法导论. 北京：学苑出版社，2001：206-207.

续表

		B	B→O	O	O→C	C	C→O	O	O→B
a 加速度	大小 方面	最大 → O	↓ →O	零 /	↑ O→	最大 O→			
v 速度	大小 方向	零 /	↑ →O	最大→	↓ O→	零 /			

2. 列表(表中"↑""↓"表示增减,"→"表示指向),如上表

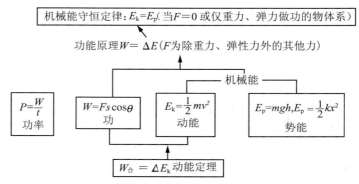

通过图表信号,使学生形象地理解:(1)回复力、加速度、速度、位移的最大、最小值的位置;(2)回复力始终与位移方向相反;(3)回复力是变力而不是恒力;(4)简谐振动具有往复性、周期性。

(三)发挥"纲要信号"的作用,配以思考题

为了充分发挥"纲要信号"的指令作用、诱导作用,编拟一些思考判断题,让学生对照领悟。

1. 回复力是以力的性质命名的力,还是以力的效果命名的力?

2. 受回复力作用的物体的振动一定是简谐振动吗?

3. 弹簧振子受到回复力作用,它的运动是匀变速直线运动吗?

4. 回复力方向是否始终与振子速度方向一致?

5. 做简谐振动的物体的速度方向是否总是与位移方向相反?

授新课的"纲要信号"教学,要紧紧围绕本堂课教学内容,重点突出,目标明确,便于理解,重在点拨和诱导,因此设计的纲要信号源必须是教学的重点、难点。

复习课的图示教学法的一个典型实例①

复习课不同于授新课，它主要侧重于两个方面：一是提高学生综合概括物理知识的能力，理清知识要点内在规律及来龙去脉，把知识编成网络，连成串，训练整体思维能力；二是从知识结构反映出这部分知识与其他（纵向、横向）知识的联系入手，提高学生综合运用知识解决实际问题的能力。因此，可以通过"纲要信号"教学完成这种知识向能力转化的功能。

（一）知识纲要系统化

教师在复习时，抓住知识的中心与要领，统揽全局，设计好章节知识网络，有助于学生形成统一连贯的物理知识图景。如高中物理《机械能》复习课可编制如下纲要系统图：

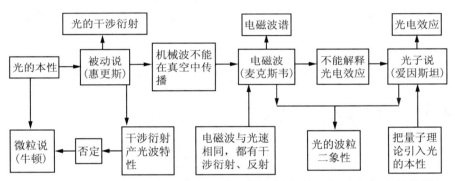

又如《光的本性》这章知识也较零散，但它沿袭着人们对光的本性的认识的发展历史，通过建立知识链的纲要信号系统图，使学生容易抓住知识脉络，沿着脉络回忆、理解，形成完整的知识结构，有利于学生抓住重点，提取知识信息，加工教学信息，贮存知识信息。

（二）应用信号示范化

复习课一般都穿插解题指导（复习知识、及时应用），是把知识及时转化为能力的一种途径。教学中按图表信号的思路组织复习，把所研究的物理过程、状态、题设已知条件、隐含条件、待求物理量、针对所研究的过程运用物理公式等解题综合因素，有针对性地设计成纲要信号图示，帮助学生逐步养成规范化解题的习惯，起到很好的示范作用。在力学总复习时，选取 1994

---

① 张建发．"纲要信号"教学法的尝试与思考．摘自：http：//www．pep．com．cn/gzwl/gzwljszx/wljxyj/wljfxf/200406．

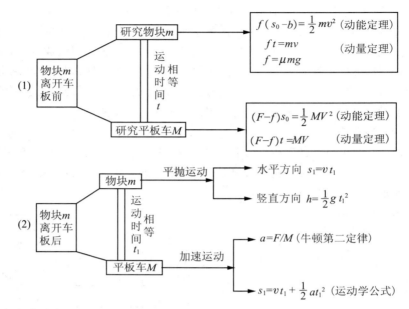

年全国高考物理试题(31)作为例题：

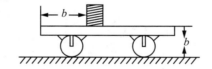

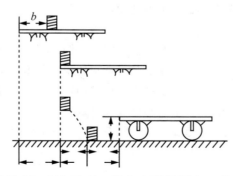

　　一平板车，质量 $M=100$ 千克，停在水平路面上，车身的平板离地面的高度 $h=1.25$ 米，一质量 $m=50$ 千克的小物体置于车的平板上，它到车尾端

的距离 $b=1.00$ 米，与车板间的滑动摩擦系数 $\mu=0.20$，如上图所示。今对平板车施一水平方向的恒力，使车向前行驶，结果物块从车板上滑落，物块刚离开车板的时刻，车向前行驶的距离 $s=2.0$ 米；求物块落地时，落地点到车尾的水平距离 s，不计路面与平板车间以及轮轴之间的摩擦，取 $g=10m/s^2$。

这是一道具有多种解法、综合思维能力较高的好题。为了有利于展开学生的应试思路，首先，画好反映 M 与 m 运动过程的示意图，一目了然地让学生看出题目所求的 s。其次，按照物理过程展现纲要信号（以动能定理，动量定理，平抛运动规律解题）。

很明显，这种图文并茂的纲要信号的方法的运用，使教师以此为思路教，学生顺着这样的思路学，教与学在思路上得到疏通，条理清晰，思维层次分明，便于学生对物理问题的透彻理解，对物理概念、规律的综合应用，确实能起到事半功倍的教学效果，有利于培养学生良好的思维习惯。

策略三：探究式教学法

一、基本要义

探究式教学法主要是以探究为主，是在教师的启发下，以学生独立学习和合作讨论为前提，以教材为基本研究内容，为学生提供充分表达、质疑、探究、讨论问题的机会，让学生通过个人、小组、集体讨论等多种解难、释疑活动，将自己所学知识应用于解决实际问题上、培养学生的创新精神和实践能力的一种教学方式。这种教学方式要求教师进行角色的转变，课堂教学不再是简单的讲讲练练的模式，充分体现了学生的主体地位。

二、教学流程

探究式教学法是在学生自主学习的基础上进行的，分为"激疑设疑、强化目的、合作探究"三个阶段。其中以合作探究阶段为重点，这一阶段又可分为"授法、探究、应用、小结"四步。本阶段主要以历史课本中《罗斯福新政和德国法西斯专政》一节为例说明。

第一阶段：激疑设疑。

1. 给学生足够的自我学习时间。历史课上常见到这样的现象：师生零碎的一问一答，一篇完整的课文被分割的体无完肤，支离破碎。还常见到这样的情景：教师也让学生自主学习，但没有具体的学习目标，或目标过于庞杂，又没有足够时间保障，自主学习变为自由学习。学生能力的形成，主要通过学生自己去学、去练。因此，教师要把课堂学习的时间还给学生，把现在教学中花去的多余的分析、谈话、提问的时间节省下来，还给学生支配，保证他们有充分的时间识字、读书、交往、写作，让他们独立主动地学习。

2. 鼓励学生质疑问题。学贵有疑，创新意识来自质疑，因为提出一个问题就是创新的开始。教学中让学生自己发展并提出问题，可以改变学生等待老师传授知识的思维定势，消除学生学习上的依赖心理，使学生有一个被动接受者变成为一个主动探索者，从而唤起学习语文的浓厚兴趣。尽量充分地让孩子质疑问难，这样会给课堂调控带来了一定的困难，但是一个明智的教师应该明白，学生才是课堂的主人，他的每一次质问，都闪烁着思维的光芒，包含着他在学习的旅途上创新追求的努力，教师应正确诱导，及时调节，科学控制，引导学生在知识的海洋里乘风破浪，勇于创新。

根据教学的要求，利用教材或学生已有知识经验，启发学生提出问题，或由教师归纳学生关心的问题提出探究的课题。如在教学《罗斯福新政和德国法西斯专政》一课时，教师即从学生平时议论的问题入手，提出"一个发达的国家如果遭遇上了经济危机，有什么很好的措施呢？又会有哪些不好的措施呢?"的问题，使之成为探究的中心。这样就引起了学生的注意，激发起探究的兴趣。这里，由于提出的问题关系到整个探究过程的意义和价值，因此问题必须有针对性、实用性和解决的可能性。在教学中要求具有吸引力，以利于探究活动的准备。激疑设疑的时间一般要在新授前，占整个教学过程的10%左右。

第二阶段：强化目的。

提出问题和定向以后，并不是每个学生都能自觉地、积极地投入探究活动的，这就需要强化学生的内在动机，调动学生的积极性和主动性。为此，应强调解决所提出的问题的重要意义和必要性，使学生的学习动机从单纯兴趣向自觉探究转化。在教学《罗斯福新政和德国法西斯专政》时，当学生明确探究中心之后，就可以进一步提出"新政的内容是什么？德国为什么要实行法西斯专政?"的问题，这样做的目的是使学生明确为什么要解决这个问题，其作用是明确意义。在教学中则要求具有感染力和激发力，以利探究活动的展开。这一阶段时间不长，一般也只占整个教学过程的10%左右。

第三阶段：合作探究。

　　这是探究式教学过程中最重要的一个阶段。它在提出问题和强调问题的基础上着手解决问题，即是使学生明确怎么样解决问题，其作用是懂方法。在教学中要求具有说服力，以利于探究活动的深入。一般占整个教学过程的80％左右，具体又分为以下四步。

　　第一步：授法。中心内容是明确怎样解决问题，即明确解决问题的要领。如教学《罗斯福新政和德国法西斯专政》时提出"要结合世界经济危机造成的原因探索解决的方法来分析新政的作用"。其作用在于促使学生接受方法，时间约占分步探究阶段的10％。

　　第二步：探究。中心内容是逐步深入解决问题，进行活跃的探究活动，其作用在于引导学生试用方法，时间约占分步探究阶段的50％，是探究过程的中心环节。

　　1. 加强师生情感交流，营造良好的教学氛围。良好的教学环境能激发学生的积极情感，并以此为中介来促进智力活动的进行和个性的发展。因此，课堂教学应该丰富多彩，形式灵活多样，富有吸引力和新鲜感。"教学"是教师和学生的双边活动。整个教学过程是教师和学生的合作，是教法和学法的融合，是师生心心相印的情感交流。教师作为课堂教学的主控者，要善于创造一种氛围，让学生始终处于一种兴奋的情绪状态之中，对所学内容产生浓厚的兴趣，并积极主动地投入进去，动脑筋思考问题，动口表达自己的观点，使他们通过自己的参与，感受自身的力量所在，体验到创造性学习的乐趣。

　　2. 创设课堂教学情境，引起学生的心灵共鸣。在教学过程中，根据课文内容和教学要求，运用个种教学手段，创设适合于学生学习语文的生动情境，使学生入境会意，触景生情，从而引起学生心灵的震感和情感共鸣，可以诱发他们的思维，取得良好的教学效果。如教《全球化与多极化的趋势》一课时，利用多媒体课件，展示海湾战争和科索沃战争的视频，看到战争激烈的场面，学生心潮澎湃，接着我让学生谈谈自己的看法，学生争先恐后地发表自己的见解，老师不失时机地，或提出中肯的意见使之更趋完美，或适时地给予热情的褒奖，使每一个学生都在学习中体会到学习之乐、参与之乐、创造之乐、成功之乐。

　　3. 提供学生自我展示的机会。学生是课堂学习的主人，教师应该为学生提供自我展示的机会，营造一种生动活泼的学习局面和氛围。形式如：小组讨论、大组交流，围绕某一议题的辩论，朗读比赛，成语接龙，创造性复述课文等。这些活动，有利于形成学生主体精神、创新能力健康发展的宽松的教学环境。在学生们争论的过程中，我也加入到孩子的行列，或适时提出问题，或画龙点睛谈谈自己的看法等，形成学生之间、师生之间的多渠道信息交流，使每一个学生情不自禁地进入课文特定的情境。这样，学生们获得了思维、表达、读书的训练，获得了情感的体验，教学目标得到了完美的落实。

第三步：应用。中心内容是学习自行解决问题，即运用上一步中获得的经验举一反三解决类似或相关的问题，它是探究成绩的巩固，又是探究效果的检验。其作用在于帮助学生学会方法，时间约占分步探究阶段的30％，是探究过程的重要环节。如教学《中华文化的勃兴》一课时，学习完了"文字的演变"后，让学生自己描摹古代的文字，从中总结出文字演变的规律，使学生切实掌握学习的方法。

第四步：小结。中心内容是明确今后如何解决问题，即既要总结探究活动的基本收获，得出结论，又要为学生今后解决类似或相关问题导向引路，是探究式教学活动继往开来的一步。其作用在于进一步让学生牢记方法，时间约占分步探究阶段的10％。如学完了秦始皇和汉武帝后，提出"如何去评价这两个帝王?"引导学生多角度、辩证地看问题。

三、简要评价

探究式教学法要求教师在教学中必须了解学生，研究、探索和注重每一个学生的个性，全面发展，教学中要善于运用设疑、讨论、评析的教学方法。从而让学生达到学会、会学、乐学的教学目的。教师要用自己灵活的教学方法唤起学生的兴趣。这样才能体现以教师为主导，学生为主体，训练为主线，思维为主攻的教学思路，为学生的学习开辟新的天地。

四、案例分析

《行道树》课堂实录[①]

1. 朗读练习，整体感知。

现在请同学们自由朗读，勾画出自己最喜欢的语段。

（学生自由朗读，并在书中圈点勾画。很快，有学生举手）

生1：我最喜欢第三自然段，因为这段告诉了我们行道树的痛苦是它自

---

① 康念菊."行道树"课堂实录及评点. 中学语文教学参考，2002(6).

己选择的。

师：你能把这段读给我们听一听吗？

（生1朗读第三自然段）

生2：我最喜欢第二自然段。它告诉了我们行道树生长的环境。我喜欢其他树生长的环境，更喜欢行道树生长的环境，它懂得奉献。

师：说得太好了！你把这段也读一下吧。

（生2朗读第二自然段）

生3：我喜欢最后一句。行道树告诉我们它是忧愁而快乐的树。

师：你读来听一听。

（生3读最后一句）

生4：我喜欢第五自然段。行道树告诉我们它是最自豪的时刻是清晨。

（生4朗读第五自然段）

2. 合作探究，深入理解。

师：下面我们要进入攻坚阶段，对课文内容进行具体探究。大家还是按四人小组进行"合作探究，互问互答"。

（学生分小组学习，教师行间指导，约五分钟后）

师：现在请各组把你们"合作探究，互问互答"不能解决的问题提出来，我们集体探究。

生1：我们的问题在第三自然段。为什么说"神圣的事业总是痛苦的，但是也唯有这种痛苦能把深沉给予我们"？

师：这个问题提到太有价值、太有深度了，我们得好好探究一番。哪个小组的同学来谈谈你们对这个问题的探究？

生2：就是说做什么事情，都要付出痛苦的代价。

生3（补充）：因为神圣的事业是要付出代价的，从事这种事业需要牺牲。

师：在课文中能找到描写痛苦的词语吗？

生纷纷答：能。"抖不落的灰尘""夜晚苦熬""忧愁""堕落"。

师：很好。"抖不落的灰尘""夜晚苦熬"，这份痛苦带来怎样的深沉？

生4："制造清新。"

生5（补充）："勤出绿叶""献出浓荫。"

生6：给市民带来快乐。

（教师根据学生回答，进行板书）

师：刚才有同学说了"神圣的事业是要付出代价的，从事这种事业需要牺牲",行道树的这份深沉与痛苦就是一种牺牲,这种牺牲是什么精神的体现?

生纷纷回答:"以苦为乐""奉献精神"。

师:对啊,是"以苦为乐"的精神,是"奉献精神"。那么,具有这种精神的人叫什么人?

生7:"好人""伟大的人"。

生8(补充):"大写的人""奉献者"。

师:回答的太好了。是的,这些人叫奉献者,行道树象征了这种奉献者。在生活中有这样的人吗?请同学们去搜集一下,写在素材本上。现在请同学们继续提问题。

生9:第二自然段中说"这无疑是一种堕落"。"堕落"在这里是什么意思?

生10:"堕落"在这里是指它们远离了森林,远离了他们的伙伴,是行道树的主观感受。

生11:我觉得这里的"堕落"和我们平时说的"堕落"不同,它是行道树同森林里的伙伴相比较说的,好像是一种幽默的说法。

(师肯定。学生继续就"合作探究,互问互答"不能解决的问题提出来集体探究)

生12:我们组认为第四自然段有两句话不好理解,"如果别人都不迎接,我们就负责把光明迎来"。既然是"别人都不迎接",为什么"我们"去了?

生13:这只是假设。

师:只是假设?能不能结合文章的具体内容来思考?

生14:因为别人都不去,"我们"就去了。"我们"是命运安排的,也是"我们自己选择的",这很好地体现了奉献精神。

师:回答得有道理。要理解课文上的疑难问题,一定要结合课文,看看前后是怎么说的。这就叫"字不离词,词不离句,句不离文"。同学们继续提问题吧。

生15:我们的问题在最后一个自然段。为什么说"我们是一列忧愁而又快乐的树"?"忧愁"和"快乐"好像有点矛盾。

师:大家认为这两个词矛盾吗?

生齐答:不矛盾。

师:为什么?谈谈理由吧?

生16:不矛盾。因为"忧愁"是说它有"抖不落的烟尘",人们不重视它;

"快乐"是因为它能给人们带来清新的空气。

生17："忧愁"是为城市空气污染而"忧愁"，为市民健康而"忧愁"，"快乐"是因为"我们"能"在春天勤生绿叶""在夏日献出浓荫"，为城市制造清新。

师（指着板书）：对，"忧愁"是它奋斗的痛苦，"快乐"是它奋斗的结果。文章正是通过行道树内心世界的独白，抒写了奉献者的襟怀，赞美了奉献者的崇高精神。

（这时铃声响了）

师：今天我们就探究到这儿。同学们还是有不懂的地方，我们课后继续探究交流。下课！

在这一教学片段中，我们不难看出师生合作教学的真谛：

第一，教师是合作中的有效引导者、平等合作者。教师不再是独霸课堂的权威，而是平等地参与课堂讨论，在学生积极的发问和答问中，通过适当地点拨和评价来引领整个教学过程。

第二，师生合作不仅仅停留于师生表面上的互动形式，而是以激活师生双方尤其是学生的深层思维为主旨。如在教师引导学生找出文章中描写痛苦的词语后，接着就用"抖不落的烟尘""夜晚苦熬""这份痛苦带来怎样的深沉"的问句，激发学生的深层思考，使"制造清新""勤生绿叶""献出绿荫""给市民带来快乐"等鲜活的回答充满了课堂。

第三，师生合作与小组合作密不可分。换句话说，它重在激活和引领小组合作，并以之作为师生有效合作的表现形式。概言之，师生合作是以小组合作为重要前提的，是在小组合作基础上的师生合作。在本教学片断中，学生首先通过自主阅读，从整体上感悟文章，并以学习小组为单位，对具体内容进行合作探究；通过小组间的互问互答，学生之间互相启发、互相协作、互相补充，在思想碰撞的基础上实现和加深着对文章的理解，实现和加深着人与人之间的真诚理解和相互沟通。课堂的气氛也从此不再沉闷，而是充满了活力，洋溢着智慧，从而真正体现师生合作的内在真谛。

第四节　师师合作学习教学策略

　　这一类型的合作教学以 20 世纪 80 年代末在美国兴起的"合作授课"理论与实践为代表。这种教学理论是针对当前专业教师之间缺乏交流，彼此各自为战的状况而提出的。关于师师合作教学的研究最具代表性的人物是美国学者鲍文斯和胡卡德（Bauwens，J. ＆Hourcade，J.）。他们提倡两名或多名教师同时在课堂上进行协作，共同授课，共同处理课堂事务，其最显著的特点是教师同事之间可以实现相互帮助与支持。在西方一些国家中，合作授课有时与全纳教育（Inclusive Education）密切联系，是特殊教育中的一个新的研究课题。关于师师合作教学，美国学者嘎斯基（Guskey，R. T.）也大力倡导，他主张教师之间应进行协同工作。我国合作教学论的倡导者们从课堂互动分析的角度入手，提出师师互动是教学系统中不可或缺的人力资源的观点，提倡将教师与教师的合作纳入教学的全过程。

　　从理论上讲，师师合作包括两个方面的内容。一是教师之间互相配合、互动合作，以实现教学效果的最优化；二是教师之间在教学中相互学习，以实现自身教学技能的发展和进步。二者具有相辅相成的关系，经常是相互融合、同时进行的。

　　在国外，以师师合作互动为研究对象的合作教学研究常被称为"合作授课"，在我国则经常称之为"师师合作"或"教师合作"。目前，关于合作授课的研究最具代表性的是由美国学者鲍文斯和胡卡德于 20 世纪 80 年代末提出的"合作授课"（cooperative teaching）。同时，他们还提供了大量具体的合作授课实施模式，阐明了合作授课中要注意的问题以及解决策略，如合作程序、行政支持、如何对待负面影响、人际交往技巧、评价标准，等等。合作授课是针对专业教师之间缺乏交流、各自为战的状况提出的，它提倡两名或者多名教师在课堂上进行协作，共同完成授课任务，合作授课最显著的特点是教师同事之间可以实现相互帮助与支持。

　　随着合作授课的开展，很多学者也发现合作授课在实践中遇到了一些问题，如普通教师和特殊教师地位不平等，教师对待合作的消极态度，特殊学生和普通学生之间的隔阂，较高的考试风险，普通教师在专业方面未做好准备以及缺乏相关经历，等等。但这些困难并没有挡住人们实施合作授课的热情，鲍文斯和胡卡德则在《合作授课：重建与共享学校（第二版）》（Cooperative Teaching：Rebuilding and Sharing the Schoolhouse Second Edition）中将合作授课从特殊教育领域拓展到了普通教育领域，认为它可以有效满足来自各种社会背景的学生的需要。现在，合作授课已经发展为多种形式，在美国接近 80％ 的中小学得到了运用，关于合作授课的研究也越来越丰富。

虽然合作授课研究在国外取得了明显的成绩，但在教学领域它依然是一个比较新的概念，并没有得到所有教师和学校的认可，也遇到了很多困难，也有一些研究认为它并未实现自己宣称的效果（Armstrong，1977；Cohen，1976；Scholz，1978；Cotton，1982；Rutherford，1981）。虽然全纳教育（Inclusive Education，是特殊教育中一个重要的研究课题）的教师合作取得了比较丰富的成果，但将合作授课推广到普通课堂的还比较少。而实际上普通教师之间的合作互动对于保持教育效果的整体性以及给予每个学生充分的关注、促进其个性化发展具有重要意义，在这方面不同科目教师之间的合作更具有借鉴意义。

由于受本土文化的影响和客观条件的限制，我国合作教学中的师师互动主要还是集中于课堂之外，如集体备课、评课和合作研究等，真正像国外那样由多个教师合作授课的还比较少，而且大都是间接性的合作，间接合作指教师仅仅在课堂之外一起讨论、计划、准备教学，但单独授课。关于这种间接性合作，在具体的实施中涉及面广，但主要表现为课前的集体备课和课后的评课。

策略一：课前合作

师师课前合作的主要形式是集体备课，这一形式在当前的中小学教学中被广泛采纳，它在促进教师深度合作以及提高教育教学质量方面起着重要的作用。

一、基本要义

集体备课是提高备课质量的重要形式。它可以集思广益，将个人才智转化为集体优势，共同提高教学质量。

集体备课的组织形式是以备课组为单位，由备课组长主持进行。坚持

"以新课标、教材为基础,以学生的发展为宗旨"的指导思想,树立正确的备课观,体现新课改理念。同时,依据"全册备课—单元备课—课时备课"的思路,通览教材,明确本课(本章节)在全册中的地位和作用,掌握知识间的内在联系;准确确定教学目标、教学重点和难点;了解学生的知识、能力基础、心理特点,实事求是,因材施教,着力于学生的自身发展。

发挥集体备课的作用,就要集思广益,研究出最佳教学方案。首先,要互相借鉴,共同提高。在统一进度、统一教学目的、统一重难点等的前提下,教师可以根据自己的教学风格、不同的教学对象,以及自己对教学理论、教学方法、教学内容的理解,在集体备课的基础上,进行二次备课,使教案具有个性化特征。

其次,备课组按照教材内容将重点备课任务合理分解,落实到人,便于教师明确任务,提前准备,提高备课质量。每一位教师在集体备课中都应当积极参与讨论,发表自己的独到见解。

二、教学流程

1. 确定并公布本次集体备课活动的人员组成、时间、地点与集体备课的教材内容,并确定中心发言人。

2. 担任中心发言即主讲任务的教师提前写好讲稿。其余教师事先熟悉教材和内容,思路清晰,教法学法明确,对教学环节安排心中有数。

3. 主讲教师发言,应包括以下内容:

(1)教材简析:含教材内容、特点、教学目标、重难点、教具准备、课时安排等。

(2)教学理念:实施本部分内容教学的理论依据。

(3)教学方法设计:实施教学的总体教学方法。

(4)教学环节安排:包括教学过程的层次,教法的分解,重难点的突破措施,学法指导与学生自主探究、协作学习等方法过程设计,教学情境的创设,电教手段的运用时机和过程及其他教具的呈现使用等。

(5)教学过程中可能出现的问题及对策。

(6)板书设计及意图效果。

(7)激励性教学评价的时机及方式。

4. 其他教师围绕主讲情况,以现代教学理念为依据,轮流对主讲内容分析研究:讲——讲自己的观点和做法,特别是不同于别人的观点和做法;评——对大家的观点进行客观的、中肯的评价;议——对大家的观点和做法以及有疑义的地方与其他老师展开讨论，充分发扬民主，尊重别人的意见；最后由主讲教师把大家的观点、意见归纳起来，认真记录形成最后的认识成果，并综合到教案之中。

5. 教研组将此作为一次教研活动，记录主讲内容和组员讨论情况，以供各教研组之间进行交流和学习。

三、简要评价

备课是教师对文本分析的展现，是教师智慧的浓缩。备课的优劣与否，会直接影响一堂课的效果，甚至整个教学质量。总的来说，集体备课可以集思广益，将个人才智转化为集体优势，共同提高教学质量。如果仅靠个人孤军奋战，有时会出现知识疏漏，甚至一些错误，通过集体备课，取长补短，可以补充专业知识的不足，能明显提高教学质量。

集体备课能不断提高教师的教学水平，使其相互学习、相互借鉴，突出教后反思的撰写，这也是教师专业发展的过程。既有利于扬长避短，更有利于教师不断发展。

集体备课还能更好地落实课改要求，体现"合作、探究、创新"和以人为本的精神，促进教学相长，更好地落实课改要求。同时，它营造了一种和谐融洽的氛围，此氛围能更好地提高教师把握教材、把握课堂的能力，可以博采众长，开阔思路，从而创新地备文本、备教法、备学生，大大提高教学的效果。

总之，通过集体备课，教师在对话交流中产生智慧的碰撞，从而产生新的教学思路和教学思想。教师还可以借助于同事的教学技能、教学资源为自己的课堂服务，实现了集体优势结合。这种整合在使课堂教学获得成功的同时，也促进了教师的专业发展。在这一合作过程中，同事之间是积极互赖的，个体的成功有赖于他人和整个备课组的成功，从而使教师认识并体验到自己和备课组成员之间合作的重要性。因此，这有利于增强备课组的凝聚力，同时有利于增强教师的责任感和教学动机。在教师集体备课的"合作对话、共同探讨"环节中，教师们进行的是"研讨式"的教学反思，这种反思使教学体验更为深刻。

四、教学实例

《数的意义整理与复习》集体备课实录①

(一)教材分析

内容包括自然数、整数、分数、小数和百分数的意义及它们之间的联系。清楚掌握数的概念，为进一步复习数的性质和数的运算打下坚实的基础。

(二)学情分析

通过整理和复习使学生比较系统地、牢固地掌握有关数的意义以及它们之间的联系与区别，掌握十进制计数法。

(三)教学目标

1. 知识技能：(1)使学生比较系统地、牢固地掌握自然数、整数、分数、小数、百分数的意义，沟通知识间的联系与区别；(2)掌握十进制计数法及整数、小数数位顺序表。

2. 过程方法：通过学生自主探索和合作学习使学生在整理复习中形成知识网络，培养学生的逻辑思维能力和归纳概括能力。

3. 情感态度：结合教学渗透人文主义教育和事物之间是相互联系的辩证唯物启蒙教育。

(四)教学重难点

1. 复习重点：(1)使学生比较系统、牢固地掌握自然数、整数、分数、小数、百分数的意义；(2)数位顺序表。

2. 复习难点：弄清知识间的联系与区别。

(五)教法与学法

联系实际，自然导入。紧抓联系，完善归纳。多样练习，层层深入。独立总结，效果提升。

(六)教学手段

在学生看书、讨论的基础上，在老师启发引导下，运用问题解决式教法、师生交谈法、表格信号法、问答式、课堂讨论法等。同时通过课堂练习和课后作业，启发学生从书本知识回到社会实践。

(七)教学过程设计

首先通过对一组数进行分类，使学生对几种数有一种更加直观明了的记

---

① 整理自笔者的年级组教研学习笔记。

忆，引导学生观察分析后导入。其次通过学生独立填写表格、展示，师生共同整理，并根据学生的梳理作系统板书，充分发挥学生的主体作用，让学生参与到教学过程中，促进知识结构的完善。最后安排一个讨论题，这是学生对本节课所复习的几种数的概念掌握的一个提升。

（八）作业及课堂训练设计

设计孩子们熟悉而感兴趣的问题，孩子们用数的知识成功地解决了这些实际问题，体验到了成功的快乐，这才是我们的教学目的所在。

（九）集体讨论

1. 怎样把数的知识体系形成一个网络？

教师 A：注意板书的完整性，沟通知识之间的内在联系。比如用大括号、箭头等把四种数的关系沟通串联在一起。

教师 B：注意提问的有效性，一环紧扣一环。提问的过渡要自然。

教师 C：应该从数的产生引入，注重数的产生规律。

共识：板书的统一性，提问的连贯性，注重各种数的产生规律。

2. 教学目标的应该以什么方式展示出来？

教师 D：四种数的意义比较抽象，主备教师采用表格填写法的方式较好！让学生事先复习填好，便于学生交流！

教师 E：各种数的内在联系教师应该做重点提问，让学生明确其发展过程。

教师 F：数位顺序表很重要，建议教师小黑板出示，或让学生自己动手填写。

共识：教学目标的展示应该通过学生自主探索，合作交流来突出！切勿机械地采用师问生答，逐一解决提问方式来完成。

3. 教学辅助材料如何运用？

教师 G：农村小学的教学器材短缺，可采用小黑板出示或教师自制教具的办法来完成。

教师 H：对于教学中几种表格的出示可事先打印好，发给学生。让学生自行完成后再展示。

教师 I：教师可以制作动画课件在远程教室内完成教学。

共识：考虑到条件的限制，教师可以采用小黑板、纸质表格来展示四种数的意义、分类、数位顺序表以及巩固练习。

4. 综合课堂练习如何设计？

教师 J：练习设计可以按照课本顺序进行安排。体现以课本为主。

教师 H：练习部分很重要，它是本节课的一个提高与升华，设计应该新颖，符合学生实际，更要求能激发学生的学习兴趣。

教师 L：练习设计应该要有层次性，体现在不同难度的练习，方式方法应该多样。切勿机械重复在同一层次练习。

共识：主备教师采用三个层次的课堂练习，层层深入。

5. 课堂上应该提什么样的问题才能切实有效？

教师 L：提问教师要注意技巧，切勿面面俱到。

教师 C：提问要有重点，比如重点要放在概念的理解上。

教师 F：问题的设置要有情境，要留给学生思考的余地。

共识：课堂的提问固然重要，但切忌过多，要有针对性。数的复习与整理的提问应该放在知识间的内在联系上。问题的情境创设很重要，切勿机械地提问，要有趣味性，质量要高。

6. 学生在自主复习过程中教师发挥怎样的作用？

教师 K：教师在这节复习课中要变“教”为“引”。

教师 M：充分发挥学生的主体作用，让学生参与到教学过程中，促进知识结构的完善。

教师 N：课堂教学中教师要重视指导学生掌握、灵活运用学习方法的指导，让学生掌握学习的策略与技能。

共识：教师的责任不在于教，而在于教学，在于教会学生学，教、学、做合一。

(十)汇总教师们的建议并记录，进行课堂实施

策略二：课堂合作

课堂合作的形式多样，这里我们介绍几种常见的教学方法。

一、协同教学(Team Teaching)法

协同教学(Team Teaching)是指由两个或两个以上的教师及教学助理人员，以一种专业的关系组成教学团队，彼此分工合作，共同策划和执行某一单元、某一领域或主题教学活动的一种教学形式。

(一)基本要义

一般认为，协同教学正式成为一种计划性的教育形式始于 20 世纪 30 年

代的"八年研究"（eight-year study）。杜威在芝加哥大学的实验学校创立了合作性的教学团队，他相信教师一起工作可以为学生提供更丰富的教学环境。① 虽然八年研究取得了丰硕的成果，但却鲜有后续研究再去探讨教学团队的议题。

对于协同教学最简单、最具普遍性与共同性的特征而言，可以意指："两个或两个以上的教学有关人员，一起共同合作完成教学有关事务的历程。"② 在这个共同特征的基础上，协同教学的主要内涵包括：

第一，协同教学的基本精神在于合作；

第二，协同教学的合作成员包括了两个或两个以上的教学有关人员；

第三，协同教学的合作事项为教学有关的事务，其范围包括部分或整个课程教学的计划与实施的历程，例如，拟订计划、统整内容、教学实施或进行评鉴等。

在协同教学中，合作团队的教师共同计划、共同讲授既定的课程内容，授课要尽可能深入且简要。在不同时间段，可能某个教师对具体的授课形式和课程的某一部分负主要责任。协同教学的本义在于教学者之间的合作，而由于"合作"本身包含程度、范围及成员组成等可变项，因此协同教学具有多种可能的排列组合方式，诸如单科协同、科际协同、多科协同、主题协同、跨年级协同、跨校协同与循环协同等。

协同教学主要采用以下几种形式：

1. 将学生分成两个异质小组，两个教师用相似或不同的技巧讲授同样的内容或概念，学生以更小的班额学习，更具个别化，更具针对性。

2. 如果某些内容的先后呈现顺序不太重要，可以将学生分成两个异质小组，两个教师分别讲课程内容的不同部分，然后交换学生，循环教学。

3. 一个教师对所有教学内容进行全面概括的讲解；另一个教师再提供视觉上的补充材料，使得教学内容更具体化，并提供一个可供选择的学习渠道或形式。

4. 一个教师对所有学生教授课程内容；另一个教师在教室内巡视，解释、澄清概念，并监督学生学习。这是对合作授课最好的运用形式。

5. 一个教师主讲教学内容；另一个教师设计并提出问题，引导学生进行更高水平的思考。

6. 一个教师对某些课的内容进行全面的讲解；另一个教师在专业课程

---

①② 黄永和等. "协同教学"的回顾与展望. 教育研究月刊（台湾），2004(1)：17-21.

部分为需要额外教学的学生进行讲解。

(二)教学流程

下面以上文提到的形式 1 为例介绍实施的流程:

1. 确定小组。根据考试的成绩及学生的平时成绩,确定小组,为了充分发挥学生个体及学习小组的优势,在组建小组时尽量使成员在性格、才能倾向、个性特征、学习成绩等方面保持合理的差异。根据学生的自愿,小组之间可以不定期地交换组员,确保组员的积极性。

2. 确定目标。在进行授课之前,合作授课的教师要一起制定学生学习的具体目标,尽管授课的方式和技巧有所不同,但目标是一致的。授课前要让每个学生明确自己应该达到的目标以及应该注意的教学要求,并根据情况进行适当的启发和引导。

3. 课堂设计。每节课之前老师要根据教学内容创设一个承前启后、能激发学生的学习兴趣、有利于学生学习的教学情景。在这一点上可以两名教师共同设计,教师合作授课是以合作设计为基础的,讲授力求精练、高效。

4. 合理评价。

(1)课堂评价 课堂评价是师生交流的一种有效方式,它不仅是某个环节的终结,更重要的是能调动学生参与学习的积极性,激发学生更强烈的求知欲望。它是教师对学生在课堂上的学习态度、方法、过程、效果等方面进行适时鼓励和评价。比如,可以采取记分的方式,平时每一节课按照名次计分,第一名到第七名依次为 7 分到 1 分,每个星期合计一次,半学期汇总一次,作为半学期小组得分的一部分。

(2)考试评价 考试评价一方面用来检测学生的学习水平;另一方面也是为了检验和改进教师的教学,改善课程设计,完善教学过程,从而有效地促进学生的发展。考试时可以让不同小组的学生就近排列,互相监督,力求使学生的成绩客观、真实,有利于比较、激励。

(三)简要评价

可以看出,这种方式降低了班额数量,有利于实行小班化教学,更能够照顾到学生个体。协同教学作为一种教学策略体系,力求使教学过程诸要素之间以及教学过程与教学环境之间始终处于一种协调、平衡状态,从而减轻学生负担,提高教学效率,使学生得到全面和谐的发展。这与素质教育"着眼于学生及社会发展的需要,以面向全体学生,全面提高学生素质为宗旨,注重对受教育者潜能的开发,促进他们在德智体等方面生动、活泼、主动地发展"的培养目标是一致的。可以说,协同教学是实现素质教育思想、目标要求的一种有效途径。协同教学的内涵，主要包含这样几层意思：①协同教学追求的价值观是人的自身发展需要与社会发展需要的统一。因而协同教学要求通过教学活动促进学生在基本素质获得和谐发展的基础上，个性能够获得充分发展。②协同教学所运用的主要策略是从调控教学系统结构诸要素的关系入手，为学生身心健康发展创设和谐的教学条件和氛围，实现教学的整体优化。③协同教学的目标是促进学生素质全面、和谐、充分地发展，高效地实现素质教育的培养目标。

(四)教学实例

《归类识字 3》协同教学过程设计①

分组

根据前测，将学生分成两个学习小组。

A 组：基本不认识本课的生字；B 组：能正确认读本课的全部生字。

两位教师分头协同指导两组学生学习

A 组

1. 课件出示，复习独体字：小、大、土、十、口、日、人、云。

(1)自由认读。

(2)齐读。

2. 动画演示，"小"和"大"组成"尖"。

(1)自由拼读。

(2)指名读、正音。

(3)想一想，有什么东西是尖的？出示"雪娃娃"图，说说什么东西尖。

3. 学习其余四个字形：尘、古、早、会。

(1)课件出示。打开课本第 81 页，自由认读。

(2)读给同组的小朋友听。

(3)卡片认读生字和词语，用"会"说话。

B 组

与电脑做游戏，复习巩固生字，认读词语，学习运用。

1. 读准字音："尖、尘、古、早、会"。

课件演示：公园。大门上有按钮。按一下，门缝里出来一张纸，上面写着：读一读上面的字，读对了，门会自动打开。（"尖、尘、古、早、会"）

---

① 摘自朱英，徐跃峰."归类识字 3"协同教学设计及分析. 教学月刊(小学版)，2003(1)：28-29.

2．认读词语。

门开了，出现一条石头小路。旁边有提示：走过小路，会有惊喜。点击一块石头，就出现一个词语。

3．词语运用：飞船带你去旅行。

4．口头给生字扩词：给花瓣填色。

AB 两组合并，书写指导

1．两人合作，拼字游戏。

2．说说："我用（　）和（　）拼成（　）。"

3．讨论：拼的时候，你有什么发现？

4．动画演示："小"的"钩"慢慢缩回去。"大"的"撇"缩进一点。

5．看书上的田字格，研究写法。重点指导"会"。

6．书写练习。（描一个，写一个，都写完后，看看哪个不够好，再写一个）

（两位教师分别指导一半学生做拼字游戏，提醒学生保持正确的写字姿势）

7．书写讲评。（先写好的，自由找伙伴互评，特别好的，全班展示）

复习、听写生字

1．编字谜、猜字谜。

2．听写。

认读说一说的词语（另一位教师当场批改学生的听写作业）

根据听写结果分组，将学生分成两组。A 组：听写全对；B 组：听写有错误。

A 组进行发散性思维训练；

1．演示拼字游戏时发现的新拼法。

2．出示字谜：十张嘴巴（　）

猜字谜：（古）（叶）（田、由、甲）

B 组认读、复习，订正听写，订正结束后立即回到 A 组。

教师小结，布置课后作业：把今天学的字编成谜语，请家长猜。

二、辅助学习活动(Supportive Learning Activities)教学法

(一)基本要义

学习活动是重要的教学辅助手段，它有利于开阔学生的视野，陶冶其情趣，发展其特长，使学生在娱乐活动中不知不觉地学到知识，学会做人。在

辅助学习活动中，确定合作伙伴、组织和引导学生开展一些活动，这些活动可以巩固、丰富和加强学生的学习。这种方法通常可以采取以下几种方式进行：

1. 将一个大班的学生分成两个小组，由两个教师分别向两个小组讲授新技能。然后，将两个小组的学生分别两两结对，互相进行辅导，教师监督。

2. 一个教师监督大组学生学习；另一个教师为一部分学生提供开拓性的知识，或进行适当的补习。

3. 一个教师监督学生的个别学习及小组学习；另一个教师为部分选择强化教学或需要更多关注的学生进行强化教学。

4. 这种形式多应用在辩论式教学模式中。全班分成两组，一组是正方；另一组是反方。每个教师分别负责一组学生，帮助他们确定自己的立场，并为辩论做准备。随后，每个组都做出联合陈述，进行辩论。

5. 一个班的学生分成四个小组来实施自己的方案，两个教师在学生中来回巡视，监督并提供帮助。

6. 这种模式适合多步骤的教学方案。首先，每个学生都分到一个步骤，将学生组合起来，使每个组都包括所有的步骤。其次，一个教师把所有"第一步"的学生集中在一起，进行"第一步"的教学。再次，这些学生返回各自的小组中把这一步教给其他成员。最后是"第二步"，依次循环下去。另一个教师学生中间来回走动，进行监督，并在必要时澄清学生的疑惑。

(二)教学流程

下面以上文提到的形式 1 为例介绍实施的流程：

1. 分组准备。根据考试的成绩及学生的平时成绩将全班学生分成两个组，两个组的学习成绩（某一科的单科成绩）可以大体相当，也可以有所差异，这可以根据教师事先的设计确定。

2. 确定目标。确定不同小组的学生的学习目标是至关重要的，不同的小组对于知识的掌握应该有所侧重，以便为将来的合作学习做好准备。总的目标应该是做到知识的共通、融合、拓展。对于所有的学生，授课前都要让他们明确自己应该达到的目标以及应该注意的教学要求。

3. 教学设计。教师在授课过程中的合作是贯穿始终的，不同的学生采取怎样的教学方式和技巧，以及讲授哪些内容、设计什么样的练习，等等，教师在授课之前都要经过充分的交流，以确保下一步学生合作互助的高效。

4. 结对合作。将两组学生合并，两两结对（这也不是绝对的，根据学生的性格特点及爱好等，也可以三人一组或四人一组）。学生在合作活动中，两位教师都要到场指导，以解决学生交流过程中产生的问题。学生可以交流不同的学习技巧，也可以交流各自老师设计的不同的练习题，以加深对知识的理解，并在交流的过程中培养沟通及表达的能力。

5. 合理评价。为了更好地鼓励学生之间的相互帮扶合作，适当的评价是必需的，考试评价是最容易操作的，可以采用结对同学成绩相加的办法，参照以前的成绩进行对比，也可以对此次考试成绩进行全班对比。

（三）简要评价

这种辅助的教学活动最大限度地使学生融合了两位教师教学的优点，学生之间相互取长补短。如果两位教师在设计教学内容时各有侧重，也增加了知识的容量，拓宽了知识的广度。另外，在分组教学中，倘若根据学生的成绩分为较好的和一般的两个组，则有利于因材施教，使教学更具有针对性。学生的合作活动可以延伸到课下与课外，这样便使教学的时间和空间得到了扩展，提高了教学的效果。

更为重要的是，学生结对合作，相互讲解，互通有无，极大地增加了学生的自信心，学生在给伙伴讲授知识的过程中获得了自我满足，从而增强了求知欲。这种活动打破了从前那种在学习上独立奋斗的局面，由教师的合作延伸到学生的合作，营造了一种和谐的氛围。

（四）教学实例

定语从句的用法教学实例①

主题说明

定语从句一直是高中教学的难点，尤其是把它和名词性从句放到一起考查时，更具有区分的难度。定语从句的例句在初中英语（人教版）第三册中已经有所接触，但不作为具体的掌握内容。事实上，对于英语基础较好的同学来说，在讲清了定语从句的基本定义之后，已经有了比较清晰的把握；而对于一部分英语基础稍弱的同学来说，仍然显得比较困难。因此，分组教学就显得很有必要。在第一节课的教学中已经将基本定义讲完，本节课为定语从句学习的第二节，主要学习具体的用法。

课堂操作

---

① 整理自笔者的课堂教学笔记。

1. 分组

根据平时的英语学习成绩及接受能力情况把全班同学分成 A、B 两组，A 组为成绩较好的，B 组为成绩一般的。

2. 两位教师分别对两组的学生授课

A 组

(1)复习定语从句的相关概念(提问并总结)。

关系代词有哪些：that，which，who，whom，whose，as；

关系副词有哪些：when，where，why；

(2)讨论以上关系词在句中的作用及充当的句子成分(提问并总结)。

关系词在句中的作用是引导定语从句、代替先行词、在定语从句中担当一个成分；关系代词通常在定语句中做主语、宾语、定语、表语，关系副词在定语从句中作状语。

(3)由学生举例说明(预留 5 分钟时间让学生准备)。

学生甲：我可以举一个关系代词作主语的例子。

The boys who are playing football are from class one.

学生乙：我来举一个作宾语的例子。

The man who/whom you met just now is my friend.

学生丙：我举一个作定语的例子。

He has a friend whose father is a doctor.

······

(4)总结关系词的使用规律(由学生主动回答，教师将主要内容写在黑板上，具体内容略)。

(5)巩固练习(设置较困难的改错题)。

请找出下列各句中的错误并加以改正：

①This is the factory where(which/that 或去掉 where)we visited last week.

②This is the watch for which Tom is looking(把 for 移至 looking 后)。

③The house in that(which)we live is very small.

④This is the best film which(that)I have ever seen.

⑤My father and Mr. Smith talked about things and persons who(that)they remembered in the country.

⑥Everything which(that)we saw was of great interest.

......

B 组

(1)复习上节课学过的定语从句的相关概念(教师举例说明)。

①The reason why he didn't go to school is that he was ill. (关系副词作状语)

②Those who want to go with me put up your hands. (关系代词作主语)

③The boy，whose mother died last year，studies very hard. (关系代词作定语)

④I have two sisters，both of whom are doctors. (关系代词作宾语)

......

总结，关系代词有：that，which，who，whom，whose，as；关系副词有：when，where，why。关系代词通常在定语句中做主语、宾语、定语、表语，关系副词在定语从句中作状语。

(2)提供更多的例子供学生训练识别(具体例句略)。

(3)同学们思考：关系代词和关系副词有哪些特殊用法？

教师提示：that 和 which 的用法区别，as 和 which 的用法区别……

(4)总结关系词的使用规律(教师将主要内容呈现在黑板上，具体内容略)。

(5)巩固联系(设置较难度适中的选择题)。

选择正确的答案填在横线上

①The place _____ interested me most was the children's palace.

A. which   B. where   C. what   D. in which

②Do you know the man _____?

A. whom I spoke   B. to who spoke

C. I spoke to   D. that I spoke

③This is the hotel _____ last month.

A. which they stayed   B. at that they stayed

C. where they stayed at   D. where they stayed

④Do you know the year _____ the Chinese Communist Party was founded?

A. which   B. that   C. when   D. on which

⑤That is the day _____ I'll never forget.

A. which   B. on which   C. in which   D. when

⑥The factory _____ we'll visit next week is not far from here.

A. where   B. to which   C. which   D. in which

......

3. AB 两组合并

(1)两人合作,讨论定语从句的基本用法,熟悉教师提供的例题及巩固性练习题。

(2)提供新的练习,既包括难度适当的选择题,也包括改错题(练习题略),两名教师巡视,解决学生的提问。

(3)和同伴一起口头造句,运用定语从句,同伴指出对方的错误。

4. 课下作业:利用周围的事物或发生在你身上的事情,至少造 10 个句子,应包含所有关系词的用法,完成后先由同伴之间相互检查,之后交给老师。

三、补充指导(Complementary Instruction)教学法

(一)基本要义

在补充指导教学中,经常是一个教师对某些具体内容承担主要教学责任,合作的教师教给学生获得资料所必需的"怎么做"的技能,包括记笔记时的学习技巧,鉴别主要概念和分析、评估等。补充性教学中很少存在教师大量授课的情况,相反,它经常是以小课的形式插入当天的教学中。

1. 两个教师分别说明运用新技能的正确方式和不正确的方式。学生分组观察、评论、记录教师对新技能的正确运用和不正确的运用(如面试技巧)。然后,每个学生向他的伙伴示范新技能,两个教师都来回巡视、监督。

2. 学生在一位教师的带领下通过各种渠道收集信息,但是该教师并不教给他们完成这项工作的技能。随后,另一位教师做出一些正确的示范,学生随后配对模仿这一技能。

(二)教学流程

下面以形式 1 为例介绍实施该方法的流程。

1. 分组准备。不同的学生在学习某项技能时,学习的快慢和掌握的熟练程度是不尽相同的。有些学生对技能的学习有一定的专长,模仿力较强。教师在平时的教学中要充分了解这一点,分组的时候尽量使每一小组都能有一到两名在掌握技能方面比较突出的学生,这有利于在分组练习时起到良好的示范作用。

2. 设计目标。首先是要设计总的教学目标,学生在本节课的学习结束

后应该掌握哪些基本的技能。然后是针对不同学生的教学目标，对于有专长的学生要达到熟练的程度，其他学生在课下经过反复练习后达到熟练程度。

3．教学设计。课堂教学的内容以及呈现的顺序要经过精心的设计，两位教师的课堂分工要明确，一位教师对技能的讲解要详细，并进行必要的示范。另一位教师主要是示范学生在技能掌握过程中容易出现的问题，以及不正确的操作，等等。

4．分组合作。小组合作的人数可以根据学习的内容及客观条件来定，两两结对或者数人一组皆可，轮流进行示范，反复练习，同组的学生相互指出不足及错误。两位教师现场指导，随时解答学生的问题。

5．及时评价。及时的评价能够增强学生的信心，给学习带来愉快的体验，对于技能掌握较快较熟练的小组，要及时进行口头的表扬，或者量化评分，记录在案。

6．课下巩固。任何知识的学习都离不开复习巩固，技能的掌握更需要反复练习。两位教师在课堂上注意观察，找出一些对学习内容掌握不够好的同学，布置课下练习任务，并由本组同学辅助练习。

（三）简要评价

从以上教学的流程可以看出，一方面，该教学方法减轻了由一位教师进行教学的沉重负担，学生分组后更具有组织性。在教师的监督下，所有的同学都具有练习的机会，改变了以往有个别同学偷懒的现象；另一方面，由于另一位教师的合作参与，把以往教学中学生容易出现的错误问题提前向学生示范，这样就避免了有些学生会出现简单的重复性错误，提高了教学的效率。尤其对于技能的学习，需要教师进行大量的示范，两位教师的合作授课使课堂的时间利用更充分，使教学更条理、高效。

（四）教学实例

行进间投篮（三步上篮）的教学实例[①]

教学主题与目标

行进间投篮技术对于篮球基础薄弱（初学者）或协调性较差的学生是一项难度较大的学习内容，要在规定的学习时段（1 课时）完成学习任务，是十分困难的，这势必将影响到学生今后学习的信心和兴趣。因此，教师之间进行合作，以提高教学的效率，就显得格外重要了。

---

① 整理自笔者的教学观摩课笔记。

本堂课的教学目标：

1. 认知目标：建立正确的行进间投篮概念，探究正确的跑篮节奏。

2. 技能目标：学生能按要求完成各种练习，能认真听取教师的指导练习，并能注意观察，与同伴相互学习，最后熟练掌握。

3. 情感目标：增强同学之间的交流与合作、团结一致、互相帮助、密切配合的集体主义精神。

4. 培养学生勇敢、果断、坚毅与克服困难的优良品质和相互竞争心理、勇往直前的精神。

课堂操作

1. 分组：全班同学分为 6 个小组（操场有 6 个球篮，6 个小组可以同时练习），每组 6～8 人。

2. 所有同学以组为单位集中到一个球篮下，围成一圈。做准备活动：扩胸运动、体转运动、腹背运动、正压腿、侧压腿、手指和手腕活动、踝关节活动。

3. 动作讲解：行进间投篮是快攻和突破防守后切入篮下时最常用的投篮方式，是篮球运动的标志性技术和入门的基础技术。动作要领是在操球或接球的同时跨出右腿（以右手为例），跨第二步时起跳并在空中投篮出手。总的来说，其动作要领可用"一大、二小、三跳"六个字进行概括（以右手单手高手投篮为例）：

右脚跨出一大步的同时接球（即一大）；接着左脚跨出一小步并用力蹬地起跳（即二小）；然后右腿屈膝上抬，同时举球至头右侧上方，腾空后，当身体接近最高点时，右臂向前上方伸出，手腕前屈，食指和中指用力拨球，通过指端将球投出（即三跳）。与此同时，两脚同时落地，三步上篮动作完成。

4. 动作演示：一名教师持球演示完整动作，重点突出动作过程、动作顺序、动作联系。分解动作演示重点突出动作特点、动作结构、动作要点。

徒手练习（学生注意观察）

(1)一跨二抬：右脚跨出，左脚上步的同时右腿大腿抬起。

(2)一跨二跳三落：左脚跳起同时右腿大腿抬起，落地时随同身体下落。

(3)跑步接动作(2)：小步或碎步跑接(2)的动作，突出"一大二小三上跳"。

持球（无运球）练习

(1)原地练习：持球原地站立—跨步—上跳—投篮—落地。

（2）跑步练习：小步或碎步跑接（1）的动作。

一次运球练习

持球右脚在前站立，推放球的同时左脚向前迈出，球从地面反弹，在操球的同时跨出右腿，左脚上跳投篮。

接球练习（两教师演示）

小步或碎步跑开始，判断来球，在接球的同时迈出右脚，左腿上跳，完成投篮。

5．错误动作演示：

（1）原地接球后跑篮（这种错误技术主要是对"跑篮"的概念不清，跑动中接球不熟练）。

（2）一步跑篮（主要是心理上害怕碰撞受伤，腰腹力量差，第一步跨步前接球步子过大，造成接球后身体后仰而轻率投篮）。

（3）跑篮时多了一步（主要是片面理解"三步跑篮"是跑三步后才出手投篮。形成"真正的三步跑篮"）。

（4）右脚起跳，右手投篮（这种错误主要是动作协调性差，球性不熟。另外是左脚起跳，右腿向上摆起然后出手投篮的概念不明，手指和手腕僵硬）。

（5）跑篮起跳前前冲太大，向上不够（这是由于跑速过快，来不及做起跳动作，右腿向上摆动低而造成的）。

6．学生以小组为单位领篮球并到相应的球篮下讨论、实践。两位教师分别负责三个小组的指导和示范。

7．动作娴熟的同学重复示范，并带动其他同学练习，练习时可呼"大、小、跳"。整个小组的同学在练习中观察同伴动作并和同伴进行良好的合作，相互评价和帮助。

8．通过观察，对各小组的表现进行总评，各组结合老师的意见确定课下需要重复练习的同学。

9．收还器材。

策略三：课后合作

教师之间课后合作的最常见的形式是评课活动，从教研部门的教学督导，到学校范围的教学提高，都离不开听课和评课活动。

一、基本要义

评课就是对照课堂教学目标，对教师和学生在课堂教学中的活动及由这些活动所引起的变化进行价值判断。评课是教学、教研工作过程中一项经常开展的活动，有同事之间互相学习、共同研讨评课；有学校领导诊断、检查的评课；有上级专家鉴定或评判的评课，等等。评价的目的不是为了证明什么好坏，而是为了改进。

基础教育课程改革的核心理念是"以学生的发展为本"。评课是从学生全面发展的需要出发，注重学生的学习状态和情感体验，注重教学过程中学生主体地位的体现和主体作用的发挥，尊重学生的人格和个性，鼓励发现、探究与质疑，以培养学生的创新精神和实践能力。

课堂教学是一个"准备—实施—目标达成"的完整过程，是一个复杂多变的系统，要全面反映这个过程需要考察相当多的因素。正确评价一堂课，就是要着眼于课堂教学的全过程，突出对体现素质教育课堂教学不可缺少的基本要素的考察，以便在评价中进行有针对性的诊断和正确的导向。

课堂教学具有丰富的内涵，学科、学生、教师、教学条件诸方面的不同，使课堂教学情况千变万化。正确地评价一堂课时，既要体现课堂教学的一般特征，又要提倡创新，鼓励个性化教学。

评课时有几点需要注意，要根据课堂教学特点和班级学生实际，实事求是的公开评价一节课，切忌带有个人倾向；要以虚心的态度，商量的口气与授课教师共同分析研讨，不能把自己的观点强加在别人头上；要突出重点，集中主要问题进行评议和研究，不要面面俱到，泛泛而谈；要以事实（数据）为根据，增强说服力；要做好调查工作，尽可能较全面地了解教师和学生的情况。

二、教学流程

（一）授课教师简要陈述一堂课的教学目的、教学思路等相关内容
（二）参与评课的教师就下列内容进行评说

1. 教学目标

教学目标是教学的出发点和归宿，它的正确制订和达成，是衡量一堂课好坏的主要尺度。所以，评课首先要评教学目标。

首先，从教学目标制订来看，要看是否全面、具体、适宜。全面，指能从知识、能力、思想情感等几个方面来确定；具体，指知识目标要有量化要求，能力、思想情感目标要有明确要求，体现学科特点；适宜，指确定的教

学目标，能以大纲为指导，体现年段、年级、单元教材特点，符合学生年龄实际和认知规律，难易适度。其次，从目标达成来看，要看教学目标是不是明确地体现在每一教学环节中，教学手段是否都紧密地围绕目标，为实现目标服务。要看课堂上是否尽快地接触重点内容，重点内容的教学时间是否得到保证，重点知识和技能是否得到巩固和强化。

2．教材处理

评析老师一节课上的好与坏，不仅要看教学目标的制订和落实，还要看授课者对教材的组织和处理。我们在评析教师一节课时，既要看教师知识讲授得是否准确、科学，更要注意分析教师在教材处理和教法选择上，是否突出了重点，突破了难点，抓住了关键。要看教学目的的确定是否明确、全面，有针对性、导向性。教学重点是否把握准确，教学过程是否做到突出重点。教学难点是否把握准确并得到突破。教材的组织、处理是否精心。教师必须根据教学目的、学生的知识基础、学生的认知规律以及心理特点，对教材进行合理的调整充实与处理，重新组织、科学安排教学程序，选择合理的教学方法，使教材系统转化为教学系统。

3．教学程序

教学程序中完成，教学目标能不能实现要看教师教学程序的设计和运作。因此，评课就必须要对教学程序做出评析。教学程序评析包括以下几个主要方面：

(1)看教学思路设计。教学思路是教师上课的脉络和主线，它是根据教学内容和学生水平两个方面的实际情况设计出来的。它反映一系列教学措施怎样编排组合，怎样衔接过渡，怎样安排详略，怎样安排讲练等。教师课堂上的教学思路设计是多种多样的。为此，我们评教学思路，一是要看教学思路设计，符合不符合教学内容实际，符合不符合学生实际；二是要看教学思路的设计，是不是有一定的独创性，能不能给学生以新鲜的感受；三是看教学思路的层次，脉络是不是清晰；四是看教师在课堂上教学思路实际运作的效果。我们平时听课，有时看到有些老师课上不好，效率低，很大程度上就是教学思路不清，或教学思路不符合教学内容实际和学生实际等造成的。所以评课，必须注重对教学思路的评析。

(2)看课堂结构安排。教学思路与课堂结构既有区别又有联系，教学思路，是侧重教材处理，反映教师课堂教学纵向教学脉络；而课堂结构，则侧重教法设计，反映教学横向的层次和环节。它是指一节课的教学过程各部分的确立，以及它们之间的联系、顺序和时间分配。课堂结构也称为教学环节或步骤。课堂结构的不同，也会产生不同的课堂效果。可见课堂结构设计是十分重要的。通常，一节好课的结构是：结构严谨、环环相扣，过渡自然，时间分配合理，密度适中，效率高。

4．教学方法和教学手段

评析教师教学方法、教学手段的选择和运用，是评课的又一重要内容。所谓教学方法，就是指教师在教学过程中，为完成教学目的、任务而采取的活动方式的总称。但它不是教师孤立的单一活动方式，它包括教师"教学活动方式"，还包括学生在教师指导下"学"的方式，是"教"的方法与"学"的方法的统一。

5．教学基本功

教学基本功，是教师上好课的一个重要方面，所以，评课还要看教师的教学基本功。通常，教师的教学基本功包括板书、教态、语言、操作实验仪器等几个方面的内容。

6．学法指导

这里主要是看学法指导的目的要求是否明确，学法指导的内容是否熟悉并付诸实施，等等。

7．能力培养

评价教师在课题教学中能力培养情况，可以看教师在教学过程中是否为学生创设良好的问题情景，强化问题意识，激发学生的求知欲；是否注意挖掘学生内在的因素，并加以引导、鼓励；是否注意培养学生敢于独立思考、敢于探索、敢于质疑的习惯；是否培养学生善于观察的习惯和心理品质；是否培养学生良好的思维习惯和思维品质，教会学生多方面思考问题，多角度解决问题的能力等。

8．师生关系

主要看能否充分确立学生在课堂教学活动中的主体地位，能否努力创设宽松、民主的课堂教学氛围。

9．教学效果

看课堂教学效果，是评价课堂教学的重要依据。课堂效果评析，包括以下几个方面：一是教学效率高，学生思维活跃，气氛热烈。二是学生受益面大，不同程度的学生在原有基础上都有进步。知识、能力、思想情感目标都能达成。三是有效利用 45 分钟，学生学得轻松愉快，积极性高，当堂问题当堂解决，学生负担合理。

（三）授课教师就大家提出的问题进行答复、交流。

三、简要评价

评课是在对照课堂教学目标的基础上对教师和学生在课堂教学中的活动及由这些活动所引起的变化进行价值判断。它是教学研究活动的一个重要方面，也是提高教师综合素质和整体水平的有效途径之一。评课的过程是对课堂教学透彻地分析和总结的过程，它可以促进和推动教学研究的深入发展。通过评课，及时与教者认真分析这节课的优缺点，提出改进意见，可以帮助教师总结先进的教学经验，克服不足，明确努力的方向，提高教育教学水平，转变教师的教育观念，促使教师生动活泼地进行教学。评课对其他教师的教学也会起到启迪和带动作用。

评课调动了教师的教学积极性和主动性，帮助和指导教师不断总结教学经验，提高教育教学水平，提升教师的教育教学素养，促进教师改进教学实践，使教师从多渠道获取信息，从而转变教师的教育观念，促使教师生动活泼地进行教学，在教学过程中逐渐形成自己独特的教学风格。

总之，评课有利于端正教学思想，树立正确的教育观和质量观，有利于新课改精神的贯彻，进一步深化教学改革，全面提高教学质量。

四、教学实例

评苏教版语文教科书九年级上册《论美》①

（一）授课人简要陈述

《论美》是一篇议论文，论证了美德是人类最高的美，勉励人们致力于内在美的追求，把美的形貌和美的德行结合起来，使美放射出真正的光辉。新课改使学生已经习惯了自主、探究、合作的学习方式，在这节课的设计上，本人还将努力渗透这一理念，并在教学中努力扩大教学容量，促进知识的理解和巩固。使学生把握课文的基本内容，理清作者的写作思路，学习作者格言式的语言和惜墨如金的写法，明确作者的审美观念，认清内在美与外在美之间的关系，品味文章的有关论述，培养锤炼语言的意识。最后，联系相关知识，表达自己对美的理解，形成对美的正确认识，培养高尚的审美情趣。

请参与听课的各位老师提出教学的不足，以促使改进和提高。

---

① 整理自笔者的备课小组学习笔记。

（二）谈优点

备课组长：A老师执教的《论美》，能结合教学内容，设计富有创意的教学活动，突出了以学生为本的思想，学生主体性得到很好的发挥，寓教于乐，体现了思维的广度和深度，是新课改下一堂有意义、有效率、有生成性、常态下真实的佳课。下面老师们先总结这节课的优点。

教师甲：这节课的教学目标明确比较到位，目标制订比较全面、具体、适宜，充分体现了知识技能、过程方法及思想情感这三维目标，体现了年段、年级、单元教材特点。从学生熟悉的《红楼梦》中贾宝玉周岁抓取脂粉钗环故事入手，到当今社会"整容"热门话题，引出我们如何认识美的研讨，并进行"内在美与外在美，谁更美"小小辩论，直至最后的实践活动，每项活动设计都能较好体现本课宗旨，紧紧围绕目标展开教学活动，师生、生生互动和谐，充分体现了以学生发展为本的理念，较好地完成了教学任务。

教师乙：我觉得该老师驾驭、处理教材的能力较强，可以说是娴熟自如。

评析一节课的好与坏，除了看目标完成情况，还要看老师对教材的组织和处理，教材无非是个例子，本节课树立了全新的教材观，用好用活了教材，真正实践了"用教材去教知识能力，而不是教教材"的理念，可见教者驾驭处理教材能力很强。

教师丙：就教学程序而言，这节课可以说是清晰流畅。教学思路是教师上课的脉络和主线。本节课的教学思路符合教学内容设计，从学生熟悉的名著故事片断导入激发兴趣，创设氛围，到引导学生感知美的丰富性，再到"内在美、外在美，谁更美"的这一关键话题，最后达成共识，并对学生渗透思想教育，最后以活动来学以致用，整个教学兼顾了教学内容的开放性与教学流程的层次性的统一，学生的能力得到了较好的发展。

另外，A老师的课充满激情，点燃了学生智慧情感的火花，营造了互信互赖的心理空间，师生间关系民主、平等、自由、和谐，整节课上教者始终微笑教学，和蔼可亲，运用赏识性语言激发学生求知欲望，让学生体验快乐、体验成功。另外小组学习法不仅仅培养了学生合作探究精神，更让教师真正成了协同学生进入课堂的伙伴。

教师丁：这堂课教学方法、教学手段多样化，教学效果比较明显。虽说教无定法，但贵在得法，本节课备课充分，构建了新的教学模式，设计问题贴近学生实际，围绕问题展开教与学，在问题中生成能力与情感。巴班斯基曾说，分析一节课，既要分析教学过程和教学方法方面，又要分析教学效果方面，本课能取得很好的教学效果，正是有效利用了多媒体课件的优势，扩大了课堂容量，增强了教学的直观性。

（三）指出不足

教师丙：关于教学目标，我觉得应体现开放性与生成性。有了既定的教学目标，才能做到心中有数，但课堂中目标是有变数的，其内容有很大的不定性，教学时往往教者不能"如愿以偿"，因此，驾驭课堂、把握课堂节奏仍须加强，否则课堂就是教者"作秀"了。

教师乙：我觉得在学生回答问题时，教师应多给学生一点思考空间，这样才能让学生体验到学习乐趣，才利于提高课堂活动的有效性。同时，教师还应有更加渊博的知识储备，本课内容涉及美的许多知识，虽不必过多向学生传授，但在学生研讨美的话题涉及相关知识时，教师应做到心中有数，要给学生一杯水，教师要有一桶水，而且是一桶"活"水才行。

备课组长：下面我来总结一下，瑕不掩瑜，在这节课中，教师始终把学生当作学习主人，"让每一位学生都能跳起来摘果实"，使不同程度的学生在教学中体验了快乐，体验了成功，是一节比较成功的语文课。同时，A老师还要继续与参加听课的各位教师交流，虚心听取意见和建议，以改进课堂教学，共同促进专业发展。

第五节　全员合作
教学

美国约翰·霍普金斯大学斯莱文教授在《教育中的合作革命》一文中曾大胆设想、大声呼吁"应该把合作学习的基本原则纳入整个学校系统的运行轨道中。其中包括学生与学生、教师与教师、教师与学生、教师与学校行政人员，学校与家庭和社区，一般教育与特殊教育的全面合作。——合作革命的前景十分诱人，学校将会成为更人道、更愉快的工作与学习的场所。"[①]我国学者则在借鉴国外有关合作教学的基本理念的基础上，在从事合作教学研究

---

① 盛群力. 小组互助合作学习革新评述. 外国教育资料, 1992(2)：1-7.

与实验的过程中逐步形成并提出了"全员合作教学"的思想。① 顾名思义，与上述讨论的三种合作教学类型相比，全员合作教学的首要特点在于全员参与。如果说苏联的合作教育学所涉及的主要是师生之间的互动合作，美国的合作学习所涉及的主要是生生之间的合作互动，美国的合作授课所涉及的主要是师师之间的合作互动的话，那么我国的合作教学论所涉及的则主要是教学各动态因素之间的立体互动合作。

（一）全员合作教学的内涵

如前所述，欧美等国的合作学习理论强调的主要是生生之间的互动合作，出发点基本上是学生中心主义，它主要是一种横向的人际互动合作；苏联的合作教育学主要强调的是师生合作，它主要是一种纵向的人际互动合作，出发点是教师中心主义；全员合作教学论则认为，整个教学系统中的动态因素都是教学活动不可或缺的人力资源，强调所有动态因素之间的互动合作。全员合作教学是一种多维立体的动态合作体系，它强调在充分协调并激活学校整体课程资源的基础上，促进包括校长在内的教学行政人员、各学科教师以及学生之间的全员性合作。也就是说，全员合作教学是对学校整体课程资源的有效整合。这种课程资源既有动态的，也有静态的；既包括显性的，也包括隐性的。其中，生生合作、师生合作、师师合作是全员合作教学的主要构成要素，它们依据教学目标、教学内容等呈现出作用的不同力度。从外显来看，生生合作教学、师生合作教学、师师合作教学又是全员合作教学在特定的教学情景中，依据不同教学需要而表现出的具体形式。由此就会在课堂信息交流网络上体现出纵横交错的多维立体特征，即合作形式的有机应变特征。从活动取向上看，全员合作教学既不是教师中心主义，也不是学生中心主义，而是力图求其均衡的一种较为有效和实际的教学理论。从本质上讲，全员合作的教学才是理想的合作教学，也是合作教学的最高追求。当然，全员合作教学需要学校合作文化的关照，同时，学校合作文化又是在全员合作过程中逐渐形成的。

（二）全员合作教学的特点

总体来说，全员合作教学具有以下特点：

1. 全员性

影响合作教学的因素是多维的，即便是有许多因素是潜在地起着作用。

---

① 王维. 合作教学研究与实验在山东开题. 中国教育报，1993-12-9.

例如，教师自身的教育理念、做教师前的教育经历、特定的文化背景以及他们受教育的方式都会影响到他们怎样教学生。当然，性别、宗教信仰与文化等因素也是影响教师与学生发展的诸多因素；同时，学校的文化氛围、学校领导的支持、整体的文化背景；学生作为一个整体不仅仅是生活在学校中，离开学校后合作品质的延续也是应该被关注的问题，从这个角度讲，包括家庭在内的全员性因素也必然地受到关注。因此，合作教学关于人员的概念已经被扩展，除了包括学校教师、行政人员、助理人员之外，也包括学生、家长、大学教授、各领域的专家，甚至是社区人员等等与学生成长息息相关的每一个因素与个体。当然，在合作教学的课堂上，全员自然还主要是指教师和学生，其间涉及的生生、师生和师师互动是全员合作教学活动的具体表现形式。

2. 完整性

全员合作教学的完整性体现在两个方面：首先，全员合作教学的目标着眼于学生的完整性发展，这一点具体体现在认知、情感、技能和人际方面的教育教学目标的均衡达成上；其次，为了实现这些目标，需要在一个完整的学校合作文化中实现。对于全员合作教学中的合作来说，它不仅是一种学习方式，更重要的是一种教学思想甚至是一种生活方式。这样，教学在本质上不仅仅是一个认知性的掌握知识、发展智慧潜能的过程，更重要的，它是一个完整的人的成长与形成过程。为了这一目标的实现，将学生的整体发展归入到与学生发展的全体教育工作者以及包括家长在内的相关人员的视野之中就是一种必然所在，因为也只有在一个完整环境中实施合作教学才能保障个体持续和谐成长。

3. 动态性

全员合作教学是一种动态的教学活动。首先，全员合作教学是在互动中完成的。在教学过程中，生生、师生之间都是以对话的形式完成认知和情感的交流。其次，全员合作教学中的组织形式是动态的。比如，在杜郎口中学，它们的学习小组实行异质分组，一般每月重新分组一次以便让每个小组隔一段时间就有一个新的起点、新的期望，使每个学习小组成员之间保持更好的互补性。同时，学习小组动态化还能够使学生之间、学习小组之间形成以合作发展为主导的良性竞争，避免小团体意识的形成。

4. 生成性

全员合作教学不是静止的教学理论、教学模式或教学组织形式，它在不同的理论背景下，在不同的教学情境中、在不同的教师理念中所呈现的方式不同，所起的作用也不一样，也正是因为这一点赋予了全员合作教学的生成性。相对于传统课堂教学的预设性而言，全员合作教学的生成性体现为，它充分开发了学校的课程资源，使得教学主体为课堂教学注入了更加丰富的信息，这些丰富的课堂教学信息无疑为教学的生成性提供了资源性基础。同时，在动态的教学过程中，生生、师生、师师甚至其他教学因素都在更丰富、更灵活的课程资源中进行多维的合作与互动，从而迸发出灵性的火花与智慧的光环。

（三）全员合作教学的案例及分析

山东省聊城市茌平县杜郎口中学是我们全国合作教学研究中心实施全员合作教学实验研究的一个比较突出的典型。杜郎口中学是一所典型的欠发达地区的农村乡镇初级中学。但是，该校在全员合作教学实验方面的成功实践却受到省内外的关注。几年来，在"全员合作教学研究"课题组的指导下，该校探索出了一种以"以人为本，关注生命"为理念的、突出学生自主性的全员合作教学模式，也称为"三三六自主学习模式"，不仅大大提高了教育教学质量，提升了办学水平，使一所濒临撤并的薄弱学校发展成为全省农村中学教育教学改革的先进典型。

1. 突出生生合作，弥补教师资源的薄弱，激发学生的学习自主性

杜郎口中学的合作教学模式由"预习、展示、反馈"三个环节构成，其中预习环节是学习小组内的生生合作学习——学生帮助学生自学；展示环节是全班的生生合作学习——学生教、学生评；反馈环节是"强强"之间、"强弱"之间的班内自主合作学习——学生帮助学生巩固和提高。在杜郎口中学，因为突出了生生合作，课堂不再"唯课本"，而是以课本为基本依托，进行多方面深度的延伸。课堂教学充满了高度的生成性与创造性，这里既有内容的延伸、知识点的扩展，也有过程的展示、思维的发散；学生们连珠炮式的发言，各种各样的感悟，多种信息的采集和运用，甚至奇思妙想，在愉悦的情绪、活跃的思维中迸发出来。

生生合作案例：

语文课——"三颗枸杞豆"（苏教版七年级下册）①

课文是从《小说林》上选的一篇小说，讲的是"我"因为逃学与三叔在

---

① 杜郎口中学编. 课堂探索. 2006 年 3 月：1-9.

树林里邂逅，三叔用自己的生命故事教育"我"要珍惜时间，持之以恒。在三叔临终赠送的三颗枸杞豆的启示下，"我"终于成为了生物学家。

有的小组截取课文中的"这时，太阳快要西沉"到结尾部分进行集体朗诵。我们对照着课文欣赏着孩子们的朗读，顿时觉得孩子们朗读这一部分课文内容是经过精心选择的。我们通读课文，觉得随着故事情节的深入和一个个悬念的解决，其情感，其寓意，到了这一部分文字，已经达到了高潮，是整个课文中最出彩的部分。他们读得很投入，抑扬顿挫，声情并茂。有的小组把"我"逃学的一部分编成了课文剧，还准备了简单的道具，三个人"粉墨登场"。只见 G 同学背着一个黄色的小书包上场了。（旁白）"我是一个植物学家。好多人很羡慕我，要我谈谈小时候刻苦学习的故事。其实，那时我是一个出名的'淘气鬼'。……后来，我很不乐意地被爸爸送进了学校，整天在窄小的木桌前盯着书上黑乎乎的汉字。我心里烦躁极了，就在桌子底下胡乱捣鬼，每每被那个尖眼睛女老师发现，被狠狠地批评一顿。"这时，"老师"上场了："玩的什么东西？交出来！""老师"凶神恶煞的样子，把全班同学逗乐了。"没，没什么……"G 同学的战战兢兢又引来了一阵唏嘘，估计是很多同学都曾经心有戚戚吧。（旁白）"那时正值三月，春天几乎从山沟里溢出来了。小树林的一切都散发出诱人的魅力。林子里格外美丽。一绺一绺的阳光，像金色的丝绸。一只花蝴蝶冒冒失失撞在我额上，又慌慌张张飞走了。我赶忙追上去，书包在屁股蛋上'当当'跳，练习本、铅笔、橡皮，从里边飞出来，撒了一路。我顾不得去捡，一股劲儿向前追去……"G 同学在教室的过道里一会儿捕蝴蝶，一会儿扑蚂蚱，渐渐地，我们也仿佛被带到了美丽的小树林，看到了那里的花儿、草儿、昆虫以及藏在草丛里的"三叔"。"可惜太迟了！太迟了"——"三叔"的一声叹息，在教室里回荡，每一个字都仿佛在敲打着我们的心，我们——这些所谓的成年人，在这里也接受了一次深刻的生命的教育。

还有两位同学自告奋勇进行独唱。一位男生站起来："我给大家带来的是《朋友别哭》，希望大家能喜欢。（唱）有没有一扇窗/能让你不绝望/看看花花世界原来像梦一场/有人哭，有人笑，有人输，有人乐/到此结局还不都一样/朋友别哭，我依然是你心灵的归宿……"一位女生也不甘示弱："我给大家带来的是《突然的自我》（唱）听见你说/朝阳起又落/晴雨难测/道路是脚步多/我已习惯/你突然间的自我/挥挥洒洒/将自然看通透/那就不要留/时光一过不再有……"虽然他们的嗓音并不那么动听，甚至还有些走调，但是他们对课文准确的理解、演绎与升华，以及在众人面前表演的激情与勇气足以感染在场的每一个人。

在贯穿教学全过程的生生合作中，学生人人自主搜集信息，人人自主思考问题，人人自主展示，人人自主评价和帮助他人，人人自主反思，人人在自主中和谐发展。一位高校教师在到杜郎口中学参观后写道：

我深刻感受到了杜郎口的课堂给学生们带来的变化。他们个个落落大方，口齿伶俐，争抢着发言。尽管他们的穿戴看上去有些不整齐，甚至有些破旧，但个个精神抖擞，斗志昂扬。"你们的学习累不累?"同学们回答得洪亮整齐："不累!""为什么?"我继续问。"因为我们有兴趣，愿意这样学，也愿意在课堂上展示给同学们，让其他的同学也学会。再说这也是锻炼自己的好机会。"同学的回答俨然是个成年人。"你们有什么要给你们老师说的话吗?"我还想多问一些事情。"让老师充分相信我们，把课堂再放开些，我们能把每堂课上好。"望着学生们那一张张稚嫩可爱的笑脸，我们几乎都震惊了，他们才是初中的孩子，我们相信这是他们的真心话。①

"我参与，我快乐；我自信，我成长。"的确像杜郎口中学的学生所说的这样，几年来不仅杜郎口中学的统考、中考成绩，稳居全县 21 所初级中学前茅，而且学生的学习积极性、合作发展的意识、充分展示自我的意识得到极大地增强，辍学率已经接近于零。

2. 强调师生合作，构建民主开放的课堂，促进师生生命意义上的共同发展

杜郎口中学的合作教学突出生生合作，并非排除教师的作用，而是摒弃传统的师道尊严式的师生关系，建立民主、平等、开放的教学文化，建立互助合作的新型师生关系，让师生共同实现生命意义上的发展。在杜郎口中学教学楼道里，到处悬挂着学生自己的"名人名言"："自主的课堂我崇拜，我的课堂我主宰""我参与，我快乐，我成功，我自信""给我一片蓝天，我一定能展翅翱翔"等；在杜郎口中学的教室里，象征教师教

---

① 杜郎口中学编. 心灵放飞——杜郎口中学教改材料，2005 年 2 月.

学主宰地位的讲台、讲桌消逝了，墙上的黑板增多了——那是学生展示的舞台。

"走进杜郎口中学的每个教室，你都会发现这里没有讲台、讲桌以及老师的座椅。有的只是三面墙壁上的超大黑板和到处张挂的大大小小的活动黑板、三角板、量角器和圆规等，还有成箱的粉笔摆放在每块黑板前。同学的座位也由原来的单一的方向，变成了各个方向的小组单位。老师不停地穿梭于各小组的缝隙中，逗留于每块黑板前。讲台拆掉了，教师的师者、长者、尊者的象征倒塌了，师道尊严和高高在上没有了，师生平等了，教室民主了。教室内的黑板多了。黑板，传统的教师展示知识和才华的领地，而在这里变成了学生的展示天地，为展示学生的知识和才华所开辟的新的领地。教师由台前走向了幕后，由唱独角戏变成了导演。引领、指导着学生在课堂的活动，用简洁的话语对学生进行点拨。全体同学成了演员。这是一种理念，一种实践了的理念，它是实实在在的、带着泥土的芬芳和红高粱的成熟的实践哲学。它是以人为本，关注生命的。让课堂焕发出生命活力，让学生感受学习之乐趣、成长之幸福、生命之意义。这一变化是千百年来，中国教育的根本性变化，把教师从高高的讲台上拉下来，与学生平等，同一视线，同一起点。也消除了由于座位的前后而给学生带来的不平等。"①

以上是一位课程研究者视野中的杜郎口中学的课堂教学。在该校的教学过程中，相对独立和相互平等的主体是教师与学生，二者平等对话，相互理解、相互启发，相互补充，构成一个"学习共同体"。通过对话和交往，教师的学生（student-of-the-teacher）与学生的教师（teacher-of-the-student）等字眼不复存在。而是出现了教师学生（teacher-student）和学生教师（student-teacher）。教师不再仅仅是授业者，在与学生的对话中教师也得到教益。学生在被教的同时反过来也在教育教师，他们合作起来共同成长。在这一过程中，建立在"权威"基础上的论点不再有效：为了起作用，权威必须支持自由，而不是反对自由。在这里，没有人去教其他人，也没有一个人是自学而成的。的确，在杜郎口的课堂上，教师精心准备的预习提纲为学生的预习提供了激活思维的线索，展示环节中教师

---

① 杜郎口中学编. 心灵放飞——杜郎口中学教改材料，2005 年 2 月.

的适时点拨与追问激发学生不停地反思，教师在巩固环节引导学生实施的"查缺补漏"策略使学生获得感悟和提高。同样，在杜郎口中学的课堂上，我们也经常会听到老师对学生这样说："请你再讲一讲，我没有跟上你的思路""你的解题思路真好，我没有想到""对不起，你们的答案是对的，我做错了"……在杜郎口中学，学生对教师的"反哺"还不局限于知识的范畴，学生对于知识中所蕴藏的情感、价值的揭示，也常常让教师感动不已。语文教师何海燕当初在备课时并未认识到《端午节》一课的深层价值，加之认为其语言平朴，所以她采取了让学生自己略读的教学策略。可是，学生在查资料、研读原文、相互讨论，把赛龙舟等端午节的情景生动地表现出来，并配之他们根据课文内容创作的诗词和歌曲，充分表达了节日的喜庆气氛以及大家团结协作、同舟共济的积极情感。学生完全进入了角色，何老师被学生的创造感动得热泪盈眶……同样，在开放、民主、平等的教室里，学生得到的并非仅仅是好的学业成绩，而且还有比成绩更宝贵的自信和快乐。因为在这里，无论是健全学生还是身有残疾的学生；无论是学习优秀的学生还是学习有困难的学生，他们都能在教师充满关爱和平等的目光里，看到属于自己的美丽的风景线。

3. 重视师师合作，建立互助合作的机制，加快教师的专业化发展

杜郎口中学的合作教学模式建基于教师资源的薄弱，突出生生合作，强调师生合作，但是这并非意味着这种合作教学模式忽略了师师的合作。杜郎口合作教学模式的实践，生生合作、师生合作的过程，时时刻刻都在表达着这种合作教学对教师专业化发展的更高要求。因此，重视师师合作，建立互助合作的机制，加快教师的专业化发展，成为该校全面提升合作教学水平的关键举措。他们不仅建立了教师集体备课制度、相互听课制度、校本教研制度，而且还加强了不同学科之间教师的协作。为了提高"风景"学习单元的教学质量，充分挖掘课程的内在价值、拓展语文教师和学生的视野，语文教师自己请来了地理教师讲解风景的形成与演变，揭示自然美景背后的科学知识；为了让学生获得更多接触相对比较标准的英语听说环境，英语教师邀请新来的年轻教师参加学生的英语沙龙。该校还建立了"教学论坛"，邀请校内外优秀教师、高校专家，进行教学交流。例如，杜郎口中学从 2003 年春开始，每周六下午组织全体教师参加业务论坛，至今已讨论了 50 多个专题。业务论坛已是教学过程

管理中的组成部分,是教师们喜闻乐见、易于驾驭、自主探究、展现自我的一种好形式。论坛话题相当灵活,只要是教育教学范围内的话题都可以自由谈论。论坛由校领导指定班主任组成评委,随讲随评,随后宣布结果,以学科组形式排序,计入本人考核。随着实践的深入,业务论坛由开始的题目自定逐渐变为由校委提前一周写在办公楼厅黑板上。如"我的课堂程序与学生活动""听课评析""谈预习""有感于学生评教""我的工作态度与质量观""怎样看待别人提不足""我与榜样的差距与对策""我对上过的一节课的回顾与反思""我的课堂优与缺""我对大容量、立体化教学模式的理解与操作""我的教改之路"等。业务论坛促使教师成为个人专业发展的主体。通过论坛,教师们不仅学会了表达自己的想法,学到了其他教师的经验,更重要的是,明确了自身专业发展的有效途径,体会到了唯有自己才是专业发展的主体。

可以看出,杜郎口中学的师师合作已经超出了教师间专业交流、合作授课、协同教学的范畴,是与学生合作学习相适应的教师的学习合作、教学合作、管理合作乃至生活合作,是教师间多层次、全方位的全面合作。生生合作、师生合作呼唤和促进着师师合作,师师合作也给生生合作、师生合作提供着强力支持。

4. 注重合作文化建设,打造促进学生自主和谐发展的合作学校

无论是生生合作、师生合作,还是师师合作,都是全员合作教学的具体表现形式,它们离不开良好的学校合作文化的烘托和积淀。杜郎口中学八年的合作教学实验,折射着该校领导及全校师生从生生合作、师生合作、师师合作,到今天整合所有学校课程资源意义上的全员合作的心路历程。学校当初把"兵教兵,兵练兵,兵强兵"策略当作不得已而为之的补救措施,而事实上作为教学活动中的生生合作无论如何也不会走向"去教师化",反而需要并促进师生的合作,促进教师专业化的发展。显然,农村学校相对城市学校而言,师师合作在教师专业化发展中更有其特殊意义。但是,所有这些合作又都离不开学校管理者的倡导和要求,离不开学校行政及教辅部门的认同、支持和参与,甚至离不开家长及社会的理解和支持。事实上,杜郎口中学进行合作教学的初期,最大的阻力就来自教师、员工及家长,"学生能自学还要教师干什么""学生教学生教师有何用"等言论曾经喧嚣甚上。因此,"10+35"分钟教学规定乃至

"5＋40""0＋45"的教学规定，虽然看似偏激甚至有些"荒唐"，但此乃合作文化奠基时的特殊行为。随着改革的深化，杜郎口中学关于师生合作、师师合作等方面的规章制度的建立和完善，就已经标志着该校的合作文化建设步入良性轨道。

行为是文化的缩影，实现全员意义上的合作教学，建设促进学生自主和谐发展的合作学校，必须伴随学校合作文化的建设。可以这样说，全员合作教学理念下的合作理念成就了今天的杜郎口中学，而今天在杜郎口中学的合作教学实验也是对全员合作教学理念的实践印证。或许，我们可以从杜郎口中学的一位普通学生所创作的一首诗中感受学校合作文化建设带给他们的变化，而这也是对全员合作教学意蕴的最好阐释：

这里没有枯燥，这里没有束缚。可以张开想象的翅膀，可以打开心灵的窗。让我们在自由的天空中翱翔，让我们在和煦的春光中歌唱。为了她，我不再封闭心扉；为了她，我抖落累累痕伤；为了她，我愿意飞向梦想的舞台。因为她，我的生活更加充实；因为她，我的人生更加精彩。热爱她，赞美她——杜郎口中学。鸟儿的天堂，心灵放飞的地方。①

可以看出，相对于其他合作教学形式而言，全员合作教学有着突出的优势：

首先，在充分开发和利用学校的课程资源方面具有得天独厚的作用。从某种意义上说，课程改革的本质就是不断改善课程资源开发、利用的过程。教师、学生都是学校的重要资源，全员合作教学的关键就在于通过多方位、多途径的互动合作，充分开发、利用教师及其学生这两种宝贵的课程资源，让学生、教师在教学活动中最大限度地释放潜能、最大限度地进行创造。

其次，全员合作教学为学生自主发展提供了更大的空间，让学生的情感、态度、价值观得到了较大改善，使学生的人格得到了健全发展。全员合作教学使得学校为每一个学生提供公平实现合作交往所需要的机会，将人际关系、合作观念作为推动学生发展的重要动力，对于表现欲较强的中小学生来说，更是如此。学生在这种内动力的驱动下，进行着

---

① 许爱红，刘延梅，刘吉林. 农村中学课堂教学模式的重大变革——解读杜郎口中学"三三六"自主学习模式. 当代教育科学，2005(11)：26.

主动的、高效的学习活动。同时，合作教学作为一种新的教学组织形式，不仅仅是单纯的知识传递过程，而是主体之间的社会交往活动。在这种全员性的互动合作过程中，学生会变得更加善于表达、善于交往，充满自信。在全员合作教学的实验学校——杜郎口中学，有一位同学在笔记上这样记录了自己的变化："学校的课堂改革使我有很大的提高，一向不愿发言的我终于站起来表达自己的心声了，我现在开朗多了，通过锻炼，我勇气倍增，学习成绩提高了，我与同学们逐渐交往，友谊也加深了。只有相信自己才会成功，因为我参与，我快乐，我自信，我成长。"①

最后，全员合作教学使教学实践活动更富有活力。教学活动是否充满活力，主要取决于学生、教师这两大教学主体的参与程度。全员合作教学充分强调这两大教学主体通过尽可能多的途径——生生合作、师生合作、师师合作，主动而又协调地，广泛而又深入地参与教学活动。因此，全员合作意义下的课堂教学必然更易于焕发生命活力。

---

① 许爱红，刘延梅，刘吉林. 农村中学课堂教学模式的重大变革——解读杜郎口中学"三三六"自主学习模式. 当代教育科学，2005(11)：26.

参考文献

中文文献

1. 吴文侃. 当代国外教学论流派. 福州：福建教育出版社，1991.

2. 吴立岗，夏惠贤. 教学原理、模式和活动. 南宁：广西教育出版社，1997.

3. 林生傅. 新教学理论与策略. 台北：五南图书出版有限公司，1989.

4. 乔治·雅各布斯等. 共同学习的原理与技巧. 林立，马容译. 北京：中央民族大学出版社，1998.

5. 盛群力，金伟民. 个体优化教育的探索. 北京：人民教育出版社，1996.

6. 吴也显. 教学论新编. 北京：教育科学出版社，1991.

7. 中央教育科学研究所比较教育研究室编译. 简明国际教育百科全书·教学(下册). 北京：教育科学出版社，1990.

8. 李咏吟. 教学原理：最新教学理论与策略. 台北：远流出版事业股份有限公司，1986(3).

9. 詹姆斯·H. 麦克米伦. 学生学习的社会心理学. 何立婴译. 北京：人民教育出版社，1989.

10. 辞海·教育学心理学分卷. 上海：上海辞书出版社，1987.

11. 毛泽东. 毛泽东选集(合订一卷本). 北京：人民出版社，1964.

12. S. 拉塞克，G. 维迪努. 从现在到2000年教育内容发展的全球展望. 马胜利等译. 北京：教育科学出版社，1992.

13. Johnson, D. W. &Johnson, R. T. 合作学习. 伍新春等译. 北京：北京师范大学出版社，2004.

14. 王坦. 合作学习——原理与策略. 北京：学苑出版社，2001.

15. 黄政杰，林佩璇. 合作学习. 台北：五南图书出版有限公司，2004.

16.《人民教育》编辑部. 新课程优秀教学设计与案例(初中数学卷). 海口：海南出版社，2003.

17. 裴梯娜. 现代教学论(第三卷). 北京：人民教育出版社，2005.

18. 靳玉乐. 合作学习. 成都：四川教育出版社，2005.

19. 庞国斌，王冬凌. 合作学习的理论与实践. 北京：开明出版社，2003.

20. 王坦. 现代教育改革引论——中外教育教学改革纵横. 青岛：中国海洋大学出版社，1997.

21. 高艳. 现代教学方法导论. 北京：学苑出版社，2001.

22. R. E. 斯莱文. 合作学习与学业成绩：六种理论观点. 王红宇译. 外国教育资料，1993(1).

23. 盛群力. 对美国中小学兴起的"合作热"的拙释. 教育评论，1990 (3).

24. C. H. 雷先科瓦等. 合作的教育学——关于实验教育教师会晤的报告. 朱佩荣译，全球教育展望，1987(2).

25. 杜殿坤. 创立中国式合作教育理论的良好开端——评上海市重庆北路小学的合作教育实验. 小学教学，1991(9).

26. S. 沙伦. 合作学习论. 王坦，高艳译. 山东教育科研，1996(5).

27. T. R. 嘎斯基. 合作掌握学习的策略. 王坦译. 山东教育科研，1993(5).

28. 王红宇. 合作学习的理论与实践[硕士毕业论文]. 上海：华东师范大学，1993.

29. 王坦. 合作学习：一种值得借鉴的教学理论. 普教研究，1994 (1)：63.

30. 陈燕. 合作学习课堂教学中的应用研究[硕士毕业论文]. 杭州：杭州大学，1997.

31. 盛群力. 小组互助合作学习革新评述(下). 外国教育资料，1992 (3).

32. 王坦，高艳. 合作教学的互动观及其启示. 教育评论，1996(3).

33. 王维. 合作教学与实验在山东开题. 中国教育报(教育科学版)，1993-12-9.

34. 傅维利，李英华. 合作教育及其在当代美国的发展. 比较教育研究，1996(1).

35. R. E. 斯莱文. 合作学习的研究：国际展望. 王坦译. 山东教育

科研，1994．

36．盛群力．小组互助合作学习革新评述（上）．外国教育资料，1992 (2)．

37．马兰．掌握学习与合作学习的若干比较．比较教育研究，1993(3)．

38．杨穗芳．重视别人．读者，1994(11)．

39．盛群力．小组互助合作学习参考资料．杭州大学教育系，1995 年 12 月．

40．维果茨基．学龄期的教学与智力的发展．龚浩然译．教育研究，1983(6)．

41．王坦，高艳．合作教学理念的科学创意初探．教育探索，1996(4)．

42．袁军．说精制．外国中小学教育，1993(5)．

43．陈燕．合作学习课堂教学中的应用研究[硕士论文]．杭州：杭州大学，1997．

44．王红宇．教学组织形式的未来．黑龙江教育学院学报，1995(1)．

45．王坦．合作教学的基本理念．中国教育报（教育科学版），1995-12-29．

46．滕细浪．合作学习研究文献综述．http://www.docin.com/p-48783553.html．

47．王凯．论合作学习的局限性．河北师范大学学报（教育科学版），2003(6)．

48．高艳，陈丽，尤天贞．关于合作学习的元分析．山东教育科研，2001(10)．

49．姚国，黄征文．合作学习的新进展——FCL 教学方案述评．山东教育科研，1998(6)．

50．李岩．小学生高年级作文课堂生生互动教学策略的研究[硕士论文]．辽宁：辽宁师范大学，2004．

51．高向斌．论发展性教学视野中的合作学习及其模式分析[博士学位论文]．北京：北京师范大学，2002．

52．罗伯特·E．斯莱文．关于合作学习．傅志烈译．心理科学，1982 (5)．

53．罗伯特·E．斯莱文．合作学习的发展观和动机观．张亚文摘译，周晓林校．儿童发展，1987(58)．

54. 丁邦平. 合作学习：大面积提高学业成绩的理论与方法. 外国教育资料，1988(5).

55. 曾琦. 合作学习的基本要素. 学科教育，2000(6).

56. 马思援. 全国合作教育研究专业委员会目前成立. 中国教育报，1997-6-14.

57. 王乐平，姚淑清. 异质合作，同质选学——分层次教学研究. 现代中小学教育，2002(2).

58. 肖川局. 中学语文合作学习探讨［硕士学位论文］. 福州：福建师范大学，2002.

59. 程斌. 从四则案例看合作学习. 作文教学研究，2004(4).

60. 赵晓楚，周爱东. 数学应用题中的合作学习——浙教版《列二元一次方程组解应用题》合作学习教学案例. 中小学教学研究，2007(9).

61. 姜俊和. 苏联合作教育学述评. 外国教育研究，1991(3).

62. 王策三. 苏联合作教育学的兴起及其对我们的启示. 江西教育科研，1989(3).

63. 徐伟. "非指导性"教学模式初探. 江阴市璜土中学. http://mypage. zhyww. cn/pagex. asp？ pgid＝73632.

64. 张建发. "纲要信号"教学法的尝试与思考. http://www. pep. com. cn/gzwl/gzwljszx/wljxyj/wljfxf/200406.

65. 康念菊. "行道树"课堂实录及评点. 中学语文教学参考，2002(6).

66. 黄永和等. "协同教学"的回顾与展望. 教育研究月刊(台湾)，2004(1).

67. 朱英，徐跃峰. "归类识字3"协同教学设计及分析. 教学月刊(小学版)，2003(1).

68. 杜郎口中学编. 课堂探索，2006年3月.

69. 杜郎口中学编. 心灵放飞——杜郎口中学教改材料，2005年2月.

70. 许爱红，刘延梅，刘吉林. 农村中学课堂教学模式的重大变革——解读杜郎口中学"三三六"自主学习模式. 当代教育科学，2005(11).

英文文献

1. Vermette，p. Four Fatal Flaws：Avoiding the Common Mistakes of Novice Users of Cooperative Learning . The High School journal，1994(3).

2. Ellis, A. K. &Fourts, J. F. Research on Educational Innovations. (Larchmont, NY: Eye on Education, Inc. 1997).

3. Slavin, R. E. Cooperative learning. Review of Educational Research, 1980(1).

4. Johnson, D. W. , Johnson, R. T. &Holubec, E. J. Circles of learning: Cooperation in the Classroom, (Edina, MN: Interaction Book, 1993).

5. Davidson, N. (Ed.). Cooperative Learning in Mathematics: A Handbook for Teachers. (Menlo Park, CA: Addison-Wesley , 1990).

6. Light, P. H. &Mevarech, Z. R . Cooperative learning with Computers: an introduction. Learning and Instruction, 1992(3).

7. Winzer, M. Educational psychology in the Canadian classroom (Scarborough, ON: Allyn and Bacon, 1995).

8. Schulz, J. B. & Carpenter, C. D. Mainstreaming exceptional students: A guide for classroom teacher, (Boston: Allyn and Bacon. 1995).

9. Lang, H. R. , McBeath, A. & Hebert, J. Teaching. Strategies and methods for student-centered instruction. , (Toronto: Harcourt Brace, 1995).

10. Bauwens, J. & Hourcade, J. J. Cooperative teaching: Rebuilding the schoolhouse for all students, (Austin Texas: Pro-Ed. 1995).

11. Hazelip, K. Outcome Interview: Tom Guskey. Outcomes, 1993 (1).

12. Nichols, E. (1990). Cooperative Education: Coming of Age.

13. Kagan, S. (1989/1990). The structural approach to cooperative learning. Educational Leadership, 47 (4).

14. Glatthorm, A. A. with assistance of Charles R. Coble. Learning Twice: An Introduction to the Methods of Teaching. (1993).

15. Eggen, P. D. & Kauchak, D. P. Strategies for teachers : teaching content and thinking skills. (Boston & London : Allyn & Bacon, 1996).

16. Coelho, E. Learning together in the multicultural classroom. (Ontario: Pip pin Publishing Corporation. 1996).

17. Marzano, R. J. , Pickering, D. J. & Pollock, J. E. Classroom instruction that works: Research-based strategies for increasing student achieve-

ment. (Alexandria, VA: Association for Supervision and Curriculum Development, 2001).

18. Johnson, R. T. & Johnson, D. W. (2001). An Overview of Cooperative Learning . http://www. clcrc. com/papes/overviewpaper. html.

19. Stevens, R. J., Slavin, R. E. &Famih, A. M. The Effects of Cooperative Learning and Direct. Instruction in Reading Comprehension on Main Idea Identification. Journal of Educational Psychology, 1991(1).

20. Slavin, R. E. Cooperative Learning: Theory, Research, and Practice . (Allyn & Bacon, 1990).

21. Sharan, Y. &Sharan, S. Group lnvestigation Expands Cooperative Learning. Educational Leadership, 1989/1990(4).

22. Johnson, D. W. &Johnson, R. T. &Hulubec, E. J. Circles of Learning: cooperation in the classroom. Interaction Book Company, 1993.

23. Sharan, Y. &Sharan, S. Expanding Cooperative Learning Through Group Investigation. NY: Teachers College Press, 1992.

24. Kagan, S. Cooperative Learning(San Juna and Capistrano, CA: Resources for Teachers, 1994), 3.

25. Murrray, F. B. Cooperative and Collaborative Learning: An Integrative Perspective. In Jacqueline S. Thousand, Richard A. Villa& Ann I. Nevin , Creativity and Collaborative Learning: An Practical Guide to Empowering Students and Teachers. (Paul H. Brookes Publishing Co. , Inc. 1994).

26. Lindgren, H. C. &Suter, W. N. Educational Psychology in the Classroom(Boston: Allyn and Bacon: Boston. 1985). 197.

27. Glasser, W. "Choice Theory"and Students Success. The Education Digest, 1997(3): 16.

28. Glasser, W. Reality Theray. (New York: Haper and Row, 1965).

29. Michaels, J. W. Classroom Reward Structure and Academic Performance. Review of Educational Research, 1997(47)

30. Slavin, R. E. Cooperative Learning: Theory, Research, and Practice, (Boston, MA: Allyn and Bacon, 1990) 13.

31. Vygotsky, L. S. Mind in Society: The Development of Higher Psychological Processes. (ed. and trans . M. Cole, V. John-Steiner, S. Scribner and E. Souberman, Cambridge, MA: Harvard University Press, 1978)86.

32. Vygotsky, L. S. Mind in Society, 1978.

33. Kuhn, D. Mechanism of Change in the Development of Cognitive Structures, Psycholigical Review, 1972

34. Forman, A. E. &Cazden, B. C. Exploring Vygotskian Perspectives in Education. , in J. V. Wertsch (Ed.). Culture , communication, and cognition: Vygotskian perspectives. (Cambridge University Press, 1985).

35. Damon, W. (1984). Peer Education: The Untapped Potential. Journal of Applied Developmental PsychOlogy. 1984(5) .

36. Wittrock, M. C. The Cognitive Movement in Instruction. Educational Psychology, 1978(77).

37. Hodge, B. Communication and Teachers. (Longman Cheshire Pty Limied, 1981).

38. APEID. Reorientation and Reform of Secondary Education in Asia and the Pacific Region: A Status Report, (Unesco. Imprint, Bangkok: Unesco, 1989).

39. Ellis, A. K. &Fouts, J. F. Research on Educational Innovations. (Larchmont, NY: Eye on Education, Inc. 1997).

40. Orlich, D. C. & Kauchak, D. P. (1990). Teaching Sirategies: A Guide to Better Instruction.

41. Johnson, R. T. & Johnson, D. W. (1982). Cooperation in Learning: Ignored but powerful(in press).

42. Artut, P. D. &Tarim, K. Group Investigation Effects on Achievement, Motivation, and Perceptions of Students in Singapore. Asia-Pacific Journal of Teacher Education, 2007(2).

43. Artut, P. D. &Tarim, k. The Effectiveness of Jigsaw Ⅱ on Prospective Elementary School Teachers. Asia-Pacific Journal of Teacher Education, 2007(2).

44. Noreen, M. (2007). Teacher Practice and Small-Group Dymanics in

Cooperative Learning Classrooms，The Teacher's Role in Implementing Cooperative Learning in the Classroom，Springer US.

45. http://www.psxch.pudong-edu.sh.cn/kegjsetup/showanli.aspx?id=264.

后　记

　　本书的编撰得到了众多单位和研究人员的大力支持与帮助。全国合作教学研究中心主任、博士生导师，王坦研究员，在百忙当中应邀撰写了本书的第一章和第二章，并为本书作了前言，使本书增色不少；参加本书编写的临沂大学教育学院吴仁英老师、山东教育出版社王金洲编辑和山东师范大学教育学院硕士李芳同学，团结协作，精益求精，不仅保证了本书的科学性，而且还实现了从形式到内容上的创新；北京师范大学出版社李志编辑，追求高质量、严要求、创精品的理念，使我等深受鼓舞，受益匪浅。在此，向上述所有关心和支持本书的专家、学者、同仁表示最衷心的感谢！

　　在撰写本书的过程中，参考和吸收了许多专家和学者的论著与观点，对于引用的部分，本书在参考文献中尽可能地做了列举，但囿于篇幅所限，遗漏在所难免，在此谨向同行表示深深的谢意。

刘玉静

2011 年 4 月 10 日